职业教育精品教材•电子商务专业

Dianzi Zhifu Yu Jiesuan

电子支付与结算

（第六版）

徐海宁　主审
蔡元萍　主编
刘伟伟　赵欣　副主编

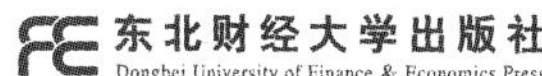

大连

图书在版编目（CIP）数据

电子支付与结算 / 蔡元萍主编. —6版. —大连：东北财经大学出版社，2024.9. —（职业教育精品教材·电子商务专业）. —ISBN 978-7-5654-5344-1

Ⅰ. F713.36

中国国家版本馆CIP数据核字第202483C1E1号

东北财经大学出版社出版

（大连市黑石礁尖山街217号　邮政编码　116025）

网　址：http://www.dufep.cn

读者信箱：dufep@dufe.edu.cn

大连雪莲彩印有限公司印刷　东北财经大学出版社发行

幅面尺寸：185mm×260mm　字数：303千字　印张：13

2024年9月第6版　2024年9月第1次印刷

责任编辑：郭海雷　张爱华　责任校对：雪　园

封面设计：原　皓　版式设计：原　皓

定价：32.00元

教学支持　售后服务　联系电话：（0411）84710309

如有印装质量问题，请联系营销部：（0411）84710711

第六版前言

党的二十大报告指出，要加快建设网络强国、数字中国。加快数字中国建设，就是要适应我国发展新的历史方位，全面贯彻新的发展理念，以信息化培育新动能，用新动能推动新发展，以新发展创造新辉煌。支付体系是资金循环的重要枢纽，是经济社会高质量发展的基础设施，打造安全高效、为民便民、国际领先支付体系的重要性不言而喻。近年来，电子支付已成为推动经济社会发展的重要力量，不仅改造了传统的消费形态，而且催生了新的商业模式和产业链条。

本书是在《网上支付与结算》（第五版）的基础上修订而成的。为了更好地结合《中国教育现代化2035》对职业教育现代化的设计，贯彻落实《国家职业教育改革实施方案》，我们依照《教育部　财政部关于实施中国特色高水平高职学校和专业建设计划的意见》重构了职业教育课堂教学模式，根据经济社会和产业升级新动态，及时吸收新技术、新工艺、新标准，进行动态更新完善，并优化课程思政的融入。同时，调整书名为《电子支付与结算》，以便及时反映目前支付体系的最新发展情况。

修订后的教材共分为七个项目，具体为电子支付与结算概述、电子货币、电子支付系统、电子支付与结算中介、电子商务支付工具、网上银行、电子支付的安全保证。

本教材具有如下特点：

1.在编写理念上，"以就业为导向""以专业技能体系为主"，以必需、够用为度，突出职业教育特色和企业实践应用特色，突出学生动手操作能力的训练和综合职业素质的培养，按照"教学做一体化"要求组织内容编写。

2.在教材设计上，采用"项目-任务"式，每个项目按工作任务和实践技能要求分解为多个学习任务，任务突出真做实练内容，项目内容融入企业案例，使教材更接近企业实际，帮助学生通过项目导入和具体任务的实施来体验电子支付与结算的基本技能。

具体来说，教材设计打破了传统教材编写体例，设置了任务描述、知识准备、任务实施、项目总结、基本训练、项目实训等模块，融教、学、做于一体，让学生在真实任务中探索学习、激发兴趣，在教学过程中体现互动、交流、协作的基本特征。

3.在内容编排上，主要有以下特点：

第一，充分考虑职业教育的特点和学生的实际需要，尽量用例、图、表来表达叙述性的内容。为了提高学生兴趣，方便课堂教学，本教材还设计了“小知识”“小思考”等栏目。

第二，针对当今电子支付发展情况，我们在修订过程中增加了数字银行和数字货币的相关内容，修改了使用拉卡拉、手机银行的方式等内容。

第三，为了方便学生对知识点的深入了解，本次修订还使用了二维码技术，通过二维码链接拓展的图文、视频等资源构建教材的新形态，学生可以使用手机或平板电脑终端扫码观看。

为方便教学，本教材配有教师讲课用的电子教案，各项目后习题配有“项目后习题参考答案”，使用本教材的任课教师可登录东北财经大学出版社网站（http：//www.dufep.cn）免费下载使用。

哈尔滨职业技术大学的电子商务专业是教育部高职高专教学改革示范专业，是学校第一批职教本科专业。本教材作为教学改革示范专业建设成果，由具有丰富的“电子支付与结算”课程教学经验的老师编写而成。本教材由蔡元萍任主编，刘伟伟、赵欣任副主编，由徐海宁任主审，最后由蔡元萍总纂和定稿。具体编写分工如下：项目一、二、三由赵欣编写，项目四、五、六由刘伟伟编写，项目七由蔡元萍、徐海宁编写，黑龙江俄速通集智科技有限公司都宪宇经理参与了教材案例编写工作。本书可作为职教本科及高职院校电子商务类相关专业的教学用书，也可作为社会相关从业人士的业务参考书及培训用书。

编者在本教材的编写过程中参阅了大量文献，特别是有关电子支付网站的资料，并得到了东北财经大学出版社的大力支持，在此一并致谢。由于编者水平有限，教材中难免有缺点、错误，敬请同行、专家和广大读者批评指正。

编　者
2024年6月

目 录

项目一 电子支付与结算概述

随着电子商务进入成熟期，网购商品呈现多样化、全球化趋势。国家邮政局发布的《2022年度快递市场监管报告》显示，2022年全国快递企业业务量累计完成1 105.8亿件，快递业务收入累计完成10 566.7亿元，中国快递发货量位居全球第一。电子商务的发展成为中国快递行业增长的主要因素之一，进一步证明了未来网上交易会越来越多，交易的产品也会更加丰富。因此，选择什么样的电子支付方式就显得尤为重要。在本项目中，将介绍有关电子支付与结算的概念、方式及发展现状等内容。

学习目标

知识目标：

了解电子支付与结算的概念、支付方式与支付系统的演变过程、电子支付系统的构成及支付流程、电子支付与结算的现状及面临的问题。

能力目标：

通过学习，具备运用互联网实现电子支付的能力，掌握电子支付系统基本运作技能。

素养目标：

1.培养学生文化自信和货币自信，弘扬爱国主义精神，增强社会责任感；

2.树立正确的金融价值观，提高金融安全意识。

任务一 认识电子支付与结算的基本方式

任务描述

电子支付与结算系统在整个电子商务系统中具有极其重要的作用，甚至影响着电子商务系统未来的发展。传统的支付与结算系统是以手工操作为主，以银行的金融专用网络为核心，通过传统的通信方式（邮寄、电报、传真等）来进行凭证的传递，从而实现货币的支付与结算。其中，使用的支付工具不论是现金，还是支票、传单等，都是有形的，在安全性、认证性、完整性和不可否认性上有较高的保障，已经有一套适合其特点的比较成熟的管理运行模式，但存在效率低下、成本高等问题。电子商务带来的网络化使有形的东西无形化。在电子支付与结算系统中，不论是将现有的支付与结算模式转化为电子形式，还是创造出网络环境下的新的支付与结算工具，它们都具有无形化的特征。

查找相关资料，了解当前我国电子支付的规模和主要的电子支付方式。

知识准备

一、电子支付与结算概述

电子商务作为一种新型网上在线贸易方式，使企业与消费者摆脱了传统的商业中介的束缚，降低了生产与销售成本，进一步缩短了生产厂家与最终消费者之间的距离，改变了市场结构，大大节省了企业的营销费用，提高了企业的营销效率，为企业提供了巨大的潜在顾客群，给企业带来了无限的发展机会。

微课

电子支付方式

电子商务通常是指在全球各地广泛的商业贸易活动中，在互联网开放的网络环境下，基于客户端/服务端应用方式，买卖双方不谋面地进行各种商贸活动，实现消费者的网上购物、商户之间的网上交易和在线电子支付以及各种商务活动、交易活动、金融活动和相关的综合服务活动的一种新型的商业运营模式。电子商务带来的网络化让传统的有形支付工具无形化。电子支付是指消费者、商家和金融机构之间使用安全电子手段把支付信息通过信息网络安全地传送到银行或相应的处理机构，用来实现货币支付或资金流转的行为。

【小资料1-1】

根据中国人民银行发布的“2023年第三季度支付体系运行总体情况”，我国支付体系运行平稳，银行账户数量、非现金支付业务量、支付系统业务量等总体保持增长。截至2023年第三季度末，全国共开立银行账户143.73亿户，环比增长0.60%。单位银行账户数量小幅增长。全国共开立单位银行账户10 017.87万户，环比增长2.52%。其中，基本存款账户为7 043.70万户，一般存款账户为2 458.89万户，专用存款账户为494.87万户，临时存款账户为20.40万户，分别占单位银行账户总量的70.31%、24.55%、4.94%和0.20%。个人银行账户数量保持平稳。

二、我国目前主要的电子支付方式

目前电子支付方式主要包括互联网支付、预付卡支付、银行卡支付和移动支付。

1.互联网支付

互联网支付是指客户为购买特定商品或服务，通过计算机、iPAD等设备，依托互联网发起支付指令，实现货币资金转移的行为。互联网支付主要表现形式为网银、第三方支付等。

2.预付卡支付

预付卡是由商家或银行发放的一种类似于礼品卡的卡片，用户在购买之后可以充值一定金额，然后在指定商家进行消费时可以使用预付卡进行结算。预付卡可以用于购买商品或服务，如超市购物、餐饮消费、观影消费等。预付卡不需要用户提供银行账户或信用卡信息，因此可以有效地保护用户的隐私和安全。

3.银行卡支付

银行卡支付主要是指以银行卡账户为依托的支付形式，与此相对应的支付形式有银行票据（本票、汇票、支票等）、银行行内虚拟账户支付等形式。银行卡支付主要有线上支付和线下支付两种形式。线下支付就是通常说的POS收单，而线上支付就是通常说的在线支付。

4.移动支付

移动支付也称手机支付，主要是指允许用户使用其移动终端（通常是手机）对所消费的商品或服务进行支付的一种服务方式。移动支付将终端设备、互联网、应用提供商以及金融机构等融合，为用户提供货币支付、缴费等金融业务。

任务实施

步骤1 了解电子支付交易规模（搜索有关报告取得相关数据，如图1-1所示）。

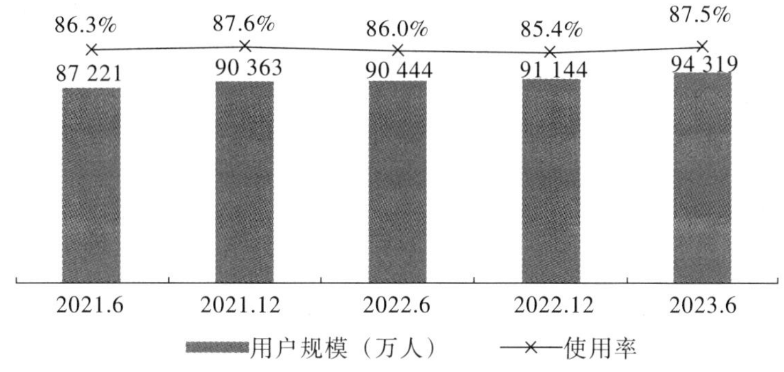

图1-1 2021年6月—2023年6月网络支付用户规模及使用率

资料来源 中国互联网络信息中心.中国互联网络发展状况统计报告（第52次）[R].北京：中国互联网络信息中心，2023.

步骤2 电子支付方式的选择（举例如图1-2所示）。

（1）第三方支付代表——支付宝（如图1-3所示）。目前，使用量较大的一个支付方式就是我们熟悉的支付宝。支付宝是我们国家比较早的一种电子支付方式，现在支付宝和很多网站都有合作，这样使用支付宝就会十分方便。

（2）手机银行。手机银行是指银行以智能手机为载体，使客户能够在此终端上使用银行服务的渠道模式。

图1-2　电子支付方式的选择举例

图1-3　支付宝首页

任务二　了解传统支付方式与支付系统的演变

任务描述

中国经历几千年的历史变革，从交子出现至今，每一次支付方式的进步都为我们的生活带来了巨大的便利。如今的中国，支付方式在不经意间已经发生了天翻地覆的变化。自第一张银行卡的出现，支付方式都经历了什么变革？

知识准备

一、传统支付方式

传统支付方式指的是通过现金流转、票据转让以及银行转账等物理实体的流转来实现款项支付的方式，其主要形式有3种：现金、票据和信用卡。

1.现金

现金有两种形式，即纸币和硬币，是由一国中央银行发行的。在现金交易中，买卖双方处于同一位置，而且交易是匿名的。卖方不需要了解买方的身份，因为现金的有效性和价值是由中央银行保证的。同时，现金具有使用方便和灵活的特点，故而多数小额交易是由现金完成的。

2.票据

票据分为广义票据和狭义票据。广义票据包括各种具有法律效力、代表一定权利的书面凭证，如股票、债券、汇票等，人们将其统称票据。狭义票据指的是《中华人民共和国票据法》所规定的汇票、本票和支票，是一种载有付款日期、付款地点、付款人无条件支付的流通凭证，也是一种可以由持票人自由转让给他人的债券凭证。

3.信用卡

信用卡是银行或公司向持有人签发的、证明其具有良好信誉的、可以在指定的商户或场所进行记账消费的一种信用凭证。从广义上说，凡是能够为持卡人提供信用证明，持卡人可凭卡消费或享受特定服务的特制卡片均可称为信用卡。广义上的信用卡包括贷记卡、准贷记卡、借记卡、储蓄卡、提款卡（ATM卡）、支票卡及赊账卡等。目前这一概念被"银行卡"所替代。从狭义上说，信用卡主要是指由银行或其他机构发行的贷记卡，即无须预先存款就可以进行消费的银行卡，是先消费后还款的银行卡。

二、支付系统的演变

1.支付和支付系统

所谓支付，就是在商品交易、证券交易和货币交易等中，交易双方的资金往来。任何买卖活动都伴随着资金的往来。支付系统亦称清算系统，是由提供支付清算服务的中介机构和实现支付指令传送及资金清算的专业技术手段共同组成的，用以实现债权债务清偿及资金转移的一种金融安排。

2.支付系统的发展

在商品经济高速发展的市场经济社会里，纸币和票据的流通速度已不能满足急速发展的商品生产与流通的要求，这就促使银行研制开发新的支付工具和新的处理方法。银行卡的出现，促使货币从纸币发展成为电子货币。电子货币的出现和应用推广，促使货币实现了又一次革命性的转变，从而对商品经济的高速发展产生了深远的影响。在电子支付系统里，支付指令的信息流和资金流都是电子流，这样，不管支付系统多复杂，一笔支付活动瞬间就可完成，大大加快了资金的流动速度。电子支付系统的形成不仅使银行的业务处理实现了电子化，还使银行不断开发出大量新的自主银行服务项目。在这个基础上，银行利用最先进的信息技术，对各种金融交易中产生的数据进行加工处理，产生各种有用的信息，为各类客户提供各种增值服务，从而使银行进入新的电子银行时代。

拓展阅读

从"粮票"到"移动支付"

【小资料1-2】

支付方式变化的基础是中国近现代银行的不断发展：1948年，中国人民银行成立；1978年改革开放后，四大国有专业银行相继恢复和成立；1992年"南方谈话"后，股份制商业银行纷纷成立。金融业爆炸式发展改变了我们的支付方式。

互联网时代的到来，大大改变了人们的生活方式。在网购行业发达的今天，人们足不出户就可以在网上买到心仪的商品，甚至连吃饭都可以通过网上点餐，等待商家配送上门。生活方式已然发生了翻天覆地的变化，支付方式随之发生了很大的变化。

随着人脸识别这项新技术的逐渐成熟，它被应用到各种场景中，新的支付方式——刷脸支付也因此诞生。和扫码支付相比，刷脸支付在支付的便捷程度方面有着更大的优势——只需要站在设备前确保自己的脸被识别，然后确认支付即可，整个过程只需要几秒钟。

比起刷脸支付，指纹支付要更为大家熟悉一些。现在很多人的手机都支持指纹解锁，也具备指纹支付的功能。只要在支付App中开启指纹支付的选项，就可以在付款时免输密码，直接通过指纹来确认付款。每个人的指纹都是独一无二的，这也使得指纹支付的安全性更高。

刷脸支付、指纹支付已经够省时省力了，更方便的还有无感支付。无感支付是通过识别签约用户的车牌，以关联银行卡支付的一种快捷支付方式，主要应用于停车场、高速ETC收费站等场景。当车辆经过识别设备时，系统会自动识别车牌号，然后完成支付过程，不需要车主做任何操作，大大地节省了时间，避免了拥堵。

在支付方式的历次变革中，无论是实物支付还是当下的电子支付，支付媒介的本质并没有变，都是有形的媒介，而央行数字人民币的推出，则彻底颠覆了这一概念，支付历史上迎来了最深刻的一次变革，数字人民币的推出是进入后支付时代里程碑式的事件。

任务实施

步骤1　第一代支付方式——原始社会的支付方式（如图1-4所示）。

步骤2　第二代支付方式——自然经济社会的支付方式（如图1-5所示）。

步骤3　第三代支付方式——工业化经济社会的支付方式（如图1-6所示）。

步骤4　第四代支付方式——信息经济社会的支付方式（如图1-7所示）。

步骤5　全新支付方式。

二维码支付的出现，人们出门连银行卡都不用再带，只要手机有电，轻轻扫一扫即可完成付款。刷脸支付的出现，只要把脸凑上去，很快就能完成付款。另外，还有指纹支付、无感支付等方式，极大地方便了人们的生活。

图1-4 第一代支付方式

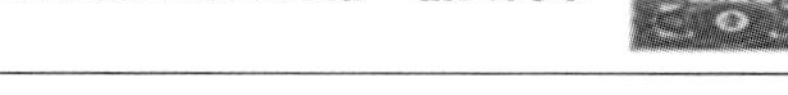

图1-5 第二代支付方式

第三代支付方式：

工业化经济社会的支付系统

以银行信用为主的支付系统

1823年，**中国第一家私人金融机构**

1897年，中国通商银行—— **中国人自办的第一家银行**

1950年，大莱信用卡公司前身“大莱俱乐部”，发行世界上**第一张塑料制信用卡**——大莱卡

1979年，中国银行广东省分行首先同东亚银行签订协议，开始代理信用卡业务，**信用卡从此进入中国**内地

1996年8月,境内首家具有**国际标准人民币借记卡**——长城电子借记卡发行

图1-6　第三代支付方式

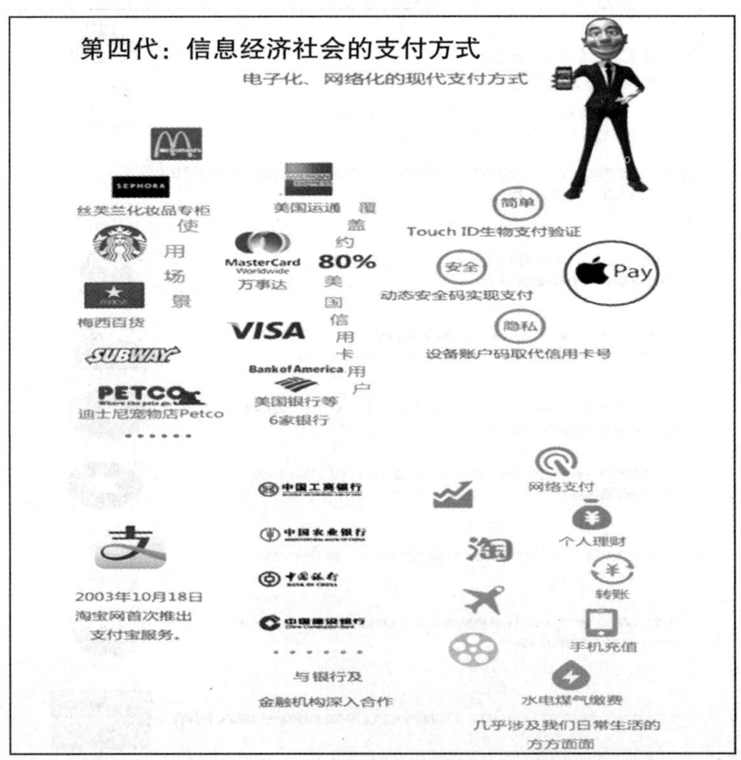

图1-7　第四代支付方式

任务三 了解电子支付现状

任务描述

小额免密免签支付是中国银联为持卡人提供的一种小额快速支付服务。当持卡人使用具有“闪付”功能的金融IC卡或移动支付设备，在指定商户进行一定金额（境内一般最高限额为1 000元人民币，境外以当地最高限额为准）的交易时，只需将卡片或移动设备靠近POS机等受理终端的“闪付”感应区“挥卡”，即可完成支付。支付过程中无须输入密码也无须签名，可享受真正的“一挥即付，付过即走”的“闪付”新体验。由于“闪付”功能无须申请，是银行默认为持卡人开通的基础功能，虽然给持卡人带来了便捷支付服务，但是存在着一定的安全风险。那么，如何关闭手机中的小额免密免签功能呢？

我们以支付宝为例来说明，如何关闭支付宝小额免密功能。

知识准备

一、目前中国电子支付发展现状

2024年3月，央行发布的《2023年支付体系运行总体情况》显示，2023年，银行共处理电子支付业务2 961.63亿笔，金额为3 395.27万亿元，同比分别增长6.17%和9.17%。其中，网上支付业务948.88亿笔，同比下降7.09%，金额为2 765.14万亿元，同比增长9.38%；移动支付业务1 851.47亿笔，金额为555.33万亿元，同比分别增长16.81%和11.15%；电话支付业务2.13亿笔，金额为8.99万亿元，同比分别下降12.95%和13.07%。2023年，非银行支付机构处理网络支付业务121.23万亿笔，金额为340.25万亿元。我国主要电子支付方式是网上支付和移动支付等。随着技术的不断进步，电子支付行业也在创新发展，不断推进。例如，指纹支付、刷脸支付等新支付方式的应用，使得电子支付更加便捷和安全。同时，一些创新型企业开始探索新的商业模式和服务模式，如共享经济、社交电商等，为电子支付行业注入了新的活力。

二、多元化策略助力第三方支付企业盈利

1.拓展支付场景

第三方支付企业可以通过拓展支付场景，提高支付服务的覆盖范围，从而增加手续费收入。例如，可以进入线下实体店支付、公共事业缴费、跨境支付等领域。

2.丰富金融产品

第三方支付企业可以通过推出各类金融产品，如余额宝、理财通、基金、保险等，为用户提供更多理财选择，从而获取利息收入和佣金收入等。

3.提供增值服务

第三方支付企业可以利用大数据、人工智能等技术，为商户提供精准营销、风险控制等增值服务，提高商户的运营效率，从而获得服务收入。

4.合作共赢

第三方支付企业可以与银行、其他金融机构、电商平台等合作，实现资源共享、优势

互补，拓展业务领域，提高盈利能力。

三、跨境支付增长潜力巨大

近几年随着海淘用户的增加，用户对于跨境支付的需求越来越多，所以跨境支付的市场应用环境越来越成熟，跨境支付有望成为在线支付领域又一个快速发展的细分市场，其代表企业——支付宝、财付通。网经社电子商务研究中心发布的《2022年度中国电子商务市场数据报告》显示，2022年中国跨境电商市场规模达15.7万亿元，较2021年的14.2万亿元同比增长10.56%。

跨境支付是指在不同国家之间进行货款结算的支付方式。因为不同国家之间的货币、法律和金融体系存在差异，可以跨境支付会涉及不同国家的货币兑换、风险控制、监管合规等方面的问题。根据支付方式的不同，跨境支付可以分为以下几类：银行转账——这是最传统也是最常见的一种跨境支付方式。通过银行将资金从一个国家转移到另一个国家，通常需要一定的手续费和汇率费用。信用卡支付——这种方式也较为常见，通过信用卡公司的国际支付网络，可以实现跨境支付。第三方支付——第三方支付平台如PayPal、Alipay等提供的支付服务已成为跨境支付的主要方式之一。用户只需在支付平台上绑定自己的银行账户或信用卡，即可实现跨境支付。

四、移动支付快速发展

随着近几年的发展，我国移动支付产业已形成较为完备的产业链条，众多商业银行、通信运营商和第三方支付组织等的积极参与，有力地促进了此产业的发展，支付范围涉及转账汇款、网上购物、自助缴费、手机话费、公共交通、个人理财等诸多支付领域。易观分析发布的《中国第三方支付移动支付市场季度监测报告2023年第1季度》显示，2023年第1季度，我国移动支付业务量增长显著，占据主导地位的银行移动支付业务规模为144.60万亿元。

移动支付等的迅速发展使中国真正走向“无现金”时代。移动支付带来的不仅是支付方式的重大变革，还极大降低了商户经营成本，提高了商户经营效率，使“无人超市”“智慧景区”“未来酒店”等概念成为现实；不仅为支付IT服务商带来了丰富的市场需求，还刺激收单机构加强在商户市场的投入，加速商户不断创新经营模式。移动支付已经为线下支付领域的创新打开了入口，未来线下支付领域的创新速度将不断加快，也将促进移动支付迅猛发展。

【小知识】

《中华人民共和国密码法》（以下简称《密码法》）经十三届全国人大常委会第十四次会议表决通过，自2020年1月1日起正式施行，标志着我国在密码的应用和管理等方面有了专门性的法律保障。《密码法》围绕“怎么用密码、谁来管密码、怎么管密码”，重点规范了5方面44条内容。明确立法是“为了规范密码应用和管理，促进密码事业发展，保障网络与信息安全，维护国家安全和社会公共利益，保护公民、法人和其他组织的合法权益”。强调“坚持党对密码工作的领导”，规定“中央密码工作领导机构对全国密码工作实行统一领导”，国家密码管理部门也就是国家密码管理局负责管理全国的密码工作。《密码法》将密码分为核心密码、普通密码和商用密码3类，实行分类管理。其中，核心密码、普通密码用于保护国家秘密信息，属于国家秘密；商用密码用于保护不属于国家秘密的信息，公民、法人和其他组织可以依法使用商用密码保护网络与信息安全。

任务实施

步骤1　打开支付宝，点击右下角“我的”选项（如图1-8所示）。

步骤2　在“我的”页面，找到右上角的“设置”，点击进入（如图1-9所示）。

图1-8　支付宝页面

图1-9　支付宝“我的”页面

步骤3　在“设置”页面里面有个“支付设置”，点击进入（如图1-10所示）。

步骤4　在“支付设置”页面里可以看到“免密支付/自动扣款”的选项，点击进入（如图1-11所示）。

图1-10　“设置”页面

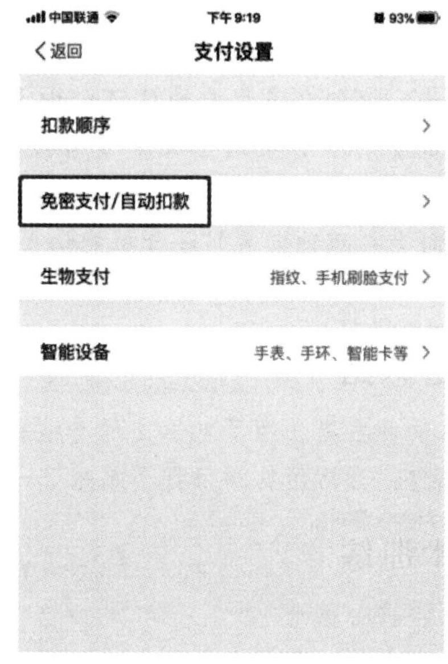

图1-11　“支付设置”页面

步骤5　这时候会看到在App上设置的免密服务，选择你要关闭的选项。比如，选择“高德地图App打车免密支付”，点击进入（如图1-12所示）。

步骤6　点击“关闭服务”就可以了（如图1-13所示）。

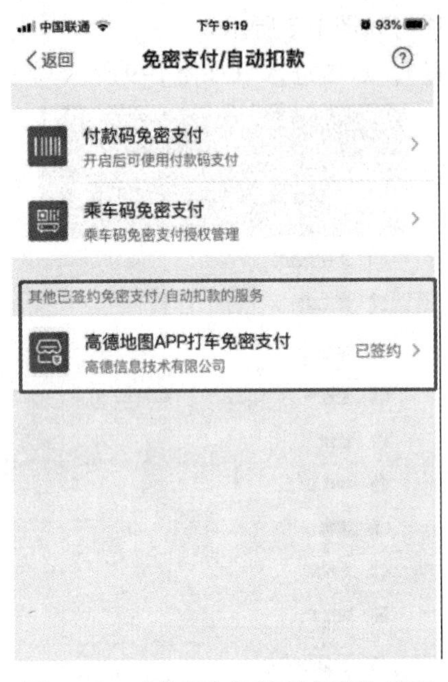

图1-12　“免密支付/自动扣款”页面

图1-13　“服务详情”页面

【小资料1-3】

电子支付的发展疏通了电子商务交易过程的资金流，打通了电子商务发展的支付瓶颈。从整个支付体系看，电子支付逐步成为我国支付市场和支付体系的重要组成部分。中国金融认证中心（CFCA）发布的《2022中国数字金融调查报告》显示，2022年个人网上银行用户使用比例达66%，个人手机银行用户使用比例达86%；微信银行用户使用比例达55%。数字金融各渠道凭借其平台战略布局和专属优势，受到众多用户的认可。由于使用需求、场景和偏好的差异，较多用户愿意尝试使用多种渠道。渠道重合度方面，手机银行和网上银行重合度较高，高达56.8%，而手机银行、网上银行和微信银行3个渠道的重合度较低。同时，用户更倾向于在两种渠道间进行功能切换。

项目总结

本项目主要介绍了电子支付与结算的概念、支付方式与支付系统的演变过程、电子支付的现状，为后面的学习打下基础。

基本训练

一、核心概念

电子支付　预付卡支付　互联网支付　移动支付　跨境支付

二、简答题

1.支付方式都经历了什么变革?

2.第三方支付盈利方式有哪几种?

三、案例分析题

居民肖女士收到其“表姐”发来的微信，称“因当日微信转账达到上限”，请肖女士转1 000元给其“朋友”替其付款。由于消息确系“表姐”的微信发出，肖女士也没过多怀疑，便问“表姐”要如何支付这1 000元。“表姐”将肖女士拉入一个微信群，并让肖女士直接将红包发在群里即可，随后肖女士在该群发了5次200元红包，都被在此群里的陌生“第三人”领走。在收了1 000元红包后，“第三人”以“付款不够”为由，继续要求肖女士发红包。肖女士发觉异样，遂拨打表姐电话核实，得知其微信账号被盗后方知上当，立即向警方报案。请分析此案例，并谈谈给我们哪些警示。

项目实训

登录互联网完成以下实训操作:

1.登录京东，了解其平台提供的支付方式有哪些。

2.登录天猫，了解其平台提供的支付方式有哪些。

项目二 电子货币

随着微电子技术、通信技术和电子商务等的飞速发展，网络经济得到迅猛发展，电子货币——这种新型的货币形式，将几千年来的实物货币转变为以电子形式表现的虚拟货币，这是货币史上一次有深远意义的变革。但是电子货币在发展过程中面临着许多制约其发展的问题，只有找出相关对策解决这些问题，才能更好保证我国经济持续稳健发展。由于人们进行的各种经济活动几乎均是利用货币作为交易媒介实现的，因而货币形态的发展变化速度能否适应网络经济迅速发展的需要，便成为金融产业结构变革能否顺利进行的关键。

学习目标

知识目标：

1.熟悉货币的产生与发展历程、国内外电子货币的发展现状；

2.掌握电子货币的概念及对金融的主要影响；

3.了解我国电子货币工程的发展状况。

能力目标：

1.能够识别电子货币的种类，具有分析电子货币对金融业的影响的能力；

2.掌握电子货币的支付和流通的技能，具有一定的货币风险防范能力。

素养目标：

1.培养学生树立正确的价值观和金钱观，养成良好的消费习惯；

2.培养学生学法、守法、用法的习惯，建立法治思维的价值取向和规则意识。

任务一 了解电子货币的产生和发展

任务描述

数字人民币作为新时代货币革命的代表，具有便捷、安全、快捷、低成本和可追溯等优势。数字人民币是一种基于区块链技术的数字化货币，由中国政府发行。它采用了先进的加密技术，保证了货币的安全性和防伪性。数字人民币与传统的电子支付方式有所不同，具有去中心化的特点，避免了单一机构控制的风险。数字人民币无须找零、无须携带实体钱包，只需一部手机即可完成支付和转账。你知道数字人民币的使用方法吗？

知识准备

一、电子货币的概念

人类社会已有百万年的历史，货币却只不过是在几千年前才开始出现的，其发展形态主要经历了实物货币、代用货币、信用货币、电子货币4种形态。

1.货币的主要类型

（1）实物货币。实物货币是指作为非货币用途的价值和作为货币用途的价值相等的实物商品。能充当实物货币的商品具有以下特征：①普遍接受性。②价值稳定性。③价值均值可分性。④轻便和易携带性。很显然，一般金属都具备这些特征，因此在实物货币的类型中，金属货币最具有代表性。

（2）代用货币。代用货币主要是指政府或银行发行的、代替金属货币执行流通手段和支付手段职能的纸质货币，它唯一的作用就是流通。它是金属货币的代用品，货币面值本身代表了相应数额的金属货币，真正的货币还是金属货币。代用货币的发行依赖发行方持有的金属货币的数量。此货币发行体系叫作金本位。代用货币较实物货币的优越性主要有：①印刷纸币的成本较铸造金属货币要低。②避免了金属货币在流通中的磨损，甚至故意磨削，可以节约贵金属货币。③克服了运送货币的成本与风险。当然代用货币也有一些缺点，比如易损坏、易伪造等。

（3）信用货币。信用货币产生于20世纪30年代，由于世界性的经济危机，许多国家被迫脱离金本位和银本位，所发行的纸币不再能兑换金属货币，信用货币应运而生。它是一种纯粹的价值符号，且不能与金属货币相兑换。它是在信用关系的基础上产生的。信用货币作为一般的交换媒介需要有两个条件：一是人们对此货币的信心；二是货币发行的立法保障。二者缺一不可。

目前信用货币又可分为以下几种形态：①辅币。辅币是指本位币单位以下的小额货币辅助大面额货币的流通，供日常零星交易或找零之用，其特点是面额小、流通频繁、磨损快，故多用铜、镍及其合金等贱金属铸造，也有些辅币是纸制的。②现金或纸币。其主要功能是作为人们日常生活用品的购买手段，一般为具有流通手段的纸币，其发行权为政府或者金融机构专有。③银行存款，又称债务货币。存款人可借助支票或其他支付指示，将本人的存款交付他人，作为商品交换的媒介。银行存款又进一步发展成为由电子计算机联网后的存款划拨转账形成的“电子货币”。

（4）电子货币。电子货币通常是指利用电脑或储值卡进行的金融活动。持有这种储值卡就像持有现金一样，每次消费可以从卡片的存款金额中扣除。

2.电子货币的定义

实际上，从早期的朴素商品货币到贵金属货币再到纸币和银行账户上的记录数据，货币形式经历了从价值实体到价值符号的演变。同时，电子货币应运而生。有关电子货币的定义很多，基本内容大同小异。其中巴塞尔委员会1998年发布的关于电子货币的定义和国际清算银行的定义比较权威。巴塞尔委员会认为：电子货币是指在零售支付机制中，通过销售终端、不同的电子设备之间及在公开网络上执行支付的“储值”和预付支付机制。这个定义不是很直观，而且容易将支付手段和支付工具混为一谈。国际清算银行把电子货币定义为以电子形式储存于消费者持有的电子设备中，依现行货币单位计算的货币价值。

电子货币必须具有货币的自主性、一致性、独立性和持续性这些基本属性。也就是说，电子货币执行货币的支付功能时与传统货币在本质上是没有区别的。但事实上，具备这些属性的电子媒介并不一定会成为电子货币，比如现在一些网站上常用的消费积分，在一定程度上也可以作为交易的媒介，但它们显然不是一种货币，而只是一种支付工具。

综上所述，可以给电子货币下一个比较通俗、比较贴切的定义：所谓电子货币（electronic money或e-money），是指以金融电子化网络为基础，以电子化机具和各类交易卡为媒介，以计算机技术和通信技术为手段，以电子数据形式存储在银行的计算机系统中，并通过计算机网络以信息的传递形式实现流通和支付功能的货币。电子货币可被广泛地应用于生产、交换、分配和消费领域，集储蓄、信贷和非现金结算等多种功能为一体，具有比现金更简便、更安全、更快捷等优势，从而得到了广泛的应用。

二、我国电子货币的主要种类、功能和特征

1.电子货币的主要种类

（1）储值卡型电子货币。一般以磁卡或IC卡形式出现，其发行主体除了商业银行之外，还有电信部门（如普通电话卡、IC电话卡）、商业零售企业（各类消费卡）、政府机关（内部消费IC卡）和学校（校园IC卡）等。发行主体在预收客户资金后，发行等值储值卡，使储值卡成为独立于银行存款之外的新的“存款账户”。同时，储值卡在客户消费时以扣减方式支付费用，就相当于用存款账户支付货币。

（2）信用卡应用型电子货币。信用卡应用型电子货币指商业银行、信用卡公司等发行主体发行的贷记卡或准贷记卡。它可在发行主体规定的信用额度内贷款消费，之后于规定时间还款。

（3）存款利用型电子货币。它主要有借记卡、电子支票等，用于对银行存款以电子化方式支取现金、转账结算、划拨资金等。该类电子化支付方法的普及使用能减少消费者往返于银行的时间和费用，并可加快货币的流通速度。

（4）现金模拟型电子货币。它主要有两种：一种是基于网络环境使用的且将代表货币价值的二进制数据保管在微机终端硬盘内的电子现金；另一种是将货币价值保存在IC卡内并可脱离银行支付系统流通的电子钱包。该类电子货币具备现金的匿名性，可用于个人间支付，并可多次转手，是以代替实体现金为目的而开发的。

2.电子货币的主要功能

电子货币是在传统货币基础上发展起来的，与传统货币在本质、职能及作用等方面是相同的，本质都是固定充当一般等价物的特殊商品，具有价值尺度、流通手段、支付手段、储藏手段和世界货币5种职能；对商品价值都有反映作用，对商品交换都有媒介作用，对商品流通都有调节作用。电子货币主要具有以下功能：

（1）转账结算功能：直接消费结算，代替现金转账。

（2）储蓄功能：使用电子货币存款和取款。

（3）兑现功能：异地使用货币时，进行货币汇兑。

（4）消费贷款功能：先向银行贷款，提前使用货币。

3.电子货币的主要特征

（1）通用性：指电子货币在使用和结算中特有的简便性，电子货币的使用和结算不受金额限制，不受对象限制，不受区域限制，而且使用极为简便。

（2）安全性：指电子货币在流通过程中对风险的排斥性。

（3）可控性：指通过必要的管理手段，将电子货币的流向和流量控制在一定的范围内，从而保证电子货币正常流通。

（4）依附性：指电子货币对科技进步和经济发展的依附关系。

（5）起点高：指基础高，即经济基础高、科技水平高以及理论起点高。

4.电子货币与银行卡

（1）银行卡：属于“接入产品”，其本身只是一个接入银行的电子货币服务系统的媒介。在消费者购买商品或服务需要进行支付活动时，必须将其实时接入银行或发行者的后台服务系统，经过在线授权才能完成交易，并且在交易之后要对客户银行账户进行借记处理。

（2）电子货币：电子货币作为“贮藏价值”，大多本身就记录了消费者的账号、密码、账户资金甚至健康记录等信息，消费者购买商品或服务时，并不需要将其实时接入银行或发行者的后台服务系统，只需要由一个装置读取电子货币中的记录并扣减消费资金额度即可，与发行者的清算可以在工作日终了后或选择一个适当的时间段进行。

三、电子货币与传统货币的主要区别

电子货币是在传统货币的基础上伴随着计算机的迅速发展而逐步发展起来的，所以它与传统货币无论是在职能还是在作用等方面均存在着许多共同之处。但作为一种全新的货币形式，它与传统货币之间存在着十分明显的区别。

1.发行机制不同

电子货币是不同发行主体自行开发设计、发行的产品，使用范围受到物理设备、相关协议的限制，被接受和使用的程度依赖各发行者的信誉与实力，其发行机制需要针对不同的商户根据不同的产品进行调整，而且发行效力大多不具有强制性。而传统货币则由中央银行或特定机构垄断发行，中央银行承担其发行的成本与收益，发行机制由中央银行独立设计、管理与控制，并被强制接受、流通和使用。

2.发行主体不同

电子货币的发行者有中央银行、商业银行、非银行金融机构，还有信息产业公司和其他企业。而传统货币是由中央银行唯一发行的，中央银行拥有一国货币发行的垄断权，而且正是这一独占权为中央银行获得铸币税收入、行使基本职能和保持独立性奠定了基础。

3.传递方式不同

传统货币需要持款人随身携带，大量的货币需要运钞车和保安人员进行押送，运送时间长，传递数量和距离也十分有限；而电子货币利用网络和通信技术进行电子化传递，传递的只是各个金融机构间的数字信息，不存在大量现金的转移，打破了时空的界限，可以在极短的时间内将大量货币传送到互联网的任何地方去，既快捷、方便，又安全。

4.形态的虚拟性和币值的无限可分割性

电子货币作为一种虚拟货币，不具有物理形态，其币值的空间具有无限可分割性，可以满足任何小单位的交易支付，而传统货币具有物理形态，其币值是固定的，不可无限分割。

5.货币真伪辨别技术发展更新速度快

电子货币的更新、防伪只能通过技术上的加密算法或认证系统来实现。由于货币伪造技术发展迅速，电子货币的防伪技术必须及时更新，以防范系统性的攻击行为，而传统货币防伪主要依赖物理设置，并且伪币的使用和流通具有一定的地域性。

6.匿名性程度不同

传统货币既不是完全匿名的，也不可能做到完全非匿名，通过交易方式或多或少地可以了解到一些个人情况。相比而言，电子货币要么是匿名的，几乎不可能追踪到其使用者的个人信息；要么是非匿名的，可以详细记录交易，甚至交易者的所有情况。

7.交易方式不同

传统货币通常需要面对面进行交易，而电子货币基本上不需要面对面进行交易，交易双方不见面、不接触是电子货币的重要特点。

8.存储空间不同

大量的传统货币需要保存在钱箱、保险箱或金库里，需要占用很大的空间；电子货币所占的空间极小，装有各种电子货币的电子钱包、信用卡、服务器等存储的货币数额都可以不限。

9.流通的地域范围不同

在欧元未出现以前，货币的使用一般具有严格的地域限定，一国货币都是在本国被强制使用的唯一货币，而电子货币打破了地域的限制，只要商家愿意接受，消费者可以较容易地获得和使用各国货币。

四、电子货币的产生

自20世纪60年代开始，科学技术突飞猛进，特别是20世纪末全球计算机和网络技术等的广泛应用，网络经济这一新的经济形态的出现，使电子商务这一刚刚兴起的最先进的商品贸易形式迅速地融入了人类社会经济生活的各个方面，与之相随的在线支付系统和电子化结算工具的需要也变得越来越迫切，而正是在这种条件下，一种新型的货币形式——电子货币应运而生。电子货币的出现满足了网络经济和电子商务对支付手段与结算工具的需要，它抛弃了传统币材的实物形态，取而代之以无形的数字标识。这种数字形式的货币更容易与其他资产相互转换，提高了资产的流动性，降低了转换成本与持有成本，企业和个人可以减少手持现金的比例，增加储蓄和投资比例从而获得更高的利益。这种非实物形态的电子货币在支付时能任意分割，自动进行不同币种的换算，免除了兑换的麻烦，大大方便了跨国消费，电子货币在传输与转移上的优越性远远超过了传统的纸币。

电子货币较早的构想是IC卡，而IC卡真正的产品化是在1984年由法国的一家通信服务公司将之应用在电话卡上。消费者所购买的电子货币如同其拥有中央银行所发行的通货一般，可以直接用来购买特约商家的商品与服务，当其使用此货币进行消费时，可从电子装置上直接扣除所购买商品与服务的电子货币，而商家将收到的电子货币存入银行，其账户内的存款会因之增加，因此在从事零售支付时十分便利。

作为电子货币运行载体和工具，银行信用卡和电子资金传输系统（EFT）早已在人们的日常生活中被广泛应用。世界上最早的银行信用卡是美国富兰克林国民银行在1952年发行的信用卡。此后，美洲银行从1958年开始发行“美洲银行信用卡”，并吸收中小银行参加联营，发展成为今天的VISA集团。美国西部各州银行组成银行卡协会于1966年发行了Master Card信用卡，发展成为今天的万事达集团。美国早在1981年就建立了专用的资金传送网，后经多次改进，于1982年组建了电子资金传输系统。随后英国和德国也相继研制了自己的电子资金传输系统，使非现金结算自动处理系统具有相当的规模。银行信用卡和电子资金传输系统是电子货币赖以生存的基础，随着无现金、无凭证结算的实现，电子货币才得以面世。电子货币产生的主要原因有以下几个方面：

1.追求利润最大化是电子货币产生的基本原因

金融企业的竞争日益激烈，传统业务所带来的利润越来越微薄，这就迫使金融企业进行不断的创新以弥颓势。这样一来，为丰厚回报而进行的业务创新就给电子货币的出现提供了契机。因为对于电子货币的提供商而言，发行电子货币既可以作为金融创新寻找新的利润增长点，又可以作为一种新的服务手段来吸引客户，增加潜在的收益。

微课

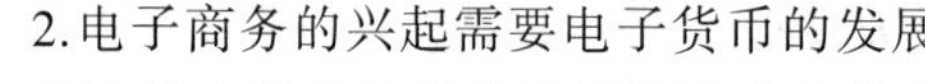

电子商务实务

2.电子商务的兴起需要电子货币的发展

由于信息技术的进步以及网络在商业贸易中的深入应用，网上购物、虚拟交易等新的商务模式让人们有了新的消费体验的同时感到支付上的不便，对能够快捷、安全地进行支付的新货币形式就有了内在的需求。电子货币不但可以满足这一需求，而且具备了基本的货币特征，能够为人们所广泛接受，所以电子货币在这种环境下迅速发展也就顺理成章了。

3.信息、加密技术的发展给电子货币的发展提供了技术支持

没有信息技术和加密技术的高度发展，今天我们所能看到的包括各种信用卡、储值卡、数字现金等电子货币形式被普遍地接受并使用是不可想象的。人们对电子货币的需求除了要考虑能被普遍接受外，同时对其的安全性有很高的要求。也就是说，电子货币本身必须是安全的，而且应该被认为安全才可以广泛地进入流通。信息技术和加密技术的发展则对这一安全性给予了极大的保障。

4.降低交易费用是电子货币产生并发展的根本原因

综观货币形态的演化历史，体现了这样一种内在机制，就是货币自身的物质价值与其代表的商品价值的逐渐剥离，其大小和重量也逐渐变小，慢慢地从可见演变为不可见。这些演变无外乎都是为了提高货币流通效率、降低货币流通费用，从而降低商品的交易费用，这也是电子货币产生并发展的根本原因。

【小知识2-1】

最早的信用卡产生于20世纪50年代。1949年，纽约金融家麦克那马拉与零售界的名人卢明代尔在一家高级餐厅就餐，结账时发现随身携带的现金不够，只好打电话请其妻子来付账。这件事给了麦克那马拉一个重要的启发，如果有一种便携的、可以证明个人信用的工具，那将大大地方便人们的日常生活。于是，麦克那

马拉与卢明代尔于1950年在纽约投资创立了Diners Club，发行了一种可以记账的卡片，卡片持有者在定点餐厅可以凭卡记账而不用当场支付现金。这种可以记账的卡片，就是信用卡的雏形。它为那些信誉良好的人士提供了赊账的便利，避免了绅士们在高档餐厅由于现金不足而无法结账的尴尬。1952年，美国加利福尼亚州的富兰克林国民银行作为金融机构率先发行了银行信用卡。

五、我国电子货币的发展

我国电子货币的发展稍晚于发达国家，但基本上是紧跟世界发展步伐。目前，国内储值卡业务发展十分迅猛。由于监管机构不允许银行发行储值卡，因此储值卡发行主体均为非银行机构，小到中小商户，大到电信企业、大型商场、公交公司等，其产品形式则为电话卡、商场购物卡、公交卡等。储值卡产品中单用途储值卡居多，多用途储值卡较少。在市场经济的作用下，商品交易、信用转移等社会经济活动大量产生，也要求货币流通速度不断加快，为此，在支付业务中，变票据流为电子流的需求日渐强烈；另外，由于伪钞、假支票及抢劫银行的事件等不断发生，使得人们在对支付工具的选择上，更加看好具有高度防伪性和不易攻破性的电子货币。由此可以看出我国对电子货币的需求十分强烈。

目前，随着区块链技术的发展和应用，数字货币正逐渐走入人们的生活。金融科技的迅猛发展为数字货币提供了技术支持。区块链技术作为数字货币的基础，具有高度安全性、去中心化和可追溯性等特点，为数字货币的发展提供了坚实的基础。而数字化经济的兴起和人们对支付方式的变革需求也促使了数字货币的出现。在线支付、移动支付等新型支付方式的普及，激发了对一种更加便捷、高效的支付方式的渴望。

我国从2014年起开始启动对数字货币的研究，央行发布了发行数字货币的研究报告。2017年，国务院批准央行组织部分实力雄厚的商业银行和有关机构共同开展数字人民币的研发。数字货币在多种因素的催化下应运而生。数字人民币属流通中的现金，是我国的法定货币，改变的是货币形态和支付结算方式，但不完全等同于实物现金。比如，实物现金具有物理载体和不同的面值、图案、发行年份，其中每张纸币还有自己的编号等，而数字货币则完全不需要这些东西，只需要记录货币数额（到小数点后两位，即在“元”以下到“角”“分”）即可。

从应用场景来看，数字人民币已覆盖了交通出行、政务服务、餐饮文旅、工资发放及其他生活服务多个主流线上及线下应用场景。如上海公交、北京轨道交通、滴滴出行、肯德基、饿了么、天猫超市、盒马鲜生等主流线上消费场景，大多都可以用数字人民币支付；小米、vivo、华为等手机部分机型已实现数字人民币无电支付，数字人民币正在加快融入百姓衣食住行的各个领域，不断开启物物支付、万物互联的新时代。

2016—2023年中国央行数字货币发展历程见表2-1。

随着数字货币受到社会各界的广泛关注，我国出台了数字人民币行业的相关政策文件及措施，为数字人民币的快速发展提供有利的政策环境，包括将其纳入国家“十四五”规划部署，完善相关制度规则建设，深化数字人民币对货币政策、金融体系、金融稳定性影响研究评估的同时，大力扶持并推进数字人民币的研发及试点应用，鼓励区块链、云计算

表2-1　2016—2023年中国央行数字货币发展历程

时间	相关事件
2016年	央行首次提出对外公开发行数字货币目标，启动基于区块链和数字货币的数字票据交易平台原型研发工作
2017年	央行推出的数字票据交易平台测试成功，构建以数字货币探索为龙头的央行创新平台，数字货币研究所正式挂牌
2018年	数字票据交易平台实验性生产系统成功上线试运行，数字货币研究所在深圳成立“深圳金融科技有限公司”
2019年	央行宣布，将发行数字人民币。该货币版本称为DCEP（数字货币电子支付）
2020年	在深圳、成都、苏州和雄安新区等进行了数字人民币的试点推广
2021年	数字人民币生态体系涉及场景包括公用事业、餐饮服务、交通出行、零售商超、证券及政务服务等领域。数字人民币（试点版）App在安卓应用商店和苹果App Store上架
2022年	中国数字货币在港交所上市；微信支持数字人民币；百信银行成为首家开通数字人民币子钱包的银行；数字人民币支付方式在福建高速公路全场景应用成功落地；支付宝宣布上线“数字人民币”搜索功能；首批数字人民币线上贷款落地青岛
2023年	全国首笔数字人民币行邮税在广东珠海拱北口岸成功缴纳，首个“数字人民币+旅检行邮税”应用场景成功落地；深圳通携手交通银行、邮储银行、中国银行，推出全国首创的“数字人民币联名卡”，实现了数字人民币在公交领域的新应用；数字人民币App新增“乘车码”服务，数字人民币App首次在全国范围内实现交通出行场景应用；数字人民币无网无电支付应用在青岛轨道交通4号线的张村站和科苑经七路站正式落地试点；中国石油国际事业有限公司通过在上海石油天然气交易中心平台达成的国内首单原油跨境数字人民币交易完成结算

资料来源　根据前瞻产业研究院等相关资料整理。

等相关技术产业的发展。

六、数字货币能否完全取代现金货币

在支付宝支付、微信支付等电子支付方式已经被广泛应用的今天，支付方式已经越来越便捷，现金的使用量正进一步下降。数字货币的出现可以让人们实现更加安全、快速、便捷、隐私保护的支付方式。数字货币被认为是一种基于节点网络和数字加密算法的虚拟货币。数字货币能否取代传统的货币，最终成为我们生活中支付的主要方式呢？

首先，数字货币取代纸币面临两个约束：一是使用者是否愿意用。二是技术条件能否满足。因为交易支付的速度受制于技术，当交易数量突破一定限制，可能会引起故障、宕机、软件崩溃等。但和传统的货币相比，数字货币具有一定的优势。

其次，数字货币的交易更加安全和匿名。由于数字货币采用了先进的加密技术，每次交易都会生成一个唯一的数字签名，保证交易的安全性和真实性。此外，数字货币的交易不需要披露个人身份信息，交易方可以保持匿名状态，更好地保护了用户的隐私和安全。

再次，数字货币的交易速度更快。传统货币的交易需要通过银行或其他金融机构进行验证和处理，需要较长时间才能完成。而数字货币的交易则可以在极短时间内完成，并且可以避免传统银行系统的烦琐手续和中间环节，降低了交易的成本和时间。

最后，取代现金作为主要支付形式的难度很大。尽管数字货币支付具有更高的效率和安全性，但人们对新技术的接受程度和使用习惯是需要时间的，同时数字货币面临着各国政府和监管机构的态度与政策的不确定性，可能会遭遇到禁止或限制等风险。

所以，数字货币作为百姓日常消费时支付手段的一种新的方式，其研发目的不是取代现金，而是助力数字经济发展，提升普惠金融发展水平，更好地满足人民群众生产生活需要。

拓展阅读

全球央行数字货币发展提速

随着网络科技的不断发展，互联网经济的兴起和迅猛的发展速度，给实体经济的重振带来希望。在“互联网+”的时代背景下，互联网金融应运而生，而数字货币的蓬勃发展无疑是互联网金融兴起的奠基石。我们正在进入一个全新的互联网世界，智能手机带来通信与互联网的融合，移动互联时代的交融和交互，使虚拟世界不再是现实世界的克隆，人类居住的星球变成了一个村落，虚拟世界的游戏规则正在改变和颠覆现实。一旦全球数字货币形成联盟，成为价值衡量的媒介，实现交换的功能，全球可能出现继黄金之后的通用货币。虚拟货币的出现已经让全球央行变得紧张，这只是一个开头。

未来数字货币（而不是国际货币基金的特别提款权）可能实现全球货币的统一，这可能是和平与繁荣之路，要取决于全球央行如何面对数字化生态。数字货币的投资价值逐渐被大众认同，数字货币的应用价值也逐渐被商家认可，越来越多的国家、商家认同数字货币的结算方式。

【小资料2-1】

随着互联网的发展，生活形态越来越数字化，实体经济与虚拟经济正彼此冲击与融合，主要表现为：

一是实体经济交易正在虚拟化，我们越来越频繁地使用电子钱包、线上刷卡和支付系统等；二是数字形式的虚拟货币也一步步进入实体经济，让人不必花真实的钱，也能进行实体消费。央行在组织市场机构从事央行数字货币研发相应工作。央行从2014年就开始研究数字货币，已取得了积极进展。2019年8月21日，央行微信公众号发布两篇有关数字货币的文章。央行把数字货币和电子支付工具结合起来，将推出一揽子计划，目标是替代一部分现金。央行发行的数字货币是经国务院批准计划发行的法定数字货币。数字货币是一种以加密技术为基础的，使用数字签名进行交易确认，并具有独立货币属性的一种电子货币。它没有实体形态，完全由计算机代码和数字信息保存，可以通过特定的数字货币交易平台进行兑换，具有高效、便捷、低廉等优点。随着全球数字化进程的不断加速，数字货币越来越受到人们的青睐。

数字人民币是央行发行的一种全新的电子化货币，是以数字形式存在的人民币，同时具备了人民币的法定地位和货币属性。数字人民币不仅可以用于线上支付和交易，还可以通过线下交易、红包等形式进行使用。数字人民币的推广和普及，将会改变中国的支付和货币形式，也将会推动数字经济和金融的发展，为中国的经济和社会发展注入新的动力。

任务实施

1. 下载数字人民币App

首先，需要在手机上下载数字人民币App。在应用商店中搜索“数字人民币”，即可找到并下载该应用。

2. 注册

打开数字人民币App，点击“注册”按钮，输入手机号码并设置密码，完成注册。您需要完成实名认证，绑定您的身份证和银行卡信息等。

3. 添加钱包

在数字人民币App中，点击“添加钱包”按钮，选择“银行钱包”或“支付钱包”，按照提示步骤操作即可。您可以通过扫描二维码或接收付款等方式向钱包中充值。

4. 支付和转账

在数字人民币App中，选择“支付”或“转账”功能，输入收款人的手机号码或扫描收款人的二维码，输入支付密码即可完成支付或转账。

5. 提现和汇款

如果您需要将数字人民币提现或汇款到他人的银行账户，可以在数字人民币App中选择“提现”或“汇款”功能（输入收款人的银行账户信息），然后按照提示步骤操作即可。

任务二 掌握电子货币对金融业的影响

任务描述

为进一步完善乡村金融服务触达体系，提升金融支持乡村振兴的服务能力，中国工商银行围绕“一点接入，无界兴农”的服务理念，推出工银兴农通App，通过移动金融服务，将现代化金融服务更精准、更广泛地下沉至更多县域乡村。工银兴农通App是中国工商银行服务国家乡村振兴战略、发挥自身金融科技优势，为县域乡村地区广大客户全新打造的线上综合化服务平台。工银兴农通App从民生服务、普惠服务、村务服务和服务点服务四个方面，为“三农”客户打造开展数字化生产的“新农具”、一站式获取多种金融与非金融服务的“新超市”、享受政务民生等各类生态场景服务的“新平台”。

你了解工银兴农通App及其功能吗？

知识准备

一、电子货币对货币供给层次和货币流通规律的影响

1. 电子货币对货币供给层次划分的影响

货币层次的划分和计量是货币理论研究的基础。传统经济学的货币银行理论关于货币流通层次的划分为：将流通中的现金作为最窄口径上的货币，用M0表示；把流通中的现

金、在银行用支票可以转账的存款以及转账信用卡上的存款加起来，就可以得到比M0口径更宽的货币概念，即M1；进一步在M1基础上将储蓄存款、定期存款等包括进来，就得到一个更为宽泛的货币概念M2，在M2口径上的货币概念既反映了现实的购买力，又反映了潜在的购买力；在M2的基础上将储蓄债券、短期政府债券、银行承兑汇票、商业票据等其他短期流动资产包括进来，就构成一个更加宽泛的货币概念M3。由此我们可以看出，这是根据可以转化为现金的金融资产的流动性，即根据不同类型的金融资产转化为现金速度的快慢来划分货币流通层次的，是纸币流通条件下的产物。但是，在电子货币取代纸币流通的条件下，并不存在货币流通层次的划分，因为客户拿到钱以后无论将这笔钱存入哪家银行，都不存在客户从银行提取现金的问题，电子货币是唯一的货币形式，也就是说，单一的电子货币层次、实时的在线电子支付将消除产生纸币条件下4个货币流通层次划分必要性的时间差，模糊了不同货币流通层次之间的界限。因此电子货币取代传统货币后将消除货币供给层次。

2.电子货币对货币流通规律的影响

从马克思的货币流通规律理论看，金属货币或纸币流通条件下的货币流通规律可以简单表示为：

$$M=\frac{PQ}{V}$$

其中M表示一定时期的货币必要量，P表示物价水平，Q表示待可供商品总量，V表示同期同名货币流通速度。假定PQ在一定条件下是基本稳定的，那么一定时期货币必要量M主要由V决定。马克思这一货币流通规律理论是建立在传统经济条件下的，货币流通速度相对稳定且具有可测性。在网络经济条件下，电子货币的流通速度是与整个网上信息流的流量、流速相联系的。由于比特形态的电子货币以光和电作为物质载体，以接近于光速的极限在互联网上高速流通，因而具有很强的随机性（即可测性较差），这导致短期货币流通速度难以预测，从而使预测的准确性受到影响。因此，电子货币的出现使货币流通规律理论失去了它的基础和前提条件，货币流通必要量的规定性有待于重新探讨。

【小资料2-2】

云币首获欧盟颁发的电子货币发行牌照，而这个首发牌照在全球只有3张，云币是首发的第一张牌照。云币是由英国云鼎集团授权发行的一种去中心化的互联网数字加密货币，由世界顶级经济学家团队组成的美国数字货币研究实验室开发，来自韩国、日本、中国台湾、新加坡的世界团队倾力打造，欧洲3大国家级银行提供储备金的世界级虚拟货币。这是一个会员制的O2O跨界金融生态系统，以云币为支付工具，贯穿跨境电商、全球旅游、文化产权交易等产业领域，跨境、跨行业、跨虚拟经济与实体经济，是未来具有财富增值属性的、具有金融投资价值的加密电子货币。

二、电子货币发展对金融机构的影响

随着电子货币应用的推广和普及，电子货币对社会和金融机构本身将产生许多深远的影响。

1.促进社会商品的生产和流通

在人类社会发展的过程中，商品生产和资本积累是相互并行的、相互依赖的。商品的流通及因此而产生的货币流通，是人类社会生活中的两个基本的相互诱导的共生流。商品生产越发达，货币流通的强度就越大。货币流通是商品流通的映象，如果货币流通不畅，则商品流通也会不畅，商品生产就要受阻。反之，允许货币流通的强度大，可促使商品流通更加通畅，进而促进商品生产得到进一步发展。

从货币流通角度看，人类经历了实物货币、商品货币、电子货币3个发展阶段。在商品生产高度发展的今天，商品生产的规模和交换方式都发生了很大的变化。科学技术的发展促使劳动生产率迅速提高，使得商品流通和货币流通急速加大。除了与商品流通有关的货币流通外，在现代银行业务中，还有大量与商品流通没有直接联系的货币流通。如此急剧增长的货币流通使整个金融流通渠道日益被堆积如山的金融纸票（如现金、支票和其他各种凭证）所阻塞，而以银行卡为代表的电子货币的发展，使货币的流通以光速进行，从而促使货币实现又一次革命性的转变。这一转变已经对商品的生产和流通产生了重大的推动作用，还将继续产生更加深远的影响。

2.推动金融业数字化转型

近年来，数字经济已成为推动我国经济高质量发展的重要引擎。随着数字化时代的到来，金融业对于数字化的认知也发生了天翻地覆的改变。过去数字化技术只是金融业务的辅助，但随着金融业数字化转型的深入，数字化技术渐趋成为金融业务变革的核心驱动力，不仅重构了金融业务的模式，也不断推陈出新，创造出多种新的产品服务形式。金融业数字化转型不等同于把传统金融业务“线上化”和“数字化”，而是要使用数字技术推动商业模式、运营模式、产品和服务模式的变革。

首先，数字化转型是思维方式的转变。数字化转型是金融服务理念、手段和方式的根本性变革，需深刻认识转型的艰巨性、长期性和系统性。其次，数字化转型是身份地位的转变。金融机构应逐渐摒弃过去以银行等机构为中心开始转向以客户为中心，借助金融科技的辅助，进而提供平等共赢的多样性、可定制化产品。再次，数字化转型将带来客户维护方式的转变。数字化转型是对金融电子化、信息化的深度延伸，借助数字化技术改善原有业务，提高业务需求的响应速度，进而提高效率，同时利用数字化与客户进行日常生活交互，增加客户黏性。最后，数字化转型是对金融机构经营模式的改变。传统金融机构往往利用信息不对称成为资本中介，进而盈利。而数据化转型后，数据将代替资本成为核心资产，通过对海量信息的大数据分析，金融机构能更好地满足差异化客户的各类需求；同时将服务嵌入客户的日常生活中，与客户建立更深厚的关系，最终实现双赢。

3.电子货币对证券业的影响

随着证券行业的发展，各大证券公司纷纷在各个不同的地区设立营业部，从业人员越来越多，试图通过各种手段赢得更多的客户，扩大交易量，增加佣金收入。这就导致各证券公司之间为了争夺客户和资金发生激烈竞争，而银行也不失时机地插足这一领域，纷纷推出利用“银行卡”炒股等措施。一般意义上，银行卡炒股是指投资者利用银行电子划账系统通过电话委托等无纸化途径在自己的储蓄账户上实现股票交易，其交易保证金无须存入证券公司营业部，可接受直接来自银行的交易服务，包括从开户、交易、清算、交割到查询对账等全过程。银行的这种举措也吸引了一批投资者，特别是散户投资者，大大方便了投资者的交易行为，但给证券公司造成了很大的压力，影响了外围资金的流入。

【小知识2-2】

20世纪20年代，美国芝加哥一黑手党金融专家买了一台投币式洗衣机，开了一家洗衣店。他在每晚计算当天的洗衣收入时，就把其他非法所得的钱财加入其中，再向税务部门申报纳税。这样，扣去应缴的税款后，剩下的其他非法所得钱财就成了他的合法收入。这就是“洗钱”一词的来历。

三、电子货币发展应注意的问题

1.电子数据的法律效力问题

作为电子货币的物是存储于计算机或IC卡等中的电子数据，那么电子数据的法律效力问题就是传统法律所要解决的首要问题。《中华人民共和国民法典》第四百六十九条规定，数据电文为书面形式之一种。据此，以电子数据为物质载体的电子货币与以纸面为物质载体的纸币具有同等的效力。但是，我们认为，此种“功能等同”模式的立法只是过渡性质的立法。我国法律应明确规定作为意思表示的电子数据的法律效力。另外，承认电子数据的效力固然重要，但解决电子数据的认证问题则更具重大意义。2005年4月1日，《中华人民共和国电子签名法》开始正式实施，以法律形式对直接关系公共利益的电子认证服务业设定行政许可，并授权信息产业部（现工信部）作为实施机关，对电子认证服务提供者实施监督管理。

2.电子货币的安全问题

安全是电子货币密切关注的焦点问题之一。计算机网络资源共享的开放环境以及尚存在一定漏洞的软硬件环境，使得电子货币的安全技术还需要得到进一步的提高。电子货币增加了安全风险，所有零售支付系统在某种程度上自身都是脆弱的，而电子货币产品也增加了一些诸如鉴定、认可、完整性方面的问题。系统崩溃可能在消费者、商家或发行者任何一个层次上发生，其潜在因素包括盗用消费者和商家的设备，伪造设备，更改存储或设备间传输的数据，或者更改产品的软件功能等。安全攻击大部分是为了利益，也可能是为了攻击系统本身。计算机信息的加解密技术也正在发展中，如何使电子信息在传送过程中得到安全保证是目前各大网络软硬件工程公司的难题。

3.电子货币的监管问题

电子货币的产生与发展给各国的金融机构提出了新的课题，特别是电子货币对现行金融监管制度带来了直接或间接的影响。为维护金融体系的稳定和安全，防止侵害消费者利益的行为发生，以及避免出现恶性竞争和无秩序的行为，“政府适度监督有没有必要”成为各国比较关注的问题。监管机构需要制定相应的政策和法规来确保市场安全、稳定与透明。监管能够防范欺诈、洗钱、恐怖主义融资等非法活动，并为投资者提供保护，使运营者加强行业自律性，落实电子货币交易的安全责任，建立起健康稳定的电子货币监管体系。

4.电子货币的隐私权保护问题

就法定货币而言，除了通过银行转账结算的情形外，其他流通完全是匿名的，即交易当事人以外的第三人无从知晓货币的流向，持币人支付了多少金额、支付给了谁，都无据可查，从而在技术上很好地保护了当事人的交易隐私。但就目前的电子货币而言，大多不能如此成功地实现这一点。账户依存型电子货币的流通完全依赖转账结算，账户管理者保存其交易记录，因此对账户管理者而言，交易当事人毫无隐私可言。现金型电子货币系统要求每一个使用者都须在发行者处开设一个存款账户，便于使用者申请电子货币或最后兑换法定货币时转账，发行者可由此掌握信息，造成使用者的隐私权益受到一定程度的损害。综上所述，目前的大多电子货币类型都不能像法定货币那样解决使用者的隐私保护问题，这就需要我们在法律上和电子技术上加以完善。

5.流动性风险问题

这一风险是指网络金融机构没有足够的资金满足客户兑现电子货币的风险。风险的大小与电子货币的发行规模和余额有关。发行的规模越大，用于结算的余额越大，发行者不能等值赎回其发行的电子货币或清算资金不足的可能性越大。因为目前的电子货币是发行者以既有货币（现行纸币等信用货币）所代表的现有价值为前提发行的，是电子化、信息化了的交易媒介，尚不是一种独立的货币。交易者收取电子货币后，并未最终完成支付，还需要从发行电子货币的机构收取实际货币，相应地，电子货币发行者就需要满足这种流动性要求。当发行者实际货币储备不足时，就会产生流动性危机。流动性危机也可由网络系统的安全因素引起。另外，当计算机系统及网络通信发生故障，或病毒破坏造成支付系统不能正常运行时，也会影响正常的支付行为，降低电子货币的流动性。

6.电子货币规模的扩大将可能带来更庞大的国际游资

电子货币出现后，各种市场主体将会利用其便捷的电子化手段和较低的交易成本经常性地调整其货币的持有结构，减少手持现金和活期存款的比例，增加以追逐高额短期回报为目标的金融资产比例，从而可能形成更大数量的国际游资。同时，电子货币的“无形性”使其活动失去了时间和地域的限制，交易过程更加不透明，导致国际投机资本的运作更具隐蔽性和复杂性，其与金融监管当局之间的信息不对称程度将趋于严重，增加了金融监管当局对其进行监管的难度。大量国际游资的突发性转移无疑将导致金融市场的波动，而电子货币的快速传播特征又会使这种波动迅速蔓延，造成整个金融体系的不稳定。

7.电子货币洗钱犯罪问题

电子货币的出现和利用为犯罪分子进行洗钱活动提供了便利。就大规模的洗钱犯罪来讲，传统货币本身给犯罪分子带来许多不便，如其面值有限，大量价值的货币必然占据较大的空间，其运输、清点和计算都需要花费时间，远距离的安全运输更需要花大量的时间与资源，且容易被人发现。电子货币则不存在这些问题，犯罪分子可以通过电话线、互联网瞬间将巨额资金从地球的一端转到另一端。电子货币尤其是现金型电子货币，对洗钱犯罪分子具有无限吸引力，他们可以把来源于非法活动的钱利用电子货币很快转移到法律上对洗钱犯罪监管较为薄弱的国家，在那儿会更容易将这些钱合法化。知帆科技、知帆学院发布的《2022年区块链与虚拟货币犯罪趋势研究报告》指出，虚拟货币诈骗洗钱类和网赌结算类是主要的虚拟货币犯罪类型，2022年，网赌结算类案件的平均涉案金额最高，达到8.71亿元。如何有效地预防和打击洗钱犯罪，是电子货币发展中亟待解决的问题。

8.电子货币标准化问题

网络是全球性的，在网络上流通的电子货币要真正国际化，必须依靠世界银行和国际货币组织，联合各国对其进行标准化定义，并使其与各国的货币进行汇率挂钩。现今在互联网上流行的电子货币有许多种，有的网络超级市场不得不在网页上挂上五颜六色的标志以表示支持各种电子货币，这种发展趋势必须加以控制和管理。因为虽然这样能够让各发行电子货币的公司相互之间存在竞争从而促进技术进步，但会引起某些混乱，应该在统一标准的前提下竞争，这样电子货币才能得以健康发展。

【小知识2-3】

当今世界，数字技术的快速发展正在深刻改变金融行业的面貌，数字金融已经成为全球关注的热点。移动支付的普及、金融科技的迅猛发展、数字货币的兴起以及金融监管的加强等，都推动着数字金融行业朝着更加智能化、高效化的方向发展。数字金融就是利用数字技术和平台来提供金融服务与产品的一种形式。它包括了移动支付、网络借贷、数字货币、区块链、人工智能、大数据、云计算等各种创新技术和应用。数字金融的核心就是将金融业务与技术的创新有机结合，实现金融业务的数字化和智能化。数字金融是现阶段金融经过数字化转型发展起来的新金融业态，是金融在社会、经济、科技发展潮流下的必然结果。

数字金融是基于数字技术的金融，将金融活动从实体空间转移到虚拟空间，将金融信息从纸质形式转换为电子形式，将金融交易从人工操作转换为自动化执行。数字金融是基于网络平台的金融，将金融活动从中心化模式转变为去中心化模式，将金融参与者从单一主体扩展为多元主体，将金融关系从线性连接转变为网状连接。

任务实施

1.工银兴农通App围绕“三农”客户提供四大服务

（1）民生服务：提供福农卡专享办理、账户管理、惠民缴费、线上贷款、兴农e钱包等服务。主要服务人群：乡村居民、外出务工人员、回乡养老人员。

（2）服务点服务：提供基础支付服务、日常运营管理及市场营销支持等服务。主要服务人群：“三农”客户、农村普惠金融服务点、工银使者。

（3）村务服务：提供基层党建、村务公开、移动办公和乡村治理等服务。主要服务人群：县、乡（镇）、村政府工作人员。

（4）普惠服务：提供兴农贷、普惠融资、商贸信息、产品销售和撮合等服务。主要服务人群：“三农”客户、农村个体户、农村商户。

2.工银兴农通App主要功能

（1）首页：一键办理查账户、办贷款、办卡、缴费等常规业务（如图2-1所示）。

为客户提供办卡、缴费、账户管理、信用卡申请、数字人民币申请、普惠融资等基础金融服务。

（2）服务点服务：可快速找到您身边的工银使者及服务点，享受便捷服务（如图2-2

所示）。

图2-1 工银兴农通App首页

图2-2 工银兴农通App服务点服务

（3）村务服务：为农业农村管理部门、村委会、村集体及村民提供村务公开、基层党建、民主投票、意见直通车等村务服务（如图2-3所示）。

村委会成员：可通过App实现移动办公，在线操作简单便捷。

村民/游客：可通过App随时随地查看乡村动态，最新消息一目了然。

（4）撮合服务：为农户、农村个体户、新型农业经营主体等提供信息发布、贸易撮合、农技学习、价格查询等生态服务（如图2-4所示）。

图2-3 工银兴农通App村务服务

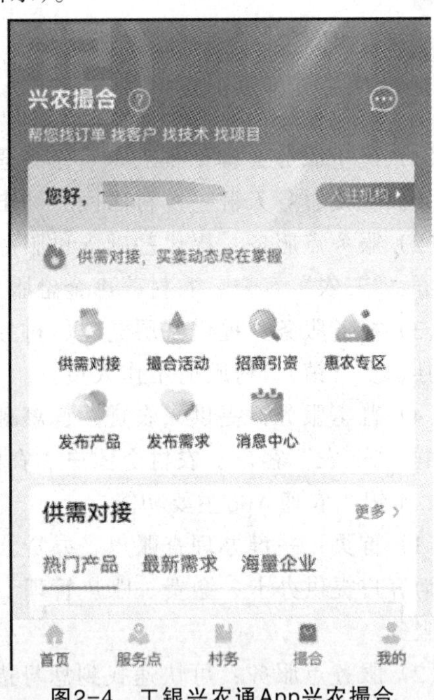

图2-4 工银兴农通App兴农撮合

项目总结

电子货币是指以金融电子化网络为基础，以电子化机具和各类交易卡为媒介，以计算机技术和通信技术为手段，以电子数据形式存储在银行的计算机系统，并通过计算机网络以信息的传递形式实现流通和支付功能的货币。电子货币与纸币等其他货币形式相比，具有保存成本低、流通费用低、标准化成本低、使用成本低等优势。电子货币的产生是现代社会生产发展、信息网络技术进步的必然结果。在上述基础上，电子货币的发展取决于互联网的普及和电子数据交换的应用两大重要因素。

数字货币所采用的区块链技术具有去中心化的特点，不需要任何类似清算中心的中心化机构来处理数据，交易处理速度更快捷。数字货币相比于其他电子支付方式的优势之一就在于支持远程的点对点支付，它不需要任何可信的第三方作为中介，交易双方可以在完全陌生的情况下完成交易而无须彼此信任，因此具有更高的匿名性，能够保护交易者的隐私。

基本训练

一、核心概念

电子货币　数字货币

二、简答题

1. 电子货币产生的原因是什么？

2. 电子货币发展对金融机构的影响有哪些？

3. 电子货币发展应注意哪些问题？

三、案例分析题

受经济复苏、银行功能迭代及营销活动等促进因素影响，手机银行季度活跃用户规模有所上升。易观千帆的数据显示，2023年第二季度，手机银行服务应用行业活跃用户规模为6.99亿户，环比增长0.72%。手机银行已成为银行全渠道数字化经营的核心平台，功能服务日益丰富。用户需要丰富的服务支撑手机银行“可用、能用”，也需要极致体验以促进手机银行向“好用、爱用”不断深化。随着互联网和移动通信成为人们日常生活中不可或缺的一部分，移动支付等电子支付逐渐成为重要的支付手段，那么数字货币是否会取代现金货币呢？

项目实训

浙江网商银行是阿里巴巴推出的一款专为小微企业及个人提供金融借贷的民间银行软件。该软件主要提供具备网络特色、适于网络操作、结构相对简单的金融服务及产品，银行不设任何物理网点，是一家纯网络运营的云端银行，使用网商银行借贷非常方便简单。不过有不少朋友对网商银行还不太熟悉，那么网商银行怎么用？请写出网商银行的注册流程。

项目三　电子支付系统

电子支付的应用场景已逐渐从单纯的支付渠道，向跨境结算、理财产品销售、资产管理、保险代销等领域快速渗透，同时电子支付利用自身的整体优势，使传统产业加速从线下向线上转移，为其提供了支付的空间。现在的电子支付系统主要借助于电子银行的转账系统，这个系统虽然较为安全，但缺点就是交易形式过于单一，无法满足市场上一些潜在的互联网商务需要，所以想要更好地发展互联网的电子支付系统就必将面临创新。

学习目标

知识目标：

1.了解电子支付系统的构成和发展历程；

2.熟悉ATM系统和POS系统工作流程，了解国内外电子支付系统的发展现状。

能力目标：

1.掌握电子支付系统功能、ATM系统和POS系统的使用方法；

2.具有执行取款和转账等金融交易的能力，具有利用POS系统进行商品交易、资金支付、转账等能力。

素养目标：

培养学生爱岗、敬业、创业能力，具有较强的事业心和责任感，紧跟技术变革，推动技术创新，弘扬工匠精神。

任务一　建立电子支付系统

任务描述

电子支付系统是实现电子支付的基础。电子支付系统的发展方向是兼容多种支付工具，但目前的各种支付工具之间存在较大差异，分别有自己的特点和运作模式，适用于不同的交易过程。

电子支付系统的数据流可以分为基于商家转发的和非商家转发的两种模式。根据电子商务交易采用基于非商家转发的模式，你认为从客户发起购买请求到客户收到商品、商家收到资金，完成整个交易过程，需要经过哪些支付流程？

知识准备

一、电子支付系统的相关概念

1.电子商务支付系统

电子商务支付系统是指消费者、商家和金融机构之间使用安全电子手段交换商品或服务，即把新型支付手段包括电子现金、信用卡、借记卡、智能卡等支付信息通过网络安全传送到银行或相应的处理机构来实现电子支付的系统。

电子支付是通过互联网实现用户和商户、商户和商户等之间的在线货币支付、资金清算、查询统计等。电子支付完成了使用者信息传递和资金转移的过程。广义的电子支付包括直接使用网上银行进行的支付和通过第三方支付平台间接使用网上银行进行的支付。狭义的电子支付仅包括通过第三方支付平台实现的支付。电子支付系统是实现电子支付的基础。电子支付是一种通信频次大、数据量较小、实时性要求较高、分布面很广的电子通信行为，因此电子支付的网络平台通常是交换型的、通信时间较短的、安全保密性好的、可靠的通信平台，必须面向全社会，对所有公众开放。

2.电子支付

电子支付是指消费者、商家和金融机构之间使用安全电子手段把支付信息通过信息网络安全地传送到银行或相应的处理机构，用来实现货币支付或资金流转的行为。按电子支付指令发起方式，电子支付可分为网上支付、电话支付、移动支付、销售点终端交易、自动柜员机交易和其他电子支付。与传统的支付方式相比，电子支付具有以下特征：

（1）电子支付是采用先进的技术通过数字流转来完成信息传输的，其各种支付方式都是通过数字化的方式进行款项支付的，而传统的支付方式是通过现金的流转、票据的转让及银行的汇兑等物理实体来进行款项支付的。

（2）电子支付的工作环境是基于一个开放的系统平台（即互联网），而传统支付是在较为封闭的系统中运作。

（3）电子支付使用的是最先进的通信手段，而传统支付使用的是传统的通信媒介。电子支付对软硬件设施的要求很高，一般要求有联网的终端设备、相关的软件及其他一些配套设施，而传统支付没有这么高的要求。

（4）电子支付具有方便、快捷、高效、经济的优势。用户只要拥有一台可上网的终端设备，便可足不出户，在很短的时间内完成整个支付过程。有些支付费用仅相当于传统支付的几十分之一，甚至几百分之一。

【小思考3-1】

什么是支付网关？

答：支付网关是连接银行网络与互联网的一组服务器。其主要作用是完成两者之间的通信、协议转换并进行数据加密、解密，以保护银行内部的安全。

电子支付是通过开放的网络来实现的，支付信息很容易受到来自各种途径的攻击和破坏，信息的泄露和受损直接威胁到企业等客户的切身利益，所以信息安全是树立和维护客户对电了支付信心的关键。银行应在物埋上保证电子支付业务处理系统的设计和运行能够避免电子支付交易数据在传送、处理、存储、使用和修改过程中被泄露与篡改；采取有效的内部控制措施为交易数据保密；在法规许可和客户授权的范围内妥善保管与使用各种信息和交易资料；明确规定按会计档案要求保管电子支付交易数据；提倡由合法的第三方认证机构提供认证服务，以保证认证的公正性；要求在境内完成境内发生的人民币电子支付交易信息处理及资金清算等。

二、电子支付系统的发展

我国的电子支付建设起步较晚，发展水平同发达国家存在差距。自20世纪90年代以来实施了如“三金工程”等一系列信息化工程和中国国家现代化支付系统的建设，为电子支付的应用提供了很好的基础。经过多年努力，我国也建成了多个电子支付结算系统。电子支付系统的发展是与电子银行业务的发展密切相关的。从历史的角度来看，电子支付系统经历了5个发展阶段：

第一阶段：银行内部电子管理系统与其他金融机构的电子系统连接起来，如利用计算机处理银行之间的货币汇划、结算等业务。

第二阶段：银行计算机与其他机构的计算机之间资金的汇划，如代发工资等。

第三阶段：通过网络终端向客户提供各项自助银行服务，如ATM系统。

第四阶段：利用网络技术为大众在消费时提供自动的扣款服务，如POS系统。

第五阶段：电子支付方式的发展，电子货币可随时随地通过互联网直接转账、结算，形成电子商务环境。

【小资料3-1】

为进一步提升企业支付海关税款的便捷性，促进跨境电商零售进口贸易便利化，在海关总署统一部署下，2023年6月1日，福州海关“跨境电商零售进口税款电子支付应用”正式上线试运行。此前，跨境电商零售进口企业需往返海关、财务、银行等部门缴税，办理流程多、地点多，对一些跨境电商零售进口企业存在取税单难、超期产生滞纳金等风险。新一代海关税费电子支付系统中，增加了跨境电商零售进口税款电子支付功能，相关企业可登录“单一窗口”“互联网+海关”平台，使用新一代海关税费电子支付系统缴纳跨境电商零售进口税款。

资料来源 福建海关12360.【关税征管】跨境电商零售进口税款支持电子支付啦！[EB/OL]．[2023-06-11]．https://mp.weixin.qq.com/s?__biz=MzA5NjA2NzUzMw==&mid=2651732386&idx=2&sn=bdb37c07fe61894c8ef3267641f07d19&chksm=8b4f5300bc38da16b7cb3da181c5200c9a8ff76bdede466f0d7bdb1f213a7663d9a20b06dc84&scene=27.

三、电子支付系统的功能

虽然货币的不同形式会产生不同的支付方式，但安全、有效、便捷是各种支付方式追求的共同目标。对于一个电子支付系统而言，它应具有以下的功能：

1.使用数字签名和数字证书实现对各方的认证

为实现交易的安全性，对参与贸易的各方身份的有效性进行认证，通过认证机构或注册机构向参与各方发放数字证书，以证实其身份的合法性。

2.使用加密技术对业务进行加密

可以采用单钥体制或双钥体制来进行消息加密，并采用数字信封、数字签字等技术来加强数据传输的保密性，以防止未被授权的第三者获取消息的真正含义。

3.使用消息摘要算法以确认业务的完整性

为保护数据不被未授权者建立、嵌入、删除、篡改、重放，而是完整无缺地到达接收方，可以采用数据杂凑技术。通过对原文的杂凑生成消息摘要一并传送给接收方，接收方可以通过摘要来判断所接收的消息是否完整。若发现接收的消息不完整，可要求发送端重发以保证其完整性。

4.当交易双方出现纠纷时，保证对业务的不可否认性

这用于保护通信用户对付来自其他合法用户的威胁，如发送用户否认他所发的消息，接收方否认他已接收的消息等。支付系统必须在交易的过程中生成或提供足够充分的证据来迅速辨别纠纷中的是非，可以用仲裁签名、不可否认签名等技术来实现。

5.能够处理贸易业务的多边支付问题

网上贸易的支付要牵涉客户、商家和银行等多方，其中传送的购货信息与支付指令必须连接在一起，因为商家只有确认了支付指令后才会继续交易，银行也只有确认了支付指令后才会提供支付。但同时，商家不能读取客户的支付指令，银行不能读取商家的购货信息，这种多边支付关系可以通过双重签名等技术来实现。

任务实施

步骤1　电子支付的工作流程如图3-1所示。

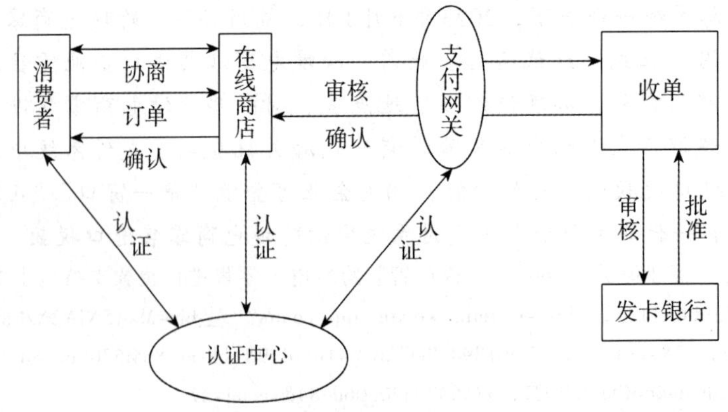

图3-1　电子支付的工作流程

步骤2　根据工作流程图，可将整个电子支付工作程序分为以下7步：

（1）消费者利用自己的计算机等通过互联网选定所要购买的物品，并在计算机等上输入订单，订单上需要包括在线商店名称、购买物品名称及数量、交货时间及地点等相关信息。

（2）通过电子商务服务器与有关在线商店联系，在线商店做出应答，告诉消费者所填订单的物品单价、应付款数、交货方式等信息是否准确，是否有变化。

（3）消费者选择付款方式，确认订单，签发付款指令，此时认证中心开始介入。

（4）在认证中心中，消费者必须对订单和付款指令进行数字签名，同时利用双重签名技术保证在线商店看不到消费者的账号信息。

（5）在线商店接受订单后，向消费者所在银行请求支付认可。信息通过支付网关到收单银行，再到发卡银行进行确认。批准交易后，返回确认信息给在线商店。

（6）在线商店发送订单确认信息给消费者，消费者端的软件可记录交易日志，以备将来查询。

（7）在线商店发送物品，并通知收单银行将钱从消费者的账号转移到在线商店账号，或通知发卡银行请求支付。在认证操作和支付操作中间一般会有一个时间间隔，例如，在每天的下班前请求银行结一天的账。

任务二 认识ATM系统

任务描述

ATM可提取现金、查询存款余额、进行账户之间资金划拨等，还可以进行现金存款（实时入账）、存折补登、中间业务等。那么，ATM怎么使用呢？

知识准备

一、ATM系统简介

ATM（automated teller machine）系统，即自动柜员机系统，是利用银行卡在ATM上执行存取款和转账等功能的一种自助服务的电子银行系统。它是客户与金融机构层次最典型的银行卡授权支付系统的代表，也是最早获得成功应用的电子资金转账系统。

我国ATM的发展历程从20世纪80年代中期开始，从1987年，中国银行在珠海推出中国大陆第一台ATM，ATM正式在我国开始发展，至今，ATM市场经历了初级阶段、发展阶段、专业化和市场化阶段、快速增长阶段，目前正处于快速增长阶段。

1.初级阶段（1987—1993）

1987年2月，中国银行在珠海推出中国大陆第一台ATM。初级阶段投放量较少，应用地域较少。

2.发展阶段（1993—2001）

1993年，中国“金卡工程”启动后，国内银行对ATM需求激增。由于国家严格控制银行新设网点，所以各大专业银行开始把ATM作为扩大规模的途径，ATM新增量迅速增长。

3.专业化、市场化阶段（2002—2010）

2002年3月，中国银联在上海成立，全国银行网点统一网络平台的搭建使得ATM市场步入专业化、市场化。

4.快速增长阶段（2011年至今）

经过多年的培育，中国ATM市场得到了长足发展。央行发布的《2023年第一季度支付体系运行总体情况》显示，截至2023年第一季度末，银联跨行支付系统联网特约商户达2 561.38万户，ATM达88.27万台。

二、ATM分类

ATM的分类见表3-1。

表3-1　ATM分类

分类依据	类　别
按设置位置分类	在行式ATM指设在银行网点内的ATM 离行式ATM指设在银行网点外的ATM，主要位置包括酒店、商场、饭店、超市、机场、车站、24小时便利店等
按设备类型分类	从设备类型上看，可分为取款机、存取款一体机、查询机、存款机等。其中，中国市场上查询机和存款机的份额较小

三、ATM系统主要功能

1. 取现功能

该功能可以实现从支票账户、存款账户或银行卡账户等提取现金。

2. 存款功能

该功能可以实现存款到支票账户或存款账户等。

3. 转账功能

该功能可以实现支票账户与存款账户的相互转账、存款账户到银行卡账户的转账等。

4. 支付功能

该功能可以实现从支票账户、存款账户扣款等。

5. 账户余额查询功能

该功能可根据客户的要求检索特定账户的余额。

6. 非现金交易功能

该功能可以实现修改个人密码（PIN码）、支票确认、验证现钞、缴付各种公用事业账单等。

7. 管理功能

该功能可以实现查询终端机现金余额，终端机子项统计，支票确认结果汇总，查询营业过程中现金耗用、填补及调整后的数据，安全保护功能等。

【小知识3-1】

ATM是1967年由英国人约翰·谢菲尔德·霸隆发明的，经过迭代演化，利用一张信用卡大小的磁条卡上的磁条或芯片卡上的芯片来记录客户的基本信息，让客户可以通过机器自助办理提款、存款、转账、缴费、理财、兑换货币等银行柜台服务。ATM大大节省了空间和人力，可以7天24小时无休服务，一经发明，风靡世界。

四、ATM给客户带来的好处

1. 服务项目拓展

ATM合理地增加了银行服务的时长，金融机构通常有确定的营业时间，ATM可以有效增加银行柜面的上班时间，为客户提供合理的金融信息服务。

2. 减少金融机构经营成本

ATM能够节省人工成本，提高运营效率。此外，ATM能够提高客户满意度，增强客户黏性。

3. 给予增值服务

很多ATM可以与第三方平台系统软件连接，具有交水电费、电信费等功能，极大地方便了客户的需求。

4. 降低柜面的工作压力

ATM在方便客户的同时，对银行减轻柜面业务压力、减少客户等候时间、提高服务质量等起到了积极作用。

5. 减少金融信息服务成本费

ATM的运营成本相对较低，一台设备可以同时为多个客户提供服务，减少了银行的人力和物力资源投入。

【小资料3-2】

当前，银行网点智能化、数字化转型已成为趋势，ATM的功能也在不断完善过程中。ATM的功能不再局限于取现、存钱、转账等，通过人脸识别技术等进行改造升级，对智能化交互功能进行提升。ATM升级改造也是银行数字化转型的一个重要方面。北京商报记者在实测过程中发现，数字人民币取现交易非常便捷，在ATM上选择“数字人民币”，然后输入手机号，并在机具上输入发送到手机的短信验证码，选择服务项目点击“兑回现金”，输入兑换金额及钱包支付密码，便可从钞箱中取出现钞，交易成功。

资料来源 北京商报.北京这些银行ATM能取现数字人民币了！意外救了一个没落产业［EB/OL］．［2021-06-17］． https：//baijiahao. baidu. com/s? id=1702774800932062060&wfr=spider&for=pc.

五、ATM发展趋势

1. 自动取款机保有量及每万人拥有量呈现下降趋势

我国于1984年由中国银行珠海分行引进第一台自动取款机。1993年，国家提出加快金融电子化，在全国推广全民使用银行卡。2009年，中国成为世界上持卡人最多、银行卡业务增长最快、银行卡业务发展潜力最大的国家之一，银行对ATM的需求也因此快速增长。2018年我国ATM数量达到顶峰，为111.08万台。但近年来，受移动支付方式兴起、银行网点数量减少、银行加强线上化服务、数字人民币项目推进等因素影响，ATM使用频次逐渐减少，保有量自2019年来呈现下降趋势。观研天下发布的《中国自动取款机行业现状深度研究与发展前景分析报告（2023—2030年）》显示，2019—2020年我国ATM保有量由109.77万台下降至101.39万台，2021年我国ATM保有量跌破100万台，为94.78

万台，2022年我国ATM保有量进一步减少，为89.59万台。央行发布的《2023年第二季度支付体系运行总体情况》显示，截至2023年第二季度末，全国现有ATM86.28万台，多家ATM生产厂家的业绩也随着ATM的减少而逐渐下滑。

拓展阅读

ATM高光渐褪 自助设备加速智能化改造

2.智能化改造成为自动取款机行业主要发展趋势之一

《中国自动取款机行业现状深度研究与发展前景分析报告（2023—2030年）》显示，虽然近年来ATM数量减少，使用频次降低，但网点和ATM相伴相生，因此ATM不会彻底消失，设备智能化改造将成为其主要发展趋势之一，融合了包括人工智能、语音识别、人脸识别等一系列新技术的金融智能终端将成为银行服务网点的标配。

3.VTM设备成为市场亮点

VTM即远程视频柜员机，也称虚拟柜员机、远程柜员机、视频柜员机等，是一种通过远程视频方式来办理一些柜台业务的机电一体化设备。VTM多应用在银行、小贷公司等金融系统。VTM是智慧银行最典型的代表。

VTM能帮助用户实现对公对私、国际国内、本外币、金融理财等全方位金融服务，个人可以自助完成约90%的金融业务。此外，像身份信息采集、资料扫描、票据收纳、回单打印盖章等，都可以通过VTM自动化引导流程帮助用户完成。在使用时，用户仅需填写业务申请、提交相关单据就可以自助完成交易。

任务实施

步骤1　余额查询功能（跨行不收取费用）。

任意银行的ATM都可以进行这项操作。将卡按照卡上箭头的方向插入ATM中，输入卡密码—选择查询余额，显示余额后取卡即可。

步骤2　取款功能（跨行收取手续费）。

将卡按照卡上箭头的方向插入ATM中，输入卡密码—选择取款—选择金额。金额一般都是以100元为单位的，必须为100元的整数倍。如果没有你想要取得的金额可以选择其他，输入取款金额后确定即可。

步骤3　打印凭条。

取款后选择是否打印凭条，如果给自己取款可以不选择，如果给别人取款一定要打印凭条作为凭证。如果一次取款的金额不能达到你需要的数目可以选择继续取款，如果不取了直接选择取卡即可。

步骤4　转账功能（跨行收取手续费）。

插卡—输入卡密码—选择转账交易—输入转入卡卡号—输入转账金额—显示转入卡卡号、转入户名、转入金额并要求确认—交易完成显示交易金额和手续费并提示是否显示余额—询问是否打印交易凭条。

步骤5　修改密码功能。

我们可以通过ATM进行密码的修改。

插卡—输入卡密码—选择修改密码交易—输入新密码（2次），修改成功后取卡完成操作。

步骤6　存折补登。

选择带有存折打印功能的ATM，将存折翻至需要补登页，把存折放入打印口，根据屏幕提示开始打印，打印完毕，退出存折，并取走存折。

任务三　了解POS系统

任务描述

随着移动支付的兴起，越来越多的商家使用POS机进行刷卡交易。传统的POS机常常需要连接电源和网络，使用不够灵活。手机POS机是一种新型的移动支付设备，可以帮助商家实现移动支付收款服务，提高收款效率。你知道如何使用吗?

知识准备

银行卡电子支付具备安全、高效、便利等优势，现已逐渐替代现金和支票等，成为支付方式的重要发展方向，金融POS机交易是银行卡电子支付的重要方式之一。随着银行发卡量的高速增长以及居民交易习惯的转变，以POS机为载体的银行卡交易等逐步替代传统的现金交易，因为与现金交易相比，POS机交易具有支付安全、交易便捷、防控伪钞等优点。

一、POS系统简介

1.POS系统

POS（point of sale，销售终端）机诞生于20世纪70年代，被广泛应用于零售业、餐饮业、旅游业等各个行业。自其诞生以来，POS机经历了以下几个重要的发展阶段：

初始阶段：POS机的初期版本，主要功能是实现交易信息的电子化，取代了传统的纸质交易记录，提高了交易效率。

成熟阶段：随着技术的不断发展，POS机实现了与后台服务器的高速连接，进一步提高了交易速度。同时，POS机开始支持多种支付方式，如信用卡、借记卡、电子钱包等。

互联网阶段：互联网技术的引入，使得POS机不仅能够完成现场交易，还能够实现远程交易。此外，互联网POS机提供了丰富的数据统计和分析功能，为商家提供了更多维度的经营数据。

移动支付阶段：随着智能手机和移动互联网的普及，移动支付成为趋势。移动POS机应运而生，允许商家和消费者通过手机或其他智能设备进行支付和交易。

同ATM系统一样，POS系统也是第一线的便民服务系统，系统网络的覆盖面广，服务网点多，能提供实时的、全天候的电子资金转账服务。这种系统有以下特点：由人驱动、面向客户、高度分散，能吸引大量客户，而这些客户是不断变化的。为此，POS系统应是一种联机的共享系统。事实上，当今世界上的主要POS系统几乎都是以共享形式出现的，兼具直接扣账和信用挂账双重功能。

从近年来我国POS机总量情况来看，呈现先上升后下降的态势。2020年我国POS机总量为3 833万台，2021年则上升至3 893万台。根据央行发布的《2022年支付体系运行总体情况》，截至2022年年末，银联跨行支付系统联网特约商户达2 722.85万户，联网POS机达3 556.07万台，较上年年末减少337.54万台。全国每万人拥有联网POS机251.89台，同比下降8.61%。此外，随着互联网巨头的目光由线上转向线下，线下支付开始引来一场革命，线下支付开启移动支付时代，尤其是支付宝和微信，为了争夺线下场景的消费者与商户，不定期举办各种大力度补贴活动，培养客户习惯，大幅缩短了移动支付普及的时间，一定程度上对商户接入传统POS机的热情造成影响。换言之，扫码支付的出现和发展对传统POS机形成了挑战，单一的刷卡支付难以满足商户的日常需求。特别是小微商户，出于降低运营成本的考虑，倾向于使用微信和支付宝进行收款，手机完成了POS机收单功能，这也直接造成了POS机增长率降低。或许移动化、小型化可能成为POS机的发展方向之一，越来越多功能更为齐全的POS机将走向市场。另一方面，集成了多种收单方式的智能POS机会更有市场机遇。随着科技水平的不断进步，POS机也不断走向智能化。

2.手机POS机

它是一种RF-SIM卡终端阅读器，通过CDMA、GPRS、TCP/IP等方式与数据服务器连接。工作时，将装有RF-SIM卡的手机在手机POS机上“刷卡”并输入有关业务信息（交易种类、金额、积分多少等），POS机将获得的信息通过各种网络送给数据服务器。服务器对数据进行相应处理后，向POS机返回处理结果并在机器上显示，从而完成一次数据服务。其主要功能是完成现金或易货额度出纳、会员消费积分的记录统计，以及对服务网点商品销售情况进行控制管理、财务管理等，通过以上功能最终达到轻松支付、吸引顾客、优化管理、提升竞争力的目的。

未来，智能化、一体化、移动化将成为POS机发展的三大方向。在移动支付时代，POS机行业将迎来更多的挑战和机遇。随着中国经济的高速发展，现代化产业的不断快速增长，金融市场正处于一个高速增长时期，具有广阔的发展空间。POS机快速的发展已经备受人们的关注。面对国际市场上越来越激烈的竞争，以及人们对POS机的要求越来越高等，对企业来说，必须不断吸收新的知识和技术，适当调整产品的产销理念，以适应当前的发展格局。

二、POS系统服务功能

金融POS系统是银行计算机与商业网点、收费网点、金融网点之间通过公用电话线或分组交换网进行联机业务处理的银行计算机网络系统。它具有自动授权、自动转账、查询、密码管理、消费付款、退货收款、统计、冲正等功能。金融POS系统由POS、网络设备、主机及辅助设备几部分组成。

操作POS机的基本流程为：刷卡→输入金额→持卡人在密码键盘上输入密码→交易成功→打印签购单→持卡人签名。密码和签名是保证持卡人资金安全的手段。目前，广泛采用的共享POS系统可提供下列多种服务：

1.自动转账支付

自动完成顾客的转账结算，即依据交易信息将客户在银行开立的银行卡账户上的部分资金自动划转到商家在银行开立的账户上。它具体指POS机能完成消费付款处理、退货收款处理、账户间转账处理、修改交易处理、查询交易处理、查询余额处理、核查密码处理并打印输出的账单等。

2.自动授权

自动授权是指具有银行卡的自动授权功能，如能自动查询银行卡止付黑名单，自动检测银行卡是否为无效卡、过期卡，自动检查银行卡余额、透支额度等，使商家在安全可靠的前提下迅速为客户办理银行卡交易。

3.信息管理

信息管理是指在POS机上完成一笔交易后，POS机还具有自动更新客户和商家在银行的档案功能，以便今后查询；同时，可更新商家的存货资料及相关数据库文件，以提供进一步的库存、进货信息，帮助决策管理。

三、POS系统的优越性

POS系统的推广使用，使银行、商家、客户三方的交易都能在短时间内迅速完成，给三方都带来了较大的经济效益和较好的社会效益，其主要表现在：

1.减少现金流通

使用POS机后，客户只需随身携带一张银行卡，就能方便地进行消费结算，甚至在必要时还可提取少量现金以供急需。

2.加速资金周转

POS系统的使用，使客户在数秒钟内就能完成与商家资金的转账结算，保证商家资金及时到账，明显提高了资金周转率。

3.确保资金安全

随身携带现金或支票等进行消费往往不安全，尤其进行大额交易时会带来诸多不便。使用POS机可以防止此类现象的发生，即使丢了银行卡，通过挂失仍能保证资金安全。传统的支付方式使商家手中留有过多现金，也给其安全带来一定的威胁，使用POS机后，商家就不会因为手头存有过多现金而烦恼担忧。

4.提供有用信息

POS系统能为商家提供各种实时的商品交易信息，同时各种金融交易信息在银行主机系统中归类、汇总、分析后，可以帮助银行分析形势，确定适应形势发展的目标。

四、手机POS机与传统POS机的主要区别

1.功能不同

传统POS机：支付、积分消费、统计等传统功能。

手机POS机：拥有所有传统功能，还可以拓展考勤、身份识别、电子钱包等功能。

2.使用人群不同

传统POS机：所有需要支付人群。

手机POS机：消费能力、接受能力都强的年轻群体。

任务实施

手机POS机是一种可以通过蓝牙或Wi-Fi与智能手机连接的小型刷卡设备。它可以支持多种支付方式，如银行卡、微信、支付宝等，并且具有较高的安全性。

一、手机刷POS机的原理

手机刷POS机的本质就是将手机变成一台POS机。具体地说，就是将手机连接到POS机的蓝牙或Wi-Fi网络上，然后使用手机上的收款软件来进行收款操作。

二、手机刷POS机的准备工作

在开始使用手机刷POS机之前，我们需要做好以下准备工作：

1.选择一款适合的收款软件

目前市面上有很多手机收款软件，如微信支付、支付宝、银联云闪付等，可以根据自己的需求选择一款适合自己的收款软件。

2.选择一款支持蓝牙或Wi-Fi连接的POS机

在选择POS机时，需要注意其是否支持蓝牙或Wi-Fi连接。目前市面上的POS机大多数都支持蓝牙或Wi-Fi连接，可以根据自己的需求选择一款适合自己的POS机。

3.配置好POS机的蓝牙或Wi-Fi网络

在连接POS机时，需要先将POS机的蓝牙或Wi-Fi网络配置好。

4.下载并安装收款软件

在选择好收款软件后，需要先在手机上下载并安装该软件。具体的下载和安装方法可以参考软件的官方网站或应用商店。

三、手机刷POS机的步骤教程

步骤一：打开收款软件

首先，需要在手机上打开已经下载并安装好的收款软件。

步骤二：选择“蓝牙收款”或“Wi-Fi收款”

接下来，需要选择“蓝牙收款”或“Wi-Fi收款”，具体选择哪种方式取决于POS机的连接方式。我们以选择“蓝牙收款”为例。

步骤三：连接POS机

接下来，需要将手机连接到POS机的蓝牙网络上。具体的连接方法可以参考POS机的说明书或者咨询POS机厂家的客服。连接成功后，手机会自动搜索到已连接的POS机。

步骤四：输入收款金额

连接成功后，需要在手机上输入收款金额。

步骤五：等待付款

输入收款金额后，需要等待付款人进行支付操作。

步骤六：收款成功

付款人进行支付操作后，就可以在手机上看到收款成功的提示信息了。

四、注意事项

在使用手机刷POS机时，需要注意以下几点：

1.确认POS机的连接方式

在使用手机刷POS机之前，需要先确认POS机的连接方式，选择对应的收款方式。

2.确认收款软件的支持范围

在选择收款软件时，需要确认该软件的支持范围，以免出现不支持的情况。

3.确认收款金额

在输入收款金额时，需要仔细确认金额是否正确，以免出现收款错误的情况。

4.确认收款成功

在收到付款后，需要确认收款是否成功，以免出现收款失败的情况。

任务四 掌握电子支付系统的应用

任务描述

电子支付系统是实现电子支付的基础，电子支付系统的发展方向是兼容多种支付工具，但目前的各种支付工具之间存在较大差异，分别有自己的特点和运作模式，适用于不同的交易过程。如何通过小额支付系统收取公用事业费和公益性费用？

知识准备

一、电子汇兑系统

1.电子汇兑系统的主要功能

电子汇兑就是银行以自身的计算机网络为依托，为客户提供汇兑、委托收款、银行承兑汇票、银行汇票等支付结算服务。电子汇兑系统泛指银行间各种资金调拨作业系统，包括一般的资金调拨业务系统和清算作业系统。一般的资金调拨业务系统，如托收系统用于银行间的资金调拨；清算作业系统用于银行间的资金清算。电子汇兑系统是银行之间的资金转账系统，它的转账资金额度很大，是电子银行系统中最重要的系统。

通常，一笔汇兑交易由汇出行发出至汇入行收到为止。一般将汇兑作业分成两类：联行往来汇兑业务和通汇业务。联行往来汇兑业务是指汇出行与汇入行隶属同一个银行的汇兑业务；通汇业务的资金调拨作业需要经过不同银行多重转手处理才能顺利完成，因此通汇业务实际是一种银行间的资金调拨业务。

电子汇兑系统中，一个银行既可作为汇出行，也可作为汇入行，而且通常涉及的是通汇业务。其间，数据通信转接过程的繁简虽然不同，但是基本作业流程及账务处理逻辑是相似的，即汇出行与汇入行都要经过数据输入、电文接收、电文数据控制、处理与传送、数据输出等基本作业处理流程。

2.电子汇兑系统的类型

为适应国际贸易和国际金融交易快速发展的需要，国际上建立了许多著名的电子汇兑系统。这些系统所提供的功能不尽相同，依其作业性质，可以分成3大类：通信系统、资金调拨系统和清算系统。

（1）通信系统。这类系统主要提供通信服务，专为其成员金融机构传送同汇兑有关的各种信息。成员接收到这种信息后，若同意处理，则将其转送到相应的资金调拨业务系统或清算作业系统内，再由后者进行各种必要的资金转账处理。

这种系统的典型实例，就是SWIFT系统。通过该系统，可把原本互不往来的金融机构全部串联起来。

（2）资金调拨系统。这类系统是典型的汇兑作业系统，其功能较齐全。这类系统有的只提供资金调拨处理功能，有的还具有清算功能。

在这类系统中，有代表性的系统如美国CHIPS、Fedwire系统和日本的全银系统。中国各商业银行的电子汇兑系统、中国人民银行的全国电子联行系统。

（3）清算系统。这类系统主要提供清算处理。当汇入行接受汇出行委托，执行资金调拨处理，导致银行间发生借差或贷差时，若汇入行与汇出行之间无直接清算能力，则需委托另一个适当的清算系统进行处理。

二、封闭式网络的转账结算

先进的计算机通信技术被应用于资金结算，建立了实现票据处理自动化的电子资金支付网络系统。目前，国际上金融机构通过自己的专用网络、设备、软件及一套完整的用户识别、标准报文数据验证等规划协议完成数据传输，从而控制安全性。这种方式已经较为完善，主要问题是扩展到IP网络Web方式操作，也就是说，逐步过渡到公共互联网络上进行传输。国际上主要的电子资金清算系统有：

1.SWIFT系统

SWIFT系统是环球银行金融电信协会（Society for Worldwide Interbank Financial Telecommunication，SWIFT）为实现国际银行间金融业务处理自动化而开发的系统。SWIFT是一个国际银行间非营利性的国际合作组织，依据全世界各成员银行金融机构相互之间的共同利益，按照工作关系将其所有成员组织起来，按比利时的法律制度登记注册，总部设在比利时的布鲁塞尔。SWIFT组织建设和管理的全球金融通信网络系统，在全球范围内传送金融指令与信息服务，所以也称国际环球金融通信系统。

【小知识3-2】

2022年10月，环球银行金融电信协会（SWIFT）在官网公布了其央行数字货币（CBDC）用于跨境支付的试验结果。在针对不同技术和货币进行了为期8个月的试验之后，该机构公布制定了全球央行数字货币网络的相关规划，此次试验参与者包括多个国家央行及全球性商业银行等14家机构，旨在研究央行数字货币如何在国际使用，甚至在需要时转换为法定货币。SWIFT官网披露，此次试验还测试了不同央行数字货币的底层技术，包括分布式账本技术等。试验结果显示，央行数字货币和代币化资产（代表全部或部分股票、债券甚至非流动性资产所有权的数字代币）有可能在不造成破坏的情况下整合到金融生态系统中。

2.FedWire系统

FedWire系统是美国联邦储备通信系统（Federal reserve communication system），是美国境内最大的资金调拨系统，是由国家中央银行建立的信息传输和支付系统，同CHIPS一起构成美元清算的两大支柱。FedWire清算与CHIPS清算不同，FedWire属于对每笔收付交易进行逐笔交割、实时清算（RTGS），只要付款行在美联储账上有资金，银行收付双方清算经过网络处理后立即一进一出，不能更改。CHIPS属于净差额清算，在日终轧差之前，支付可以删除或修改。

3.CHIPS

CHIPS是清算所银行同业支付系统（clearing house interbank payment system）的简称，

于1970年建立，由纽约清算所协会经营。它是全球最大的私营支付清算系统之一，主要进行跨国美元交易的清算。它是一个带有EDI（电子数据交换）功能的实时的、大额电子支付系统。参加CHIPS系统的成员有2类：一类是清算用户，在联邦储备银行设有储备账户，能直接使用该系统实现资金转移；另一类是非清算用户，不能直接利用该系统进行清算，必须通过某个清算用户作为代理行，在该行建立代理账户实现资金清算。

三、互联网开放式网络的转账结算

上面介绍的电子清算系统均是银行相互之间，或者银行与专业终端之间，在封闭式网络中的电子资金移动，尚不属于通过互联网开放式网络授权银行间转账指令的虚拟空间的结算。下面介绍在互联网虚拟空间进行的电子货币结算服务：

1.信用卡支付系统

在信用卡支付系统中，消费者必须向银行申请一张信用卡，取得信用卡卡号及消费额度后，即可在网络交易时，以输入信用卡卡号的方式来进行购物。信用卡支付与其他形式的支付相比，其优点是：信用卡使用简单方便，而且被全世界所广泛发行和接受，占有很大的市场份额。

2.电子现金支付系统

在电子现金支付系统中，消费者需要在提供电子现金服务的银行开立一个账户，并预先存入资金，从而取得与现金货币值相同的电子现金（通常是可存储的智能卡或纯电子形式的硬盘文件），然后使用电子现金终端软件下载到自己的计算机硬盘上备用，用以支付后续所购商品或索取服务的费用，最后接收消费者电子现金的商家与授权的电子现金银行进行结算，银行将消费者购买商品或索取服务的费用转给商家。

3.电子支票电子支付系统

电子支票是电子银行常用的一种电子支付工具。在电子支票电子支付系统中，电子支票可以通过银行自动提款机网络系统进行普通费用的支付，通过跨省市的电子汇兑、清算，实现全国范围内的资金传输，以及在海外银行之间的大额资金传输等。

4.中国现代化支付系统

中国现代化支付系统（China national advanced payment system，CNAPS）为世界银行技术援助贷款项目，主要提供商业银行之间跨行的支付清算服务，是为商业银行之间和商业银行与中国人民银行之间的支付业务提供最终资金清算的系统，是各商业银行电子汇兑系统资金清算的枢纽系统，是连接国内外银行重要的桥梁，也是金融市场的核心支持系统。它是利用现代计算机技术和通信网络自主开发建设的，能够高效、安全处理各银行办理的异地、同城各种支付业务及其资金清算和货币市场交易的资金清算的应用系统。

（1）大额实时支付系统

大额实时支付系统简称大额支付系统，是中国人民银行按照我国支付清算需要，利用现代计算机技术和通信网络开发建设，处理同城和异地跨行之间与行内的大额贷记及紧急小额贷记支付业务、人民银行系统的贷记支付业务以及即时转账业务等的应用系统。

（2）小额批量支付系统

小额批量支付系统简称小额支付系统，是继大额支付系统之后中国人民银行建设运行的又一重要应用系统，是中国现代化支付系统的主要业务子系统和组成部分。它主要处理同城和异地纸凭证截留的借记支付业务和小额贷记支付业务，支付指令批量发送，轧差净额清算资金，旨在为社会提供低成本、大业务量的支付清算服务。小额支付系统实行7×24小时连续运行，能支撑多种支付工具的使用，满足社会多样化的支付清算需求，成为银行业金融机构跨行支付清算和业务创新的安全高效的平台。

中国人民银行通过建设以大、小额支付系统为主要应用系统的现代化支付系统，逐步形成以中国现代化支付系统为核心，商业银行行内系统为基础，票据交换系统和卡基支付系统并存，支撑多种支付工具的应用并满足社会各种经济活动支付需要的中国支付清算体系。

任务实施

步骤1 了解公用事业收费和公益性收费范围。公用事业收费是指与水、电、煤气、电话等公用事业服务相关费用的收取。公益性收费是指养老保险、失业保险、生育保险、工伤保险和医疗保险等社会保障资金的收取。这两类收费都与我们日常生活密切相关。公用事业收费和公益性收费业务可以通过小额支付系统办理。

步骤2 收费单位、收费单位开户银行、付款人和付款人开户银行之间要事先签订委托付款合同（协议），约定各方的权利、义务和责任。

步骤3 建立合同（协议）数据库，银行和收费单位做好定期借记业务合同号的规范、入库和维护工作，这是付款银行准确高效处理定期借记业务的基础，也是银行确认付款和规避法律风险的重要依据。

步骤4 做好银企接口开发，收费单位采取磁介质或联机方式向收费单位开户银行提交业务数据，实现业务数据传递的电子化处理，这是提高业务处理效率的重要手段。

步骤5 收费单位将业务数据传递给收费单位开户银行后，由收费单位开户银行通过小额支付系统向不同的付款人开户银行发起定期借记业务指令。

步骤6 付款人开户银行接收定期借记业务指令后，根据与付款人签订的委托付款合同（协议）办理扣款，并将处理结果形成定期借记业务回执通过小额支付系统返回收费单位开户银行。

项目总结

本项目比较详细地介绍了电子支付系统的一般流程和基本功能，以及目前比较常用的ATM系统和POS系统的特点与使用方法，并在此基础上分析了电子支付系统的应用现状。最后对目前较为流行的并且正在使用的电子汇兑系统、电子转账系统等进行了比较详细的分析和阐述。

基本训练

一、核心概念

电子支付　电子支付系统　ATM系统　POS系统

二、简答题

1.POS系统的优越性是什么？

2.电子汇兑系统的类型包括哪些？

3. 电子支付系统经历了哪几个发展阶段?

三、案例分析题

某奶茶店店员工小麦接到一个订餐电话，对方称可以先付款，晚一点儿再到店里取餐，当小麦让对方把消费金额转账到该奶茶店支付宝账号上时，对方表示要用另外一种方式转账。于是，小麦按照对方的指引打开了自己的支付宝，并点击进入了付款码页面，随后对方要求小麦把页面上的一串18位数字告诉给他，说是用于付款，此时小麦并没有细想，便把付款码的18位数字在电话里读给了对方，对方称数字过期，要求小麦刷新后再报一次，小麦照做之后，对方说支付不成功，表示稍后直接去店铺购买，便匆匆挂断了电话。不久，小麦发现自己的支付宝有两笔支出，分别被消费了409元和399.82元，此时，小麦才反应过来，自己接到的是诈骗电话。警方提示，付款码仅用于线下向对方付款时使用，付款码页面包括“二维码”和“条形码”，其中条形码下方有18位数字，商家可以手动输入条形码下方的数字完成交易。请勿通过其他途径泄露付款码页面的任何信息。

请根据此案例说明，使用微信支付和支付宝的付款码服务时应注意哪些事项。

项目实训

简要说明手机POS机的操作流程。使用手机POS机安全吗?

项目四 电子支付与结算中介

计算机和信息网络技术的飞速发展及与金融全球化的紧密结合，使全球金融发展进入一个新的历史时期——网络金融时代。网络金融服务包括了大众的各种需要内容，如网上消费、家居银行、个人理财、网上投资交易、网上保险等。这些金融服务的特点是通过电子货币进行电子支付与结算。电子支付与结算是目前电子商务发展的一个重点，而涉及结算就离不开银行。计算机和通信技术等的引入，使银行业发生了一次革命性的变革，使银行业的传统业务处理实现了电子化、网络化。

学习目标

知识目标：

1.了解电子银行产生及电子银行体系；

2.理解并掌握电子银行的含义；

3.熟悉电子银行、自助银行、电话银行的业务，掌握金融call center的功能。

能力目标：

1.掌握自助银行、电话银行的使用方法，能够熟练使用电子银行的网上服务；

2.具有电子银行操作的基本能力，具备进行结算服务的能力。

素养目标：

1.培养学生团队合作分析和解决问题的能力、精益求精的工匠精神；

2.增强学生勇于创新、勇攀高峰的勇气。

任务一 了解银行电子化与电子银行的产生

任务描述

随着银行零售业务迅猛发展，各银行柜面业务所耗费的纸质单据种类和数量直线上升。以招商银行为例，柜面业务单据已从十几种发展到数百种，从每年几百万张发展到上亿张。庞大的数字背后意味着高成本、浪费等问题。为此，招商银行在业内首创并推广实施了零售柜面无纸化项目，使用零售柜面无纸化管理系统。采用无纸化办公模式，能直接减少大量纸张的打印，缩减80%的业务用纸，既节省耗材的大量浪费消耗，也能用实际行为响应环保。现李女士有一笔闲置资金，想要存入银行，那么怎么通过银行无纸化办公实现呢？

知识准备

进入20世纪90年代后，伴随互联网的爆炸性应用浪潮与电子商务的蓬勃兴起，银行业已经不可逆转地受到了电子信息技术的深刻影响，依靠技术进行创新已成为银行发展的不竭动力。银行及时将自己的电子银行服务向互联网平台延伸，很快就为电子商务提供了安全的资金流，即借助安全的网络支付与结算工具为电子商务的各方服务，有力地推动了全球电子商务的发展，并使银行在较短的时间内通过已有的电子银行体系，以较小的革新成本为互联网的广大用户提供网络支付与结算服务和网络银行业务服务。

一、银行电子化

1.银行电子化概述

银行也是商品经济的产物。自从1580年在意大利威尼斯诞生第一家银行起，随着商品交换、货币流通的迅速扩大，以及国际贸易的迅速发展，银行业获得了空间，飞速发展，银行业的地位日益升高、作用日益加强，其工作效率和货币流通能力成为整个经济发展速度的重要决定因素之一。银行电子化又称狭义金融电子化，反映的是银行内部业务处理的自动化、业务监督的电子化和信息管理的自动化，而反映在银行与客户之间的业务往来方面，则是在银行与客户之间通过电子网络技术和数据传输技术的应用建立起银行同客户的电子联系网络。

我国银行电子化建设从20世纪80年代开始起步，90年代进入全面开发应用阶段。目前，计算机、通信技术等已在银行柜面业务、清算业务、经营管理和信息服务等领域全面应用。一卡通、企业银行、流动银行、网上银行等以信息技术为基础的金融新产品不断推出，电子化也正日益成为各家银行创新产品、抢占市场、寻求可持续发展的重要手段。2022年在“数字中国”建设背景下，六大国有银行不断加大金融科技投入，支撑银行实现数字化转型。不仅国有大行与股份制银行加快银行的数字化转型之路的建设步伐，区域性银行也紧追加快银行的数字化建设，发展差异化、本土化的数字银行。此外，微众银行等民营银行依托互联网银行的科技优势，积极推进数字银行建设。以国有大行、股份制银行、区域性银行为代表的传统商业银行的数字化转型基于已有的物理网点和线下业务，立足于满足网上银行不断增长的需求；而以部分民营银行为代表的互联网银行，则利用已经掌握的渠道优势和丰厚的客户资源，运用大数据、云计算和人工智能等前沿金融科技手段，为用户提供纯线上、操作便捷的银行服务。一个综合性的多功能金融信息化服务体系已经初步形成。

2.银行电子化的发展

银行电子化建设实现了3次飞跃。第一次飞跃是将计算机与通信（C&C）技术融入银行业务，使银行业务的手工操作实现了电子化，并推出了自助银行服务。第二次飞跃是将信息技术（IT）融入银行业务，使银行业务在提供支付服务的基础上，还能为客户提供金融信息增值服务，从而使传统银行发展成了电子银行。第三次飞跃是将万维网（Web）技术融入银行业务，使实体银行向虚拟银行发展。银行的电子化和信息化是国民经济的基础，因此各国都特别重视银行的电子化和信息化建设。迄今，银行电子化的发展经历了4个阶段，即银行的传统业务处理实现电子化；开发出大量的自助银行服务项目；为客户提供金融信息增值服务；开展网上银行服务。从联机柜员到ATM、POS、HB的应用，到IT理财，再到互联网服务，可以通俗而又有代表性地概括这4个阶段。银行电子化的发展策略，使其逐渐从单一的完成支付计算等传统业务的信用中介部门，发展成为具有多功能、全方位、全天候的金融服务体系，有力地推动了电子商务的发展、世界经济的发展与社会的信息化进程。

【小资料4-1】

兴业银行成都分行率先实现零售信贷业务电子化全链条贯通。2023年，成都分行零售信贷集中运营中心正式揭牌，成为全行首家实现零售信贷业务电子化全链条贯通的分行。近年来，成都分行积极响应总行数字化赋能业务发展号召，围绕事务工作集中化、资料传输电子化、业务流转线上化、工作模式标准化、人员队伍专业化的“五化”思路，致力于打造高标准、多协同、强智能的零售信贷作业流程。在总行“兴通途”系统指引下，分行组建多条线联动小组，就零售信贷审批放款流程中的堵点、痛点进行梳理，并针对低效、低产的流程进行优化升级，最终自主开发出“E流程”辅助模块。

资料来源　中新网.兴业银行成都分行零售信贷集中运营中心正式揭牌［EB/OL］.［2024-01-02］. https：//www.sc.chinanews.com.cn/bwbd/2023-08-16/193375.html.

二、电子银行

1.电子银行的概念

由于电子金融活动正处于飞速发展阶段，关于究竟何为电子银行，目前国内外存在狭义与广义两种观点，两者主要区别是对电子银行外延大小的认定不同。

第一种观点将电子银行（electronic bank，简称E-Bank）局限于网上银行（I-Bank），这是一种狭义的定义。有关专家将E-Bank直译为电子银行，并将它与网上银行、在线银行等同起来，认为E-Bank是指金融机构利用网络技术，在互联网上开设的虚拟银行。

第二种观点认为，E-Bank的概念应是一种广义的电子银行，是指商业银行利用计算机和网络通信等技术，通过语音或其他自动化设备，以人工辅助或自助形式，向客户提供方便快捷的金融服务。呼叫中心（call center）、ATM、POS、无人银行等多种多样的金融服务形式都涵盖在电子银行的范畴之内。

总之，电子银行是指商业银行等银行业金融机构利用面向社会公众开放的通信通道或开放型公众网络，以及银行为特定自助服务设施或客户建立的专用网络，向客户提供的银行服务。具体而言，它可以分为两大部分：一是网上银行、电话银行和手机银行；二是其他利用电子服务设备和网络，由客户通过自助服务方式完成金融交易的银行业务，包括自助银行、ATM等。

2.电子银行发展

1995年10月，美国的第一家网络银行——安全第一网络银行（Security First Network Bank，SFNB）开业。它没有建筑物、没有地址，只有网址，客户可以在任何时间和地点，只要拥有一台电脑和一个调制解调器，还有一个网络账号，就可以享有24小时的服务。1995年网络银行的出现，标志着银行业开始步入电子银行时代。1997年，招商银行率先推出网上银行"一网通"，成为中国电子银行业务的市场引导者。经过近几十年的发展，电子银行业务取得了举世瞩目的成绩。电子银行的发展极大地提高了银行处理信息的能力和效率，促进了金融工具和金融服务的不断创新，更推动传统的银行经营和服务模式发生根本性的变化，即突破时间、空间和方式的限制，以更低的服务成本、更高的服务效率与更优的服务质量，为客户提供任何时间（anytime）、任何地点（anywhere）、任何方式（anyhow）的全天候金融服务。因此，也有人称电子银行是无处不在、无时不在的虚拟银行。

三、银行电子化与电子银行的关系

1.银行电子化是银行业生存的基础

从银行电子化的发展历程可以看出，银行业是计算机和通信技术等最大的受益者与原始驱动力之一。技术的进步使传统银行突破了时空的限制，模糊了传统银行的业务边界，也冲击了传统银行的业务制度和业务规划，以技术手段为支撑的金融产品创新层出不穷，网络技术的介入更使银行业的发展前景无可限量。电子手段已经成为银行业的基本载体和生存基石。

2.银行电子化要求电子银行应实现统一规划、统一管理

基于银行电子化的发展要求，多样化的电子银行服务手段需要统一的规划与管理。但不同的服务渠道与服务手段，如ATM、POS、自助银行、网上银行、手机银行等，一直以来由分行不同的业务部门负责或参与管理，难以形成统一、整体的规划，也缺乏强有力的资源监控与科学合理的配备安排，且容易造成分行政出多门、支行各自为政的局面。要确保各种电子银行服务手段得到严格、规范、统一、科学的管理，实现全行一盘棋，就必须有效整合电子银行服务手段，以实际需求为依据，合理分配电子银行资源。比如，对存取款机、存折补登机、电子回单机等电子银行设备建立完备的管理制度，实行统一规划、统一管理、合理配置、科学评估；对自助银行、网上企业银行、网上个人银行、手机银行等电子银行产品进行统一整合、包装、推广；对网站、客服中心等电子化服务手段进行统一规划、统一建设。电子银行必将成为银行电子化的主要经营方式。

任务实施

步骤1　李女士可通过电子填单或者口述的方式办理业务，业务信息通过液晶屏展示（如图4-1所示）。

步骤2　使用手写笔直接在液晶屏上签字确认（如图4-2所示）。

图4-1 无纸化银行办公窗口

图4-2 无纸化办公液晶显示屏

任务二 熟知电子银行体系

任务描述

商业银行正在加快互联网化进程的速度，国有银行、股份制银行均制定了互联网金融战略，将自身优势与互联网相结合，加快互联网金融业务的布局；同时，充分利用云计算和大数据处理等新技术，构建符合未来业务发展要求的IT新技术框架，为电子银行交易的进行提供基础性的支持。电子银行这种适应社会发展趋势的全新业务逐渐在各个商业银行展开，不断拓展新领域合作模式，将电子银行渠道与业务相结合，提高业务办理效率。这也是银行转型、面向现代化的要求。你了解股份制银行的代表之一兴业银行电子银行的特色业务主要有哪些吗？

知识准备

经过半个多世纪的努力，全球银行界推出了各种电子银行系统，这些电子银行系统构成了完整的电子银行体系。随着新技术的不断应用与银行业务的拓展，电子银行的体系结构逐渐从较为简单的形式演变为较为复杂的形式，并不断发展完善。

一、电子银行体系构成

1.电子银行系统

电子银行系统是由EFT系统发展起来的，EFT系统（electronic funds transfer system）即电子支付系统，又称电子资金转账系统。随着高新技术日新月异，“现金流动”和“票据流动”正逐渐地被以先进的计算机网络为媒介的“电子计算机数据流动”所淘汰，大量的资金在银行的计算机网络中以最快的速度在各行之间进行着转账、划拨。这种以电子数据形式存储在银行计算机中，并通过银行计算机网络来使资金流动的系统称为电子资金转账系统。

2. 电子银行的体系结构

在全球金融一体化的环境里，银行业内的竞争加剧。各银行为加强竞争能力，在积极进行银行电子化建设的同时，不断地拓展自身的业务领域，以构筑现代的电子银行体系。电子银行的金融信息和交易体系有4层：该体系的核心是客户；第二层是会计结算；第三层是包含支付与结算在内的交易服务；最外层是金融信息服务。银行借助先进的信息网络技术，将银行的这4层金融业务充分集成在一起，把涉及4个层次业务的所有数据全部存于联机的集中式（或分布式）业务数据库和数据仓库里，通过设置尖端的软、硬件进行数据的安全保护，由所有的经授权的各方进行存取。

【小资料4-2】

在数字经济蓬勃发展的新时代，银行融合了多种数字技术的“数字人”员工，已成为数字经济时代的新型生产力。虚拟数字人不受时间、地点等因素制约，能够在线上线下多个场景完成业务问答、客户引导等工作。比如，交行的数字员工“娇娇”整合了多模态交互、3D数字人建模、语音识别、自然语义理解、智能知识库等，可以更加真实地模拟人类交流。百信银行依托AI技术搭建的3D数字营业厅——零度空间及虚拟数字员工AIYA，通过将虚拟数字人与增强现实、虚拟现实、全息投影等技术深度融合，营造虚幻的场景和人物，并结合讲解介绍，为客户带来沉浸式体验，提升科技感，使客户更好地理解银行产品与服务。

二、电子银行的业务

以网上银行、电话银行、手机银行、自助银行以及其他离柜业务等为代表的电子银行业务，是商业银行等银行业金融机构利用面向社会公众开放的通信通道或开放型公众网络，以及银行为特定自助服务设施或客户建立的专用网络，向客户提供的银行服务。

（1）网上银行。网上银行又称网络银行、在线银行或电子银行，是银行在互联网中设立的虚拟柜台，银行利用网络技术，通过互联网向客户提供开户、销户、查询、对账、行内转账、跨行转账、信贷、网上证券、投资理财等传统服务项目，使客户足不出户就能够安全、便捷地管理活期和定期存款、支票、信用卡及个人投资等。

（2）电话银行。电话银行是实现银行现代化经营与管理的基础之一。它通过电话这种现代化的通信工具把用户与银行紧密相连，使用户不必去银行，无论何时、何地，只要通过拨通电话银行的电话号码，就能够得到电话银行提供的服务。当银行安装这种系统以后，可使银行提高服务质量，增加客户，为银行带来更好的经济效益。

（3）手机银行。手机银行是指利用手机和其他移动设备等实现客户与银行的对接，为客户办理相关银行业务或提供金融服务。手机银行既是产品，又是渠道，属于电子银行的范畴。

拓展阅读

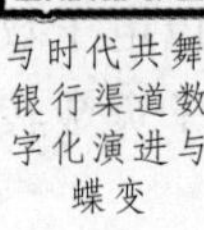

与时代共舞 银行渠道数字化演进与蝶变

（4）自助银行。自助银行是指不需要银行职员帮助、客户通过电子计算机设备实现自我服务的银行。

（5）数字银行。数字银行是指银行所有活动、项目和功能等的全面数字化。数字银行是一个相对于传统银行的概念，是银行及其所有活动、程序和功能的全面电脑化。数字银行不依赖实体网点，主要以数字网络为银行的核心。

任务实施

步骤1 了解兴业银行个人网上银行业务（如图4-3所示）。

图4-3 兴业银行个人网上银行

步骤2 了解兴业银行手机银行业务（如图4-4所示）。

图4-4 兴业银行手机银行

步骤3 了解兴业银行电话银行业务（如图4-5所示）。

自助语音服务	信用卡业务	申请进度查询，挂失，额度查询，账单查询，账单分期，积分查询与兑换，预借现金，转账还款，设置、修改、撤销自动还款账户，缴费，卡片激活，开通境内消费使用密码功能，设置或修改交易密码，设置或修改查询密码等
	个人业务	活期存款查询，定期存款查询，交易明细查询，公积金业务，积分查询，开户银行查询，挂失，短信服务管理，账户密码修改，查询密码修改，贵金属交易密码修改，，实时行内转账，实时跨行转账，普通跨行转账，ATM机延时转账交易查询与撤销功能，贵金属业务，基金代销，银证业务，国债，通知存款业务，活期转定期，定期转活期，约定转存，外汇业务，自助缴费、自助循环贷款、自助质押贷款、贷款信息查询、传真、私人银行服务等
	公司业务	账户余额查询，交易明细查询，基金查询，密码修改等
	信息咨询	信息传真
	各项业务	提供咨询服务，接受建议，受理投诉
	信用卡	账户余额查询，申请进度查询，未出账单查询，已出账单查询，交易查询，积分查询，卡片激活，挂失，销户，客户资料更新，卡片状态变更，设置/取消消费密码，设置/取消短信服务，重置查询密码，预借现金密码重置，管制/解管，换卡（补发），补寄密码函，补寄账

图4-5 兴业银行电话银行

步骤4 了解兴业银行微信银行业务（如图4-6所示）。

首页 个人金融 企业金融 同业金融 信用卡 生活商城 今日兴业

网络金融
个人网上银行
手机银行
电话银行
微信银行
› 功能介绍
› 开通使用指南
直销银行
家庭银行
信息服务
移动支付
企业网上银行
企业移动银行
同业网上银行
五星导航服务体系

首页 >>网络金融 >>微信银行

功能介绍

微信银行为本行在微信公众平台上开通的公众号，提供信息资讯、账户管理、客服咨询等服务，需关注后方可使用。

微信通知 账户查询 转账缴费 直销银行服务 服务预约 优惠活动 周边信息查询 客服咨询 其他电子银行服务

1、微信通知

通知内容包括精灵信使微信动户通知信息、信用卡账户变动信息、理财产品到期提醒服务等。

兴业银行
交易类型：还款
交易金额：8.00元
低于二折！50家五星级酒店自助餐超值购！788变4000元，1988变3万元！点击"详情"查看。
详情
交易提醒
7月14日
尊敬的
您的兴业银行理财卡 人民币账户发生如下交易
交易时间：2016年07月14日 17:27
交易类型：汇款汇出支出
交易金额：8.00元
卡内余额：2 552.17元

图4-6 兴业银行微信银行

步骤5　了解兴业银行移动支付业务（如图4-7所示）。

首页　个人金融　企业金融　同业金融　信用卡　生活商城　今日兴业　多元金融

网络金融

个人网上银行
手机银行
电话银行
微信银行
直销银行
家庭银行
信息服务
移动支付
› 云闪付
› Apple Pay
› Huawei Pay
› Mi Pay
› 手机钱包（联通）
› 手机钱包（移动）
企业网上银行

首页 >> 网络金融 >> 移动支付

手机钱包（联通）

业务介绍

兴业银行与中国联通合作推出兴业银行手机钱包业务。该业务通过空中发卡的形式，将兴业银行手机借记卡或兴业银行中国低碳信用卡的主账户和电子现金账户加载到中国联通SIM卡上，不仅可在中国银联具有“闪付”标识的POS机上快速消费，还可实现非接触式联机大额交易。

手机钱包功能

☆刷手机“消费”☆

客户可在有银联“闪付”标识的POS机具的商户进行刷手机消费，方便快捷。

☆电子现金充值☆

客户可通过兴业银行手机银行的手机钱包将手机借记卡主账户的活期余额充入电子现金账户中，或将兴业银行中国低碳信用卡的可用额度充入电子现金账户，信用卡的电子现金账户充值视同一笔信用卡消费。电子现金账户余额最高上限为人民币1000元。

☆查询明细☆

客户可通过兴业银行手机银行的手机钱包查询电子现金账户的最近十笔交易明细。

银行卡管理功能

客户如果要办理转账、信用卡还款、投资理财等一系列银行卡业务，可登录兴业银行手机银行，对加载到中国联通SIM卡上的银行卡进行相关业务管理。

图4-7　兴业银行移动支付

任务三　了解电话银行

任务描述

电话银行能通过电话对银行卡进行转账和查询等业务操作，这样就省去了去银行办理的时间。你知道怎样用建设银行网银来开通电话银行吗？

知识准备

电话银行系统是一种运用高新技术的系统，是实现银行现代化经营与管理的基础之一。它通过电话这种现代化的通信工具把客户与银行紧密相连，使客户不必去银行，只要通过拨通电话银行的电话号码，就能够随时随地得到电话银行提供的服务（交易查询、利率查询等）。当银行安装这种系统以后，可使银行提高服务质量，增加客户，为银行带来更多的经济效益。

一、电话银行概述

1.电话银行简介

（1）电话银行的含义。

电话银行（telephone banking）即金融电话服务，是与公共电话网络连接的银行电脑系统。该系统采用先进的交互式语音、传真自动应答等设备，自动处理顾客的服务要求，处理结果转化为语音或传真文件等发送给客户。简单来说，电话银行就是金融机构提供的一种服务方式，允许其客户通过电话进行交易。

（2）电话银行的分类。

按照提供服务的形式不同，可以将电话银行分为人工服务电话银行、自动语音服务电话银行、人工服务与自动语音服务综合服务电话银行。

（3）电话银行用户的分类。

电话银行主要满足所面对客户的需求，但是客户之间是存在差异的，不同的客户存在不同的需求，所以需要对电话银行的客户进行分类，根据客户需求提供优质服务。按照电话银行客户性质的不同，可将其分为单位注册客户、个人注册客户和非注册客户。单位注册客户在注册时指定其公存账户和商务卡为操作账户；个人注册客户指定其拥有的活期储蓄账户、定期储蓄账户、信用卡账户、借记卡账户为操作账户。注册客户可以通过电话银行对其指定账户进行包括付款在内的各类操作，而非注册客户则无法得到这些服务。

2.电话银行的发展

从电话银行诞生到发展至今所经历的历程来看，大致经历了3个阶段，即人工服务阶段、自动语音服务阶段与呼叫中心服务阶段。

（1）人工服务阶段。

这一阶段，银行只是通过话务员接听电话为客户提供业务申请、查询、咨询、通知等简单服务，将传统部分的柜台业务通过电话的方式进行实现。

（2）自动语音服务阶段。

20世纪80年代初期，许多银行开始利用计算机语音技术为客户提供简单的账户余额查询、明细查询、公共金融信息查询等服务，客户拨打银行提供的专用服务号码，通过在话机上按键输入有关信息即可完成各种操作。这种方式的出现，标志着电话银行进入自动语音服务阶段。

（3）呼叫中心服务阶段。

20世纪80年代末期，自动语音服务不能满足客户多样化的需求，客户在享受自动语音服务的同时，产生了很多自动语音服务无法解决的问题，此时他们需要与银行的业务员进行直接的电话交互，从而产生了兼具自动语音服务和人工服务的需求，最后产生了呼叫中心服务。呼叫中心也称电话呼叫中心，是由电话接入设备、自动电话分配系统、自动语音应答系统、计算机电话集成系统、主机系统和话务员工作部等部分组成的。

二、电话银行的功能与特点

1.电话银行的功能

电话银行主要为客户提供了两大类服务功能：一是交易处理功能；二是交易处理功能以外的功能。

（1）交易处理功能。

电话银行为注册客户特别是个人注册客户提供了较为完善的交易处理功能。通过电话银行客户几乎可以办理除现金交易外的各类金融服务。

①为单位注册客户提供的服务功能。

a.账户查询。账户查询功能可以查询指定账户余额及明细、查询贷款归还情况、查询商务卡的余额及明细等。

b.其他。办理支票挂失，查询支票挂失止付情况，修改客户密码等。

②为个人注册客户提供的服务功能。

a.账户查询。账户查询功能可以查询指定账户的余额、明细、利息及利息税等。

b.账务处理。账务处理功能包括账户挂失、通存通兑、账户之间的转账（如活期账户资金转到信用卡账户、活期账户资金转到定期账户）等。

c.代理交费业务。通过与收费部门联网，使用电话银行可以交纳各种费用，如交纳手机话费和固定电话费等。

d.银证通。通过电话银行，可以直接使用指定账户进行股票买卖，不必在证券营业部开立资金账户，同时可以通过电话银行进行股票的委托查询、成交查询、行情查询等。

e.其他。使用电话银行还可以修改客户密码等。

（2）交易处理功能以外的功能。

电话银行的功能还表现在客户服务和产品营销上，这一方面的功能也是电话银行中心的重要功能。

① 金融业务咨询。客户可以向接线员咨询各类金融业务知识和办理方式，不必像以前亲自去银行了解。同时，咨询范围不再被限制在某一专业，接线员可以依靠强有力的后台支持解答客户的各类问题。

② 处理客户投诉。电话银行中心从某种意义上说是面向社会开放的一个集中式服务监督机构，可随时接受并及时处理客户对银行服务工作的投诉。

③ 提供应急服务。电话银行提供全天候的服务，可以在非营业时间和特殊情况下为客户办理挂失、紧急救援等一系列应急服务。

④ 推介金融产品。电话银行可以根据掌握的资料，使用外拨功能主动向客户推介金融产品。

2.电话银行的特点

（1）操作简单，自动化管理，不需要人工干预。

（2）安全性高，系统内配有多级用户验证，保证客户银行信息安全。

（3）可实时查询，实现银行24小时服务。

（4）银行内线与外线任意配置。

（5）可配置传真接口。

（6）可实现强行拨号，而无须等待提示语音结束。

（7）线路的接口应该符合工信部的入网标准。

三、电话银行的风险及其防范

1.电话银行的风险

电话银行的风险主要体现在转账中。电话银行转账，一般分为个人“账户内划转”和不同人“账户间划转”两种。由于是一个人自己名下的定期、活期以及信用卡账户资金划转，因此“账户内划转”一般不存在资金被窃的外部风险。对于“账户间划转”，虽然银行采取了网管以及数据加密等手段，对交易主机通信进行安全保障，并对不同人账户间转账进行了金额上的限制，起到了对客户资金的风险防范作用，但仍有风险存在。这种风险主要表现为以下几种方式：

（1）在公话中使用电话银行服务系统，会留下客户账户资料。

（2）通过书信、手机短信告知客户获得大奖，当客户打电话核实时，以便于存入资金和填写获奖人资料为由，要求客户告知银行卡账号、生日、家庭电话、结婚纪念日等个人基本资料（因为许多人将生日、电话号码、结婚纪念日作为银行卡的密码），然后套取密码。

（3）以做生意验资为名，在电话里骗取外地持卡人的身份证号码、卡号和密码，然后冒领存款。

（4）冒充银行人员打电话给客户，套取银行账户信息。

2.电话银行风险的防范

为应对电话银行风险，更好地保护客户资金安全，应从3个方面着手：首先商业银行自身应加强防范；其次普通客户应当提高电话银行安全意识；最后加强法律法规的规范。

（1）商业银行方面的防范。

原银监会在《关于商业银行电话银行业务风险提示的通知》中对商业银行提出了几项要求：

① 商业银行应面向客户开展各种形式的电话银行风险教育和安全提示，明示电话银行业务操作应注意的各类安全事项，帮助客户培养良好的密码设置习惯和密码保护意识。

② 商业银行应积极开展电话银行转账功能风险评估和分类，依据收款账户潜在风险的高低，相应设置不同的转账额度和次数限制。

③ 对应用银行卡卡号和密码完成登录的电话银行业务，商业银行应在客户使用潜在风险较高的转账功能时，增加其他身份信息的检验要求，如银行卡的CVV码、身份证信息或其他注册信息等。

④ 商业银行应严格控制规定时间内同一卡号、账号、密码等登录信息在电话银行操作中的输入次数，避免无次数限制地输入错误登录信息，严格防范犯罪分子采用试探手段获取密码信息。

⑤ 商业银行应建立电话银行异常交易监测预警机制。

（2）普通客户方面的防范。

普通客户在使用电话银行时应当注意以下几点：

① 删除通话记录。避免在可以查询到输入号码的电话机上进行电话银行操作，使用电话银行后，应删除通话记录。无论是在办公室还是在公共电话亭，客户均能通过电话银行完成查询、转账，甚至购买基金等业务，其便捷性受到不少人的青睐。但客户在电话键盘上输入的卡号、密码等，也会被电话完整地记录下来，如不及时删除，就可能被他人利用。

② 避免使用免提电话。在进行电话银行的交易类操作时，避免使用免提电话，以防他人偷听。

③ 不要使用经其他号码连接后的“电话银行服务”。目前国内电话银行服务主要有两类：一种是各家银行使用的全行统一客户服务电话，该号码均已印制在银行卡上，客户应直接使用此电话号码的银行服务；另一种是当地分支机构或营业网点正式公布的可供客户咨询、办理有关业务的电话号码。同时，客户应特别注意的是，不要使用经其他号码连接后的“电话银行服务”。目前，没有一家银行可通过单一电话号码同时提供多家银行的电话银行服务，客户不要轻信任何非正常渠道提供的电话银行服务。

④ 密码设置要科学。客户在设置电话银行密码时，不要使用过于简单的数字（如6个

6，6个8等），不要使用自己的出生日期、电话号码等容易被人猜中的数字，也不要使用与电子邮件或连接互联网相同的密码，可以考虑分开设置查询密码和交易密码，并定期进行修改。客户还要及时更改初始电话银行密码，否则他人知道卡号后就可以利用初始密码窃取账户信息，给资金安全留下隐患。

⑤ 不要轻信一些无缘无故的中奖信息。

（3）加强法律法规的规范。

任务实施

步骤1 进入建设银行官网首页（如图4-8所示）。

图4-8 建设银行官网首页

步骤2 点击“电子银行”，出现电子银行产品介绍下拉框（如图4-9所示）。

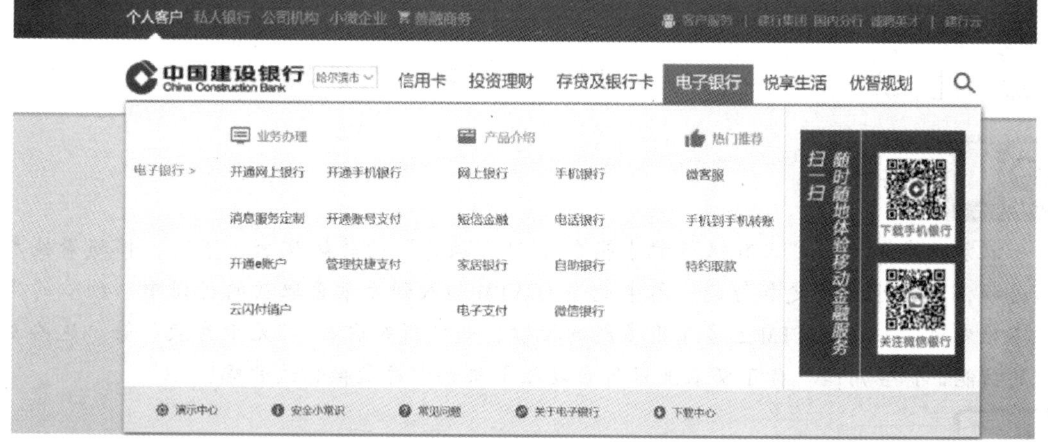

图4-9 建设银行电子银行产品介绍

步骤3 选择产品介绍中的电话银行，显示电话银行开通指南，根据实际情况按照开通流程操作即可开通电话银行（如图4-10所示）。

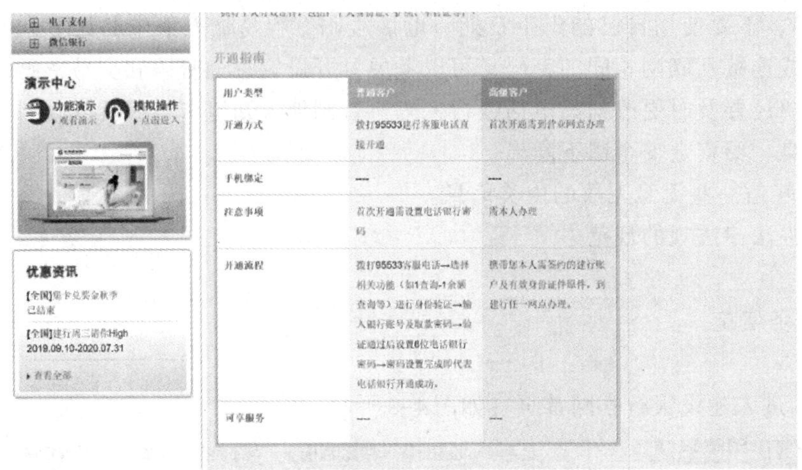

开通指南

用户类型	普通客户	高级客户
开通方式	拨打95533进行客服电话直接开通	首次开通需到营业网点办理
手机绑定	—	—
注意事项	首次开通需设置电话银行密码	需本人办理
开通流程	拨打95533客服电话→选择相关功能（如1查询-1余额查询等）进行身份验证→输入银行账号及取款密码→验证通过后设置6位电话银行密码→密码设置完成即代表电话银行开通成功。	携带您本人需签约的建行账户及有效身份证件原件，到建行任一网点办理。
可享服务	—	—

图4-10　建设银行电话银行开通指南

步骤4　也可通过左侧工具栏选择电话银行相应的服务（如图4-11所示）。

图4-11　建设银行电话银行功能介绍

任务四　熟悉自助银行的使用

任务描述

以前，我们都有“只有银行卡才能在ATM上操作”的传统观念，不过，伴随着技术的进步，ATM也变得更加智能。越来越多的ATM加入到无卡存取款的行列中。细心的市民不难发现，如今的ATM上多了很多新的按键，如“预约取款”“无卡存款”等。这些新增的功能，你会用吗？你了解农业银行自动柜员机无卡存款操作流程吗？

知识准备

自助银行又称“无人银行”“电子银行”，属于银行业务处理电子化和自动化的一部分，是近年兴起的一种现代化的银行服务方式。它利用现代通信和计算机技术等，为客户提供智能化程度高、不受银行营业时间限制的24小时全天候金融服务，全部业务流程在没有银行人员协助的情况下完全由客户自己完成。对于客户来讲，自助银行的好处就是，它不受银行营业时间的限制，能够24小时不间断地为客户提供服务。我们常说的或者常用到的那个ATM是自助银行吗？ATM是自助银行的初始模样，属于自助银行设备中的一部分。从理论上讲，ATM应该算是自助银行的一种模式——设备不齐全的自助银行。

一、自助银行简介

世界上第一个完全意义上的自助银行（self-service bank），即无人银行（unmanned bank），是1972年3月在美国俄亥俄州哥伦布市开设的亨奇顿国民银行总行。这种新型银行自助服务的诞生，为客户提供了跨越时空限制的多功能银行服务。

在我国，1997年年初，中国银行上海市分行设在虹桥开发区的中国第一家现代化水准的无人银行诞生。它标志着我国无人银行的研究已从技术准备阶段转向实现阶段。

随着自助设备服务功能的不断拓展，异地交易、跨行交易、代缴费等业务给银行带来的手续费收入不断增加，自助设备已经可以实现盈利，而由其带来的人力成本节约、客户满意度提升等替代效益则更为可观。随着银行业的较快发展，自助银行的快速建设以及服务、信息化建设水平的不断提高，银行对于自助服务终端的需求量在快速增加。在信息技术广泛应用的今天，自助银行已成为衡量商业银行现代化水平的重要标志之一。作为自助银行，应具有如下主要特点：

（1）全天候服务：由于对客户提供自动化服务，所以应从系统设计、管理、运行以及账务处理等方面将其当成一个无人值守、无人服务的储蓄网点。

（2）保密性强：由于完全是由客户自行操作，所以可以做到良好的保密性。

（3）方便快捷：客户可以随时办理存取款等业务，不受服务时间的影响，非常方便。

（4）以客户为中心：银行利用计算机网络技术及银行业务自动化设备向客户提供自助式服务，可以满足不同的市场及客户需求，吸引更多的客户。这将会推动客户理财服务，强化客户与银行的关系，使银行经营更具特色。

（5）交易信息完整及时：自助银行的所有金融交易均采用联机实时交易方式，自助银行系统内及与分行监控中心和分行主机之间的金融交易信息，以及大量非金融交易信息，如统计信息、管理信息等都能及时处理。

二、自助银行的类型与服务功能

随着更多种类的银行自助设备的不断推出，自助银行提供的服务越来越完善，自助银行的应用组合也越来越多。

1.自助银行的类型

目前自助银行主要有两种类型：一种是混合式自助银行；另一种是隔离式自助银行。

混合式自助银行：是在现有的银行分支机构的营业大厅内划分出一个区域，放置各种自助式电子设备，提供24小时的自助银行服务。该区域在日常营业时间内与营业大厅相连通，能够分担柜台的部分银行业务，缓解柜台压力。在柜台营业时间外，营业大厅关闭，该区域被人为地与营业大厅隔离，又变成了独立的自助银行。

隔离式自助银行：又称全自动自助银行，这种形式的自助银行与银行分支机构的营业大厅完全独立，一般设立在商业中心、人口密集区或高级住宅区内，也是全天候开放。

2. 自助银行主要服务功能

（1）自动提款。自动提款机是最普遍的自助银行设备，最主要的功能就是提供最基本的一种银行服务，即出钞交易。在自动提款机上也可以进行账户查询、密码修改等业务。

（2）自动存款。自动存款机能实时将客户的现金存入账户，这种功能其实就是自动取款的反向操作。

（3）存折补登。存折补登机是一种方便客户存折更新需要的自助服务终端设备。通过存折感受器和页码读取设备的配合，实现自动打印和向前、向后自动翻页。客户将存折放入补登机后，设备自动从存折上的条码和磁条中读取客户的账户信息，然后将业务主机中的客户信息打印到存折上，打印结束后，设备会发出声音提示客户取走存折。

（4）多媒体查询。多媒体查询机利用触摸屏技术提供设备说明、操作指导、金融信息、业务查询等多种服务。其中包括外汇牌价、存贷款利率等信息。不少自助银行还都配有大屏幕，及时提供各类公共信息的查询。

（5）外币兑换。在机场和商业圈的自助银行里，我们经常可以看到外币兑换机。其主要服务对象为外国游客和有外汇收入的居民。外币兑换机能识别多种不同的货币，在兑换过程中自动累计总数，然后按照汇率进行兑换。

（6）外汇买卖、银证转账。点击自动柜员机屏幕上的“个人外汇买卖”项目，选择相关的币种，输入交易金额，按照指示一步步操作下去即可。银证转账业务的操作也类似。

（7）缴纳公用事业费。当前不少银行的自助终端都能提供公用事业费的缴纳服务。用户只需将借记卡或存折插入或者输入卡折的号码、密码，然后将带条形码的公用事业缴费单对准机器紫外线端口扫描，机器就会自动将账户内的对应资金扣除，缴费即刻成功。

【小资料4-3】

2021年12月，江南农商银行与京东云合作，推出了全国首个业务办理类数字人“言犀VTM数字员工”，构建了创新性的非接触式服务场景，进一步扩大了远程银行的能力边界。区别于过往咨询问答式机器人，言犀VTM数字员工不仅可独立、准确完成银行交易场景的自助应答、业务办理、主动服务、风控合规等全流程服务，其逼真的形象、亲切周到的服务也为用户提供了良好的体验。言犀VTM数字员工最大的创新之处，是使数字人应用场景延伸至真实的业务交易办理，实现与VTM、App、电子大屏、助农设备等终端的打通，在智能技术加持下，从根本上释放了银行客服中心的人力资源压力，实现了24小时全天候服务，降本增效，进一步延展出远程银行更多的发展可能性。

依托京东云智能客服言犀前沿的多模态人机交互技术，江南农商银行强化了自身的综合服务能力，为客户提供多渠道、即时、专业的服务，满足了客户个性化、多元化的业务办理诉求。同时，AI能力与银行业务深度结合，也生发出更强的生产力，远程银行的服务方式与体验正在重塑。

资料来源 金融界.江南农商银行携手京东云 推出全国首个业务办理类数字人［EB/OL］.［2024-01-02］. https：//www.sohu.com/a/505227857_114984.

三、自助银行与银行零售业务

银行零售业务是指商业银行运用现代经营理念，依托高科技手段，向个人、家庭和中小企业提供的综合性、一体化的金融服务，包括存取款、贷款、结算、汇兑、投资理财等业务。它是银行针对个人客户和中小企业的盈利手段，能有效提高银行服务范围的深度和广度，实现银行的规模经营，是银行重要的利润增长点。银行零售业务以客户为导向，充分考虑不同客户的消费需求。商业银行充分利用了自助银行这一工具来促进零售业务的发展。根据不同的情况，在不同的地点设置自助银行，产生了如下自助银行模式：

1.社区模式

在居民区、办公楼及其附近提供银行服务的分行模式，强化中间业务服务及营销，以自助设备为主，并不定时地配合必要的人工服务，以期同时达到高效率服务和业务推广的双重目标。

2.商业区模式

在商业区、人口流动量大的区域提供快速现金服务的自助银行，以快速取现服务为主。

3.校园模式

在校园及其附近提供简单存取款服务，培养潜在客户，以“频度高、单次交易额小、业务单一”为主要特征。

4.店中行模式

在机场、加油站、商场、酒店等其他行业的营业厅内提供银行服务。在这些场所提供银行服务能给银行储户提供最大的方便。

5.顾问银行模式

顾问银行模式又称VIP分行，是一种专门为其VIP客户提供专业理财服务的网点，其目标是提高对VIP客户的服务质量，培养其忠诚度。

与传统的网点不同，这些新型模式的网点具有更强的针对性、更贴近普通社会大众的生活，可以根据目标客户群的不同需要采用不同的自助设备和设计风格，以满足目标客户群的需求，这些将是未来银行网点发展的主要形式。

四、自助银行的使用安全

1.使用安全提示

（1）办理业务前，请留意查看自助设备插卡口、出钞口、键盘及设备其他部位是否加装或粘贴异物，注意周围是否有可疑人员，发现可疑现象请立即向银行反映。在自助银行门禁系统刷卡前，请留意门禁是否有改装痕迹。

（2）办理业务时，请仔细阅读屏幕中的操作说明和安全提示，确认操作无误。

（3）办理业务时，如果自助设备工作不正常，请立即取消交易并退卡；如果自助设备吞卡或未吐钞，请尽快联系营业机构人员或拨打银行客户服务电话。

（4）在交易过程中请不要离开自助设备，尽量避免被他人分散注意力。交易完成后，应及时退出系统并取回银行卡，注意检查取回的银行卡是否为本人的卡片。

（5）选择打印交易单据后，请妥善保管或及时销毁，切勿随意丢弃，以防银行卡信息失窃。

（6）请不要向他人透露您的密码（包括银行职员和警察等），也不用生日、账号、手机号、QQ号、有规则数字等作为密码，定期更换密码。输入密码时应快速并尽量用手遮挡，以防不法分子窥视。

（7）切勿轻信手机短信中银行卡交易或中奖等信息，切勿拨打粘贴在自助设备上除银行客服外的任何联系电话，警惕不法分子利用自助设备转账功能进行诈骗。

（8）请随时关注银行卡账户资金情况，建议开通账户变动消息服务业务，发现异常交易及时联系发卡银行。

2.使用自助银行及自助设备时的自我保护

（1）尽量避免太晚时间进入自助银行，避免进入位置僻静的自助银行。

（2）进入自助银行时，要注意观察有没有人不刷自己的卡而尾随您进入。

（3）使用自助设备时，要注意观察后面的人有没有站在一米线外的安全位置，还是站在您背后偷窥您的账号、密码。

（4）使用前先观察一下自助设备上有无可疑的附加装置。

（5）有陌生人跟您说话或干扰您时，尤其要注意先取回卡、现金和交易凭条。

（6）千万不要向任何来历不明的账户转款。

3.常见的自助设备诈骗形式

（1）张贴虚假告示。不法分子在ATM上张贴紧急通知或公告，让用户把资金转移到其指定的账户上。

（2）制造吞卡假象。不法分子将自制装置放入ATM读卡器内，当取款人将银行卡插入插卡口时，实际上是插入该自制装置，于是就出现吞卡假象。

（3）设置出钞故障。不法分子利用自制装置在ATM出钞口设障，如用铁片或胶水粘住出钞口，使ATM吐出的钱卡在出钞口内。

（4）监控取款设备。不法分子直接在ATM上安装微型摄像装置，或利用高倍望远镜在距ATM不远处窥视，窃取用户的银行卡密码。

（5）“热心帮助”设诈。不法分子冒充“好心人”提醒或帮助受害人，并在受害人提款时设诈。

（6）取款键盘设障。不法分子用仿造的ATM键盘（内有电路装置，具有记录存储功能）附在ATM键盘上。

五、自助银行的发展趋势

种类多元化、功能多样化、机型专业化、操作智能化、流程可视化、服务集约化将是未来中国自助银行重要的发展趋势，具体表现如下：

1.自助设备的种类多元化

目前涉及现金业务的自助设备主要包括自动取款机、自动存款机、存取款一体机、柜员现金循环机（也称柜员用存取款一体机）、自助封包机等。涉及非现金业务的自助设备主要包括查询缴费机、转账汇款机、离行式转账汇款终端、电话银行终端、排队叫号机等。自助设备种类的多元化还意味着自助设备亲和力的提高，比如以卡通人物、吉祥物、标志物等形式出现的自助设备等。如在学校、游乐园、主题公园、商场、社区布设此类更具亲和力的设备，有助于增进人机互动，提高设备的便利性和使用率。

2.自助设备的功能多样化

自助设备种类的多元化必将带来自助设备功能的多样化，这可以视为自助设备功能多样化驱动的内因。从自助设备功能多样化的外部驱动因素，即驱动外因来看，客户需求的多样化以及商业银行传统柜面业务成本的上升，也驱使商业银行开发相当的功能应用到自助设备上。除上述业务外，ATM可提供本外币理财服务、促销信息查询、身份认证等综合性服务，还可根据ATM布设的位置开发优惠券打印、电影票购买等符合社区居民需求的增值服务，以及提供门诊挂号、缴纳住院费等符合医院特点的增值服务。

3. 自助设备的机型专业化

服务集中或集成仅仅指业务类别的规模化，但能否实现规模效应，还需要后续的管理支持。因此，就自助设备而言，应该由专业的设备做专业的事。这既体现了专业分工的优势，又兼顾了专业服务的效率。在不少发达国家，ATM既没有国内的查询、缴费等功能，更没有购物、优惠券打印、商品比价、现金返利、折上折、积分累积等功能。上述功能在国内大多是“原创”，一些商业银行已经逐步把转账、非实物支付等非现功能更多地转移到其他自助终端上。

4. 自助设备的操作智能化

目前，自助设备的操作已经呈现智能化的倾向。在安全防范功能上，ATM可以探测发现距离客户较近的其他人员，提示客户注意遮挡操作按键，保障客户的个人隐私和金融信息；可以采取人脸识别技术分析客户面部信息，对于故意遮挡面部的可疑客户，将提示客户无遮挡正面操作，逾期不改的可采取吞卡处理并列入可疑交易等；可以配有独立的太阳能电源或备用电源，以应对任何外部的攻击并根据攻击的类型第一时间无线报警。

5. 自助设备的流程可视化

自助设备操作的智能化意味着设备流程的改进甚至再造，虽然成本增长，但在未来大规模生产的前提下，可以进一步降低生产成本，提高运营维护的主动性。其中流程的可视化就是自助设备发展的前景之一。

6. 自助设备的服务集约化

服务集约不等于服务集中，也不能简单理解为服务集成。集中或集成仅仅指业务类别的规模化，但能否实现规模效应，还需要后续的管理支持。否则，单独的业务集中并不一定带来管理效能的改观，也就不能改变低效甚至落后的服务效率和服务质量。

任务实施

步骤1　点击屏幕右边无卡/无折存款，屏幕随后会显示如图4-12所示页面的温馨提示，可以随便看一下，不看的话直接点击右下方“确认”。

步骤2　输入要存钱进去的账号（如图4-13所示）。

步骤3　核对账号和户名，无误后点击右下方“确认”（如图4-14所示）。

步骤4　为当出现交易异常时，银行可以联系到你，需要输入你的手机号码。输入后点击“确认”（如图4-15所示）。

步骤5　“请放入钞票”页面出现，放钞口会自动打开，随后把钱平整放进即可（如图4-16所示）。提示：仅接收面额为100元的钞票，放入前请把钞票弄平，不可有折角、破损，否则识别不了。

图4-12　农业银行自动柜员机屏幕

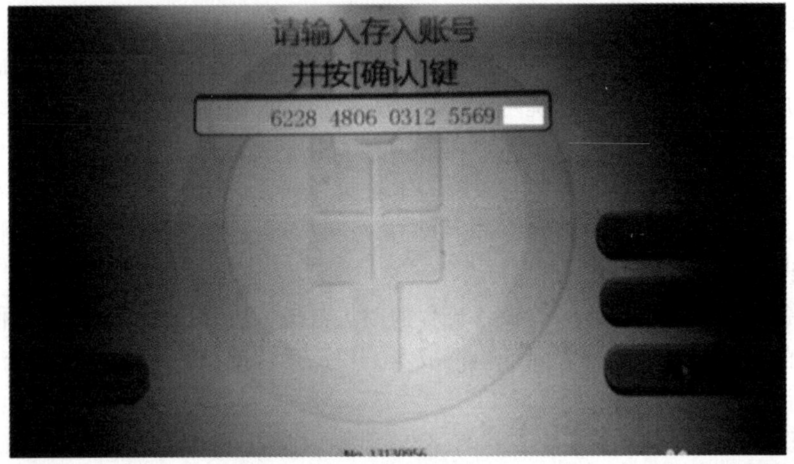

图4-13　输入账号

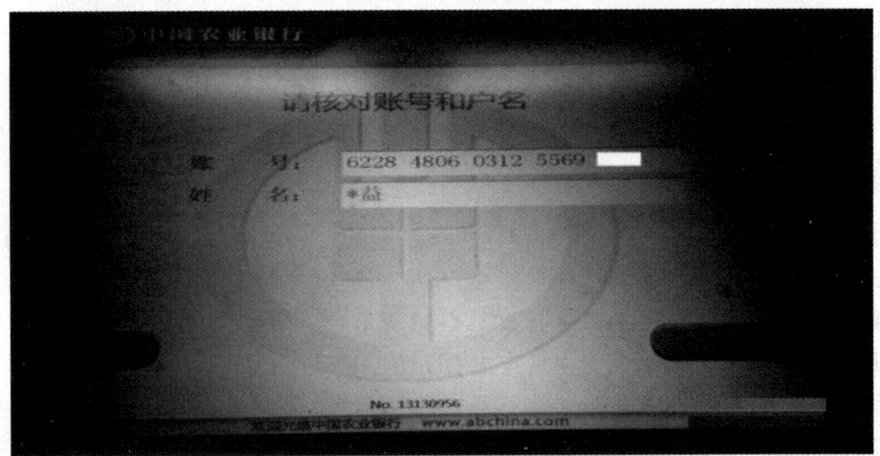

图4-14　核对账号和户名

步骤6　验钞后若出现“请取回不能识别的钞票”提示（如图4-17所示），用手把钱取出来，检查是否有折角或破损，弄好后点击左下方“继续放钞”再次放入，验钞完成后检查提示数量与存入数量是否一致，无误后点击“确认”。

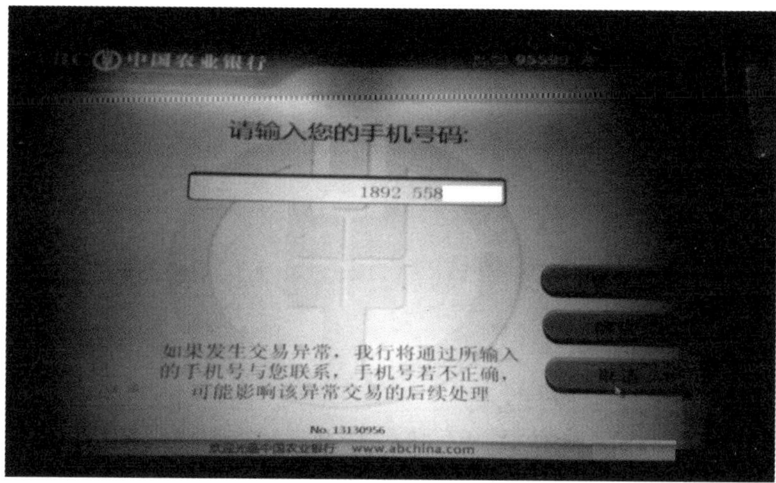

图4-15 输入手机号码

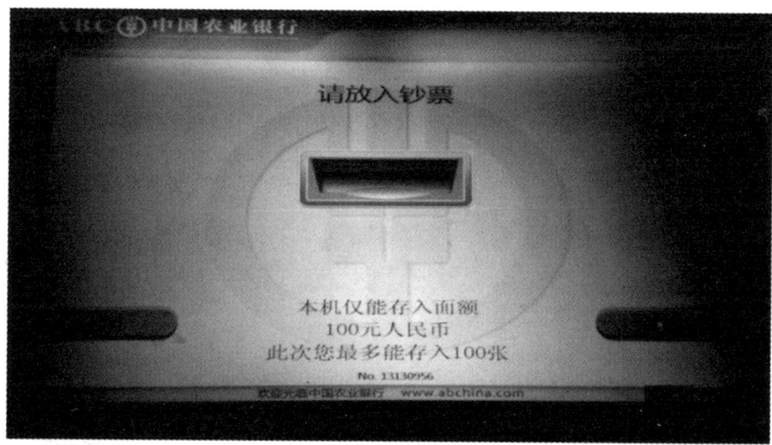

图4-16 放入钞票

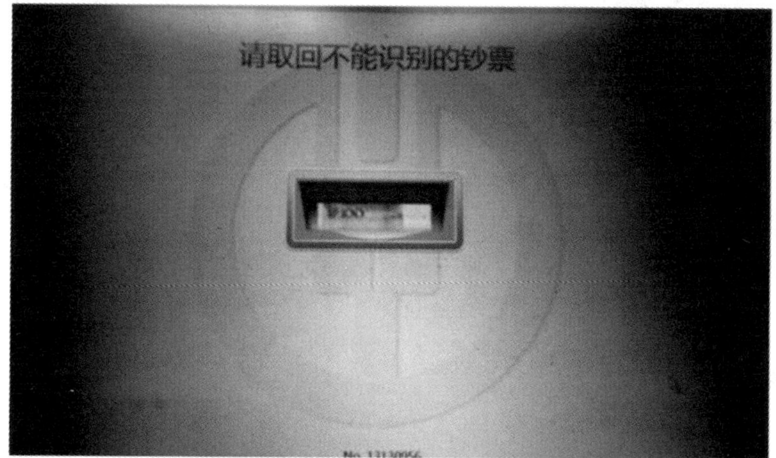

图4-17 取回不能识别的钞票

步骤7 最后确认存入账号、户名、存入金额、手续费，无误后点击“确认”（如图4-18所示）。

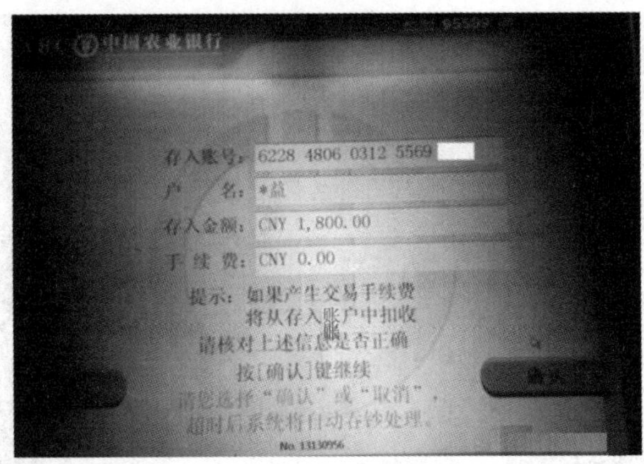

图4-18　确认信息

步骤8　交易成功。如果需要打印凭条的话，点击右下方“打印凭条”（如图4-19所示），柜员机会自动打印出凭条。这里建议最好打印凭条，以便存款出现问题的时候找银行方便解决。

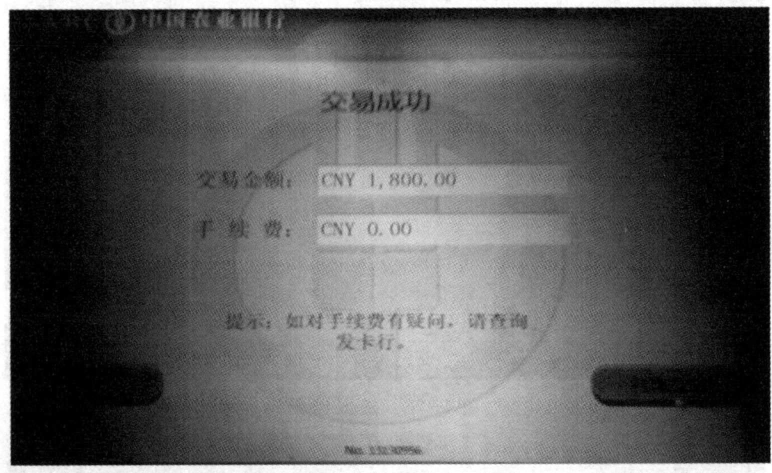

图4-19　交易成功

项目总结

电子支付与结算是目前电子商务发展的一个重点，而涉及结算就离不开银行。计算机和通信技术等的引入，使银行业的传统业务处理实现了电子化、网络化。本项目介绍了电子银行的产生与银行电子化的发展，电子银行的体系与电子银行的业务，电子银行的业务中网络银行是目前电子银行发展的最高阶段。

基本训练

一、核心概念

电子银行　电话银行

二、简答题

1. 银行电子化经历了哪几个发展阶段？

2. 电子银行的服务有哪些？

3.电话银行的特点有哪些?

三、案例分析题

建行东莞分行开拓金融服务新模式，该行对无卡取款方式进行了升级，自主研发ATM“刷脸”取款功能，不用带卡、不用带手机、不用带证件，甚至不用密码，凭脸就可以取款，为客户提供随用随取，更加普惠、便捷、高效、安全的金融体验。建行东莞分行手机银行还推出了ATM特约取款新服务，客户通过手机银行设置ATM特约取款功能后，凭取款ID号和预设的取款密码即可在全国建行任意ATM上实现“无卡”支取人民币现金。特约取款服务实现了一种全新的“无卡”应用，取款不需要携带银行卡，避免了取款时密码被偷窥、银行卡被掉包情况的发生，并能有效地防范银行卡被克隆的风险，还能为急需使用现金的亲友提供便利的取款服务，既方便又安全。该功能一经推出，就受到不少市民的欢迎。在享受“刷脸”取款给我们带来便捷的同时，请分析这种业务处理方式安全吗?“刷脸”取款相较于过去银行卡取款的优缺点有哪些?

项目实训

登录网上银行，完成以下实训操作:

1.熟悉招商银行一卡通电话银行操作流程。

2.熟悉招商银行手机银行操作流程。

项目五　电子商务支付工具

近年来，我国的电子支付发展非常迅速，新兴电子支付工具不断出现。电子支付工具是计算机介入货币流通领域后产生的，是现代商品经济高速发展要求资金快速流通的产物。电子支付工具是利用银行的电子存款系统和各种电子清算系统记录来转移资金的，使纸币和金属货币在整个货币供应量所占的比例愈来愈小。电子支付工具的使用和流通方便、成本低，尤其适合大笔资金的流动。那么，电子支付工具是如何使用的呢？

学习目标

知识目标：

1.了解电子商务支付工具的支付过程；

2.掌握智能卡的结构和使用场景；

3.了解电子支票的支付过程；

4.熟悉第三方支付及手机支付的应用。

能力目标：

1.掌握支付宝和财付通的使用方法，掌握电子支票的填制方法；

2.具有一定的互联网操作基本能力及网上支付能力。

素养目标：

1.培养学生信息搜索、信息甄别能力；

2.塑造学生精益求精的职业精神，积极向上的世界观、人生观、价值观。

任务一　了解电子支付工具

任务描述

网络防火墙是一个由软件系统和硬件设备组合而成的安全系统，是开放性的互联网与银行内部网络之间的接口。所有来自银行网络外部的访问都必须经过这个接口，在此接受检查和链接。有时候我们需要对电脑防火墙进行设置，当运行一些与防火墙相冲突的服务和程序时，需要关闭防火墙，但有时网络安全有问题时，又需要启用防火墙；还有一种既可以运行与防火墙相冲突的服务和程序又启动防火墙的方法，那就是针对防火墙设置例外名单，你了解具体的操作步骤吗？

知识准备

伴随着银行应用计算机网络技术的不断深入，银行将支付过程的“现金流动”“票据流动”进一步转变成计算机中的“数据流动”。资金在银行计算机网络系统中以人类肉眼看不见的方式进行转账和划拨。这种以电子数据形式存储在计算机中并能通过计算机网络使用的资金被人们越来越广泛地应用于电子商务中。

在经济全球化的趋势下，电子商务凭借便捷、低成本的优势日益深入人心，作为电子商务的核心环节，在线支付也得到了迅速发展。网络购物的流行与快递行业的火爆，预示我国加速步入电子支付时代。电子支付工具从其基本形态上看是电子数据，它以金融电子化网络为基础，通过计算机网络系统以传输电子信息的方式实现支付功能。我们利用电子支付工具可以方便地实现现金存取、汇兑、直接消费和贷款等。广义的电子支付工具包括卡基支付工具、网上支付和移动支付及电子票据等。

一、卡基支付工具

通俗地讲，卡基支付工具就是我们日常使用的银行卡，是付款人通过各种交易发起方式（ATM、POS、手机、互联网等）以卡片（磁条卡或芯片卡等）的形式向收款人转移后者可以接受的对发卡主体的货币债权，货币债权以存款余额的形式存储在卡内；支付媒介是对发卡主体（包括银行、信用卡公司或其他发卡主体等）的货币债权；发起（或者存取）方式是ATM、POS、手机、互联网等。

信用卡作为传统电子支付工具已经逐渐从简单的信用支付工具发展成拥有强大网络支付功能的电子支付工具，但客户的需求是无限的。基于现代电子计算机技术和通信技术的发展，根据客户的需求与各种传统支付工具相结合，各银行及其他商业服务机构相继开发了各种现代支付工具，如智能卡、电子支票、电子现金、电子钱包等。

智能卡是传统信用卡技术的延伸和发展，集合了传统信用卡支付方式方便快捷的特点，以IC芯片技术为基础，将IC芯片存储量大、存储安全的特点进行充分发挥，改善了传统信用卡功能，弥补了传统信用卡的不足。智能卡的交易与传统信用卡相似，安全模式与传统信用卡也基本相同，不同的是对账户做到了实时更新，避免了传统信用卡交易资金的风险。

二、网上支付

网上支付是指人们通过互联网完成支付的行为和过程，通常情况下仍然需要银行作为中介。在典型的网上支付模式中，银行建立支付网关和网上支付系统，为客户提供网上支付服务。网上支付指令在银行后台进行处理，并通过传统支付系统完成跨行交易的清算和结算。在传统支付系统中，银行是系统的参与者，客户很少主动参与到系统中；而对于网上支付系统来说，客户成为系统的主动参与者，这从根本上改变了支付系统的结构。

微课

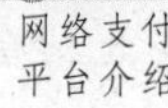

网络支付平台介绍

三、移动支付

移动支付是指移动客户端利用手机等电子产品来进行电子货币支付。在使用移动支付的过程中，涉及以下四个方面：消费者、商家、金融机构以及移动运营商。移动运营商的支付管理系统为整个移动支付提供了前提与可能性。首先由消费者发出商品选择与购买的信号指令，该指令通过对移动运营商支付管理系统的使用，发送到商家的商品交易管理系统。其次商家在收到消费者发出的选择购买商品指令后，通过移动运营商支付管理系统将该指令反馈回消费者的手机等终端进行确认工作，只有在得到消费者确认操作的回复时，购买指令将继续操作，否则该操作将被视为无效而终止。移动运营商支付管理系统只有在得到消费者确认的操作指令之后，才进行交易记录的详细记录工作，同时将对金融机构发出指令，在消费者和商户之间进行支付的清算工作，并且通知商家提供交易服务。最后一个环节则是商家主动提供消费者所购买的物质产品或服务。

【小资料5-1】

2022年9月，中国银行苏州吴中支行携手苏州工业职业技术学院落地的高校数字人民币校园卡“硬钱包”，可实现一卡多用，提供包括智能门禁出入、食堂用餐、校内商超购物等全场景校园服务功能。中国银行联合美团发布首款面向大众流通的数字人民币特色硬件钱包产品——数字人民币低碳卡硬件钱包。该产品发布后的约一个月时间里，共计有近45万人参与申领。用户在美团App通过“贴一贴”激活和绑定数字人民币低碳卡硬件钱包后，可在美团骑车、点餐、买菜等场景中用数字人民币低碳卡硬件钱包免密支付，实现线上线下便捷支付。

资料来源 编者根据相关资料整理。

四、电子票据

电子支票、电子现金、电子钱包等支付工具是基于网络银行的发展而发展的。网络银行系统要求在客户端安装特殊的服务支持软件，比如支持网上支付服务的电子钱包软件、电子支票软件等。这些特殊的服务支持软件构成了网络银行系统的客户端支持子系统。为保证客户资源、网上交易的安全，网络银行的发展还须有网络安全软件与之相配套，以杜绝非法访问、修改。这些软件包括网络防火墙、防病毒系统等。

目前，我国电子支付工具发展迅速，新兴的电子支付工具不断出现，其中，以互联网支付为典型代表的电子支付方式蓬勃发展，业务量大幅增长，逐渐成为我国非现金支付方式的重要组成部分。电子支付工具的多样化和业务规模不断增加，适应了电子商务的发展和支付服务市场细分的需求，逐步成为中国零售支付体系的重要组成部分。

任务实施

步骤1 首先需要了解电脑防火墙的位置，进入控制面板，找到Windows防火墙（如图5-1所示），打开就可以进行具体设置。

步骤2 打开电脑Windows防火墙后，在“常规”菜单中，如果想禁用或者启用防火

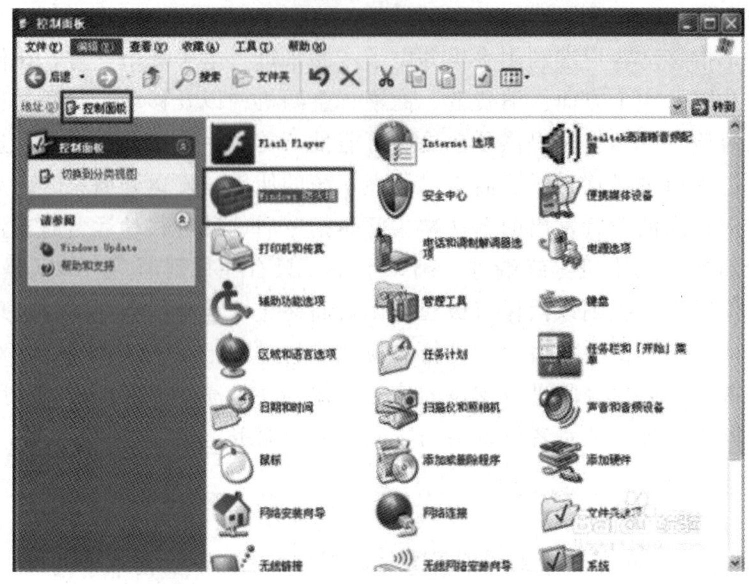

图5-1　控制面板窗口

墙，直接选定“关闭”或者“启用”，然后单击“确定”就可以了（如图5-2所示）。

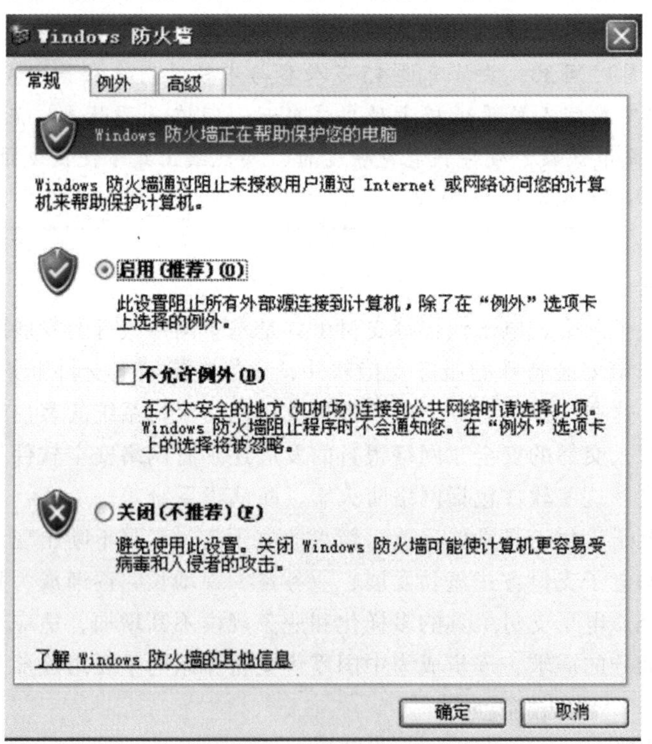

图5-2　Windows防火墙常规设置窗口

步骤3　启用防火墙之后，如果想让一些程序和服务可以进行网络连接，而对另外一些程序和服务禁用网络连接，那么可以在电脑Windows防火墙中选择“例外”菜单，勾选可以进行网络连接的程序和服务，将要禁用网络连接的程序和服务的勾选去除即可，最后单击“确定”就可以了（如图5-3所示）。

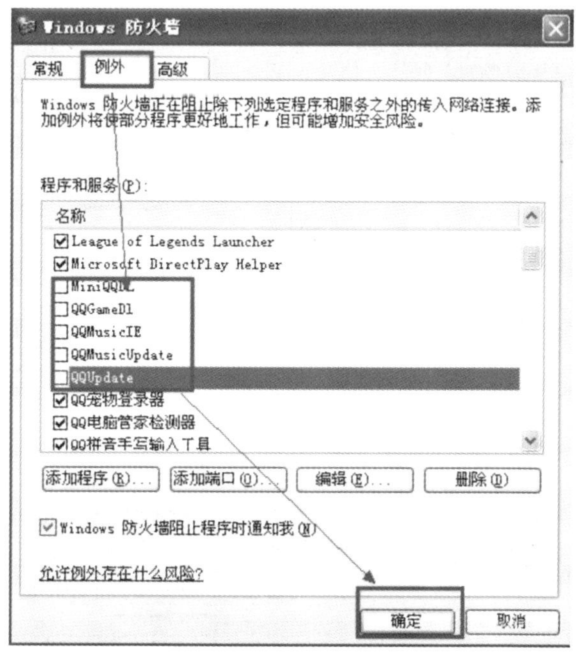

图5-3　Windows防火墙例外设置窗口（一）

步骤4　如果你需要的程序和服务没有在“例外”菜单列表中，而你的防火墙又是开启的，那么这部分程序和服务就不能连接网络。添加方法如下：点击“例外”菜单下的“添加程序（R）”，然后在新窗口列表中选择你要添加的程序和服务，选择“确定”就可以了（如图5-4所示）。

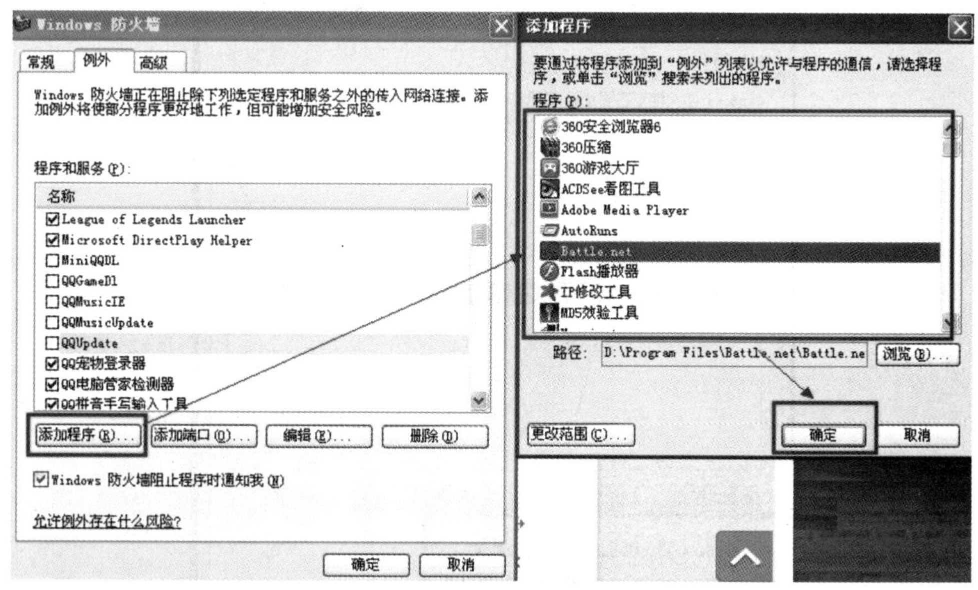

图5-4　Windows防火墙添加程序

步骤5　如果你设置了很多例外，到最后都想取消，取消一些不当的操作，只需要将防火墙还原为默认值就可以了。选择防火墙“高级”菜单，单击“还原为默认值（R）”即可（如图5-5所示）。

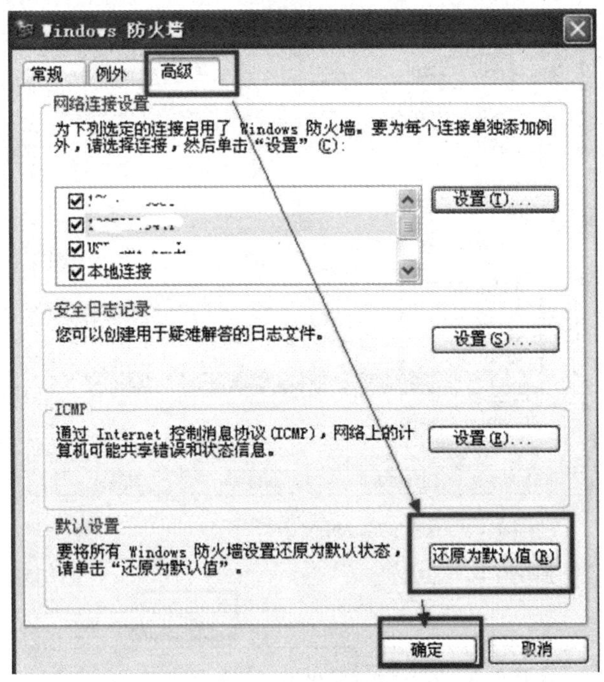

图5-5　Windows防火墙高级设置窗口

步骤6　还原后，也就是说以后有程序和服务要访问网络时，会被阻止，这时你需要在"例外"菜单中勾选"Windows防火墙阻止程序时通知我（N）"（如图5-6所示），这样就可以通过辨别来对某些有用的程序放行了。

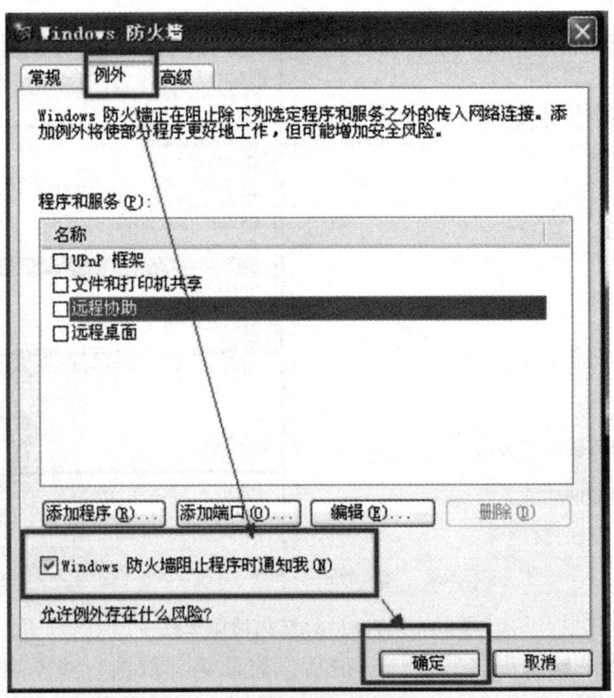

图5-6　Windows防火墙例外设置窗口（二）

最后建议将防火墙一直开着，这是保护电脑不被利用的重要防线。

任务二 认识智能卡

任务描述

中国海洋大学校园智能卡系统是在校园网平台上运行的一个重要应用系统。该系统提供学校食堂餐饮、校园超市购物、校园班车票务、公共浴室消费、图书馆图书借阅、图书馆通道机出入、公共机房上机登录、学生宿舍门禁出入等校园生活服务，还提供校园身份认证、银行转账等功能和服务。智能卡给我们生活的各个方面都带来了很大的便利，那么智能卡如何应用呢？试以中国海洋大学校园智能卡（如图5-7所示）为例说明一下校园智能卡的应用情况。

图5-7 校园智能卡之学生卡和教工卡

知识准备

智能卡（smart card）是内嵌有微芯片的塑料卡（通常是一张信用卡的大小）的通称。一个智能卡包含一个微电子芯片，智能卡需要通过读写器进行数据交互。智能卡本质上是硬式的电子钱包，既可支持电子现金的应用，也可与信用卡一样应用；既可应用在专用网络平台上，也可用于基于互联网公共网络平台的电子商务网络支付中。

智能卡也称IC卡（integrated circuit card，集成电路卡）、智慧卡、微电路卡或微芯片卡等。它是将一个微电子芯片嵌入符合ISO 7816标准的卡基中，做成卡片形式。IC卡与读写器之间的通信方式可以是接触式的也可以是非接触式的。IC卡具有体积小便于携带、存储容量大、可靠性高、使用寿命长、保密性强、安全性高等特点。

一、智能卡的产生与发展

IC卡的最初设想是由日本人提出来的。1969年12月，日本的有村国孝（Kunitaka Arimura）提出一种制造安全可靠的信用卡方法，并于1970年获得专利，那时叫ID卡（identification card）。1974年，法国的罗兰·莫雷诺（Roland Moreno）发明了带集成电路芯片的塑料卡片，并取得了专利权，这就是早期的IC卡。真正意义上的智能卡，即在塑料卡上安装嵌入式微型控制器芯片的IC卡，由摩托罗拉和Bull HN公司于1997年研制成功。智能卡与磁条卡的区别在于两者分别通过嵌入式芯片和磁条来储存信息。但由于智能卡存储信息量较大，存储信息的范围较广，安全性也较好，因而逐渐引起人们的重视。

我国从1993年起，在全国范围内开展“金卡工程”。金卡工程是我国信息化建设金桥、金卡、金关、金税4个起步工程之一。金卡工程的建设全面带动了我国信息产业的发展，并创建了我国自主智能卡产业。随着国家金卡工程智能卡应用快速发展，我国行业信息化与城市信息化建设突飞猛进，IC卡应用不断深入电子政务、电子商务以及百姓生活。目前，全球智能卡行业已进入发展成熟期，市场规模呈现相对稳定的态势。2022年全球智能卡芯片市场规模达32.5亿美元。中商产业研究院预测，2023年全球智能卡芯片市场规模将达到33.3亿美元。近年来，全球银行芯片卡的需求量稳定。其他智能卡方面，各国政府发行的身份证件，包括身份证、护照、港澳通行证等应用会相对稳定。各类行业应用类卡片，包括公交、社保、电子门禁、会员储值、校园卡等依然有发展空间。从市场规模来看，“一卡多用”已成为市场发展趋势。中国智能卡行业已逐渐步入成熟期，中国已成为世界上最大的智能卡应用市场之一。国际知名咨询机构沙利文预测，中国智能卡行业市场规模有望在2023年达到344.7亿元。

虽然身份证、银行卡、SIM卡、公交卡、地铁卡等或多或少受到NFC、二维码等技术的影响，淡化了实体智能卡的概念，但智能卡可以独立于手机等外围设备，注定不会被淘汰。随着NFC技术、安全技术等行业相关技术的应用和行业政策的推动，智能卡的应用领域日益拓展，应用场景不断扩充。智能卡符合新的支付方式，可以与NFC和二维码等技术结合，提供值得信赖的离线支付技术，安全性更高。未来，数字货币将逐步开辟智能卡的新应用场景，从而推动智能卡市场的扩大。

二、智能卡的结构与工作过程

智能卡的结构主要包括3个部分：

（1）建立智能卡的程序编制器：程序编制器在智能卡开发过程中使用，通过智能卡布局的高水平描述为卡的初始化和个人化创建所有所需数据。

（2）处理智能卡操作系统的代理：包括智能卡操作系统和智能卡应用程序接口的附属部分。该代理具有极高的可移植性，可以集成到芯片卡阅读器设备或个人计算机及客户机/服务器系统上。

（3）作为智能卡应用程序接口的代理。该代理是应用程序到智能卡的接口。它有助于对不同智能卡代理进行管理，并且向应用程序提供了智能卡类型的独立接口。由于智能卡内安装了嵌入式微型控制器芯片，因而可储存并处理信息。卡内的价值信息受用户的个人识别码（PIN码）保护，因此只有用户才能访问它。多功能的智能卡内嵌入有高性能的CPU，并配备有独有的基本软件（OS），能够如同个人电脑那样自由地增加和改变功能。这种智能卡还设有“自爆”装置，如果犯罪分子想打开IC卡非法获取信息，卡内软件上的内容将立即自动消失。

智能卡系统的工作过程是：首先，在适当的机器上启动你的互联网浏览器，这里所说的机器可以是计算机，也可以是一部终端电话，甚至是付费电话等；然后，通过安装在计算机等上的读卡器，用你的智能卡登录到为你服务的银行Web站点上，智能卡会自动告知银行你的账号、密码和其他一切加密信息；完成这两步操作后，你就能够从智能卡中下载现金到厂商的账户上，或从银行账号下载现金存入智能卡。

在电子商务交易中，智能卡的应用类似于实际交易过程。在计算机上选好商品后，键入智能卡的号码登录到发卡银行，并输入密码等，完成整个支付过程。

【小资料5-2】

自国庆假期起，大一新生可以持校园卡坐公交车等啦，逛逛将要在此学习、生活4年的城市。目前智能卡公司与哈尔滨市6所高校合作，使学校校园卡具备公交IC卡功能。校园卡激活公交卡功能后，学生凭卡可乘坐市区公交、地铁、智轨、轮渡，同时享受9折出行优惠。智能卡公司“校园一卡通”项目，突破了以往校园内“饭卡”+“证件”的旧式管理模式，部分合作院校实现了校园卡和公交IC卡功能二合一，有的院校更是实现了校园卡、公交IC卡、银行卡功能三合一。一卡在手便可完成校园内刷卡用餐、图书借阅、身份验证、门禁识别等，校园外刷卡乘坐市内公交、地铁、轮渡等，极大方便了广大师生的学习与生活。

“校园一卡通”项目已先后与哈尔滨工业大学、哈尔滨工程大学、东北林业大学、哈尔滨师范大学、哈尔滨学院、哈尔滨金融学院达成合作，得到合作院校及广大师生的好评。“校园一卡通”项目的成功实施，不仅为哈尔滨市部分高校完善了数字化管理模式，也是哈尔滨市高校“校园一卡通”由校区内智能管理向校区外功能服务延伸的体现。

资料来源　刘希阳.大一新生注意啦！你的校园卡“秒变”公交卡［EB/OL］.［2022-09-30］. https://weibo.com/1709951635/M87kvizes.

三、智能卡的类型与应用

1.智能卡的类型

（1）按其嵌入的芯片种类分。

① 存储卡：卡内芯片为电可擦除可编程只读存储器，以及地址译码电路和指令译码电路。为了能把它封装在0.76mm的塑料卡基中，特制成0.3mm的薄型结构。存储卡属于被动型卡，通常采用同步通信方式。这种卡片存储方便、使用简单、价格便宜，在很多场合可以替代磁卡。但该类IC卡不具备保密功能，因而一般用于存放不需要保密的信息。例如医疗上用的急救卡、餐饮业用的客户菜单卡。

② 逻辑加密卡：卡片除了具有存储卡的电可擦除可编程只读存储器外，还带有加密逻辑，每次读/写卡之前要先进行密码验证。如果连续几次密码验证错误，卡片将会自锁，成为死卡。从数据管理、密码校验和识别方面来说，逻辑加密卡也是一种被动型卡，采用同步方式进行通信。该类卡片存储量相对较小，价格相对便宜，适用于有一定保密要求的场合，如食堂就餐卡、电话卡、公共事业收费卡。

③ CPU卡：卡内芯片的内部包含微处理器单元、存储单元和输入/输出接口单元。CPU管理信息的加/解密和传输，严格防范非法访问卡内信息，发现数次非法访问，将锁死相应的信息区。CPU卡的容量有大有小，价格比逻辑加密卡要高。CPU卡良好的处理能力和上佳的保密性能，使其成为IC卡发展的主要方向。CPU卡适用于保密性要求特别高的场合，如金融卡、军事密令传递卡等。

④ 超级智能卡：在CPU卡的基础上增加键盘、液晶显示器、电源，即成为超级智能卡，有的卡上还具有指纹识别装置。VISA国际信用卡组织试验的一种超级卡即带有20个键，可显示16个字符，除有计时、汇率换算功能外，还存储有个人信息、医疗、旅行用数据和电话号码等。

⑤ 光卡：在1981年由美国一家公司提出光卡概念，从而丰富了卡片式数据存储方式。光卡由半导体激光材料组成，能够储存记录并再生大量信息。光卡具有体积小便于随身携带，数据安全可靠，容量大，抗干扰性强，不易更改，保密性好和相对价格便宜等长处。

（2）按交换界面分。

① 接触式IC卡：该类卡是通过IC卡读写设备的触点与IC卡的触点接触后进行数据的读写。

② 非接触式IC卡：该类卡与IC卡读写设备无直接接触，而是通过非接触式的读写技术（如光或无线技术）进行读写。该类卡一般用在使用频繁、信息量相对较少、可靠性要求较高的场合。

③ 双界面卡：将接触式IC卡与非接触式IC卡组合到一张卡片中，操作独立，但可以共用CPU和存储空间。

④ 混合卡：混合卡也存在多种形式，将IC芯片和磁卡同做在一张卡片上，将接触式卡和非接触式卡融为一体，一般都称为混合卡。

（3）按数据传输方式分。

① 串行IC卡：IC卡与外界进行数据交换时，数据流按照串行方式输入输出，电极触点较少，一般为6个或者8个。串行IC卡接口简单、使用方便。

② 并行IC卡：IC卡与外界进行数据交换时以并行方式进行，有较多的电极触点，一般在28到68个之间。这种卡主要具有两方面的好处：一是数据交换速度提高；二是现有条件下存储容量可以显著增加。

2.智能卡的主要应用

（1）物联网。

通过智能卡，可以实现设备之间的互联互通，实现智能化的管理和控制。如在工业自动化领域，智能卡可以作为设备的身份标识，实现设备的自动化管理。

（2）身份识别与认证。

如在企业、机关单位等场所，员工可以通过刷身份证或工作证的方式实现门禁、考勤等功能应用；通过存储个人信息和加密技术，智能卡可以确保用户的身份安全，防止未经授权的访问；智能卡还可以应用于社会保障、医疗保险等领域，实现身份信息的快速查询和验证。

（3）智能家居。

智能卡可以应用在智能家居领域，如家庭安防、远程控制等。通过智能卡，用户可以实现对家居设备的远程控制或监控等，提高生活的便利性。

（4）电子支付。

智能卡如手机支付、电子钱包等，用户可以方便地进行各种消费支付，无须携带现金。

（5）交通出行。

智能卡在交通出行领域的应用已经非常成熟。比如，在公共交通领域，如地铁、公交等，乘客可以通过刷卡支付车费，方便快捷；智能卡还可以应用于停车场管理、高速公路收费等场景，实现无人值守、自动化管理，提高通行效率。

（6）通信与数据传输。

智能卡可以用于无线通信和数据传输领域，如移动通信、物联网等，可以实现信息的存储、加密和传输功能，提高通信效率和安全性。

（7）娱乐与游戏。

智能卡应用于娱乐和游戏领域，如电子游戏、虚拟现实等，可以使用户享受更加便捷和安全的娱乐体验。

（8）教育科研。

智能卡在学校、企事业单位等教育管理领域也有应用。比如，通过刷校园卡可以实现对学生和员工的考勤管理、消费支付、图书借阅、门禁验证等；通过刷工作证可以实现对教学资源的管理等；智能卡还可以应用于科研项目管理、实验室设备管理等方面，提高科研工作的效率。

（9）防伪与溯源。

可以将防伪和溯源技术应用在智能卡中，确保产品的真伪和质量安全，通过智能卡存储的信息，实现对产品的追踪和管理。

四、银行卡

银行卡是指经批准由商业银行（含邮政金融机构）向社会发行的具有消费信用、转账结算、存取现金等全部或部分功能的信用支付工具。

1.银行卡的分类

（1）根据是否给予持卡人授信额度，银行卡分为信用卡和借记卡。

信用卡又分为贷记卡和准贷记卡。贷记卡是指发卡银行给予持卡人一定的信用额度，持卡人可在信用额度内先消费、后还款的信用卡。它具有的特点是：先消费后还款；享有免息缴款期；设有最低还款额，客户出现透支可自主分期还款。客户需要向申请的银行交付一定数量的年费，各银行不相同。准贷记卡是指持卡人先按银行要求交存一定金额的备用金，当备用金不足支付时，可在发卡银行规定的信用额度内透支的信用卡。准贷记卡兼具贷记卡和借记卡的部分功能，一般需要缴纳保证金或提供担保人，使用时先存款后消费，存款计付利息。

借记卡按功能不同分为转账卡、专用卡、储值卡。借记卡可以在网络或POS机消费或者通过ATM转账和提款等，不能透支，卡内的金额按活期存款计付利息。转账卡具有转账、存取现金和消费功能。专用卡是在特定区域、专用用途（是指百货、餐饮、娱乐行业以外的用途）使用的借记卡，具有转账、存取现金的功能。储值卡是银行根据持卡人要求将资金转至卡内储存，交易时直接从卡内扣款的预付钱包式借记卡。

（2）按等级的不同，银行卡可以分为普通卡、金卡和白金卡。

普通卡是对经济实力、信誉和地位一般的持卡人发行的，对其各种要求并不高。金卡是一种缴纳高额会费、享受特别待遇的高级银行卡。发卡对象为信用度较高、偿还能力较强或有一定社会地位者。金卡的授权限额起点较高，附加服务项目及范围也宽得多，因而对有关服务费用和担保金的要求也比较高。白金卡是银行卡组织与商业银行等机构共同推出的高端银行卡。

（3）根据流通范围的不同，银行卡可分为国际卡和地区卡。

国际卡是一种可以在发行国之外使用的银行卡，全球通用。万事达卡（Master card）、维萨卡（VISA card）、运通卡（American Express card）、JCB 卡（JCB card）和大莱卡（Diners Club card）多数属于国际卡。

地区卡是一种只能在发行国国内或一定区域内使用的银行卡。我国商业银行所发行的各类银行卡大多数属于地区卡。

（4）按发行对象的不同，银行卡可分为公司卡和个人卡。

公司卡的发行对象为各类工商企业、科研教育等事业单位、国家党政机关、部队、团体等法人组织。

个人卡的发行对象主要为城乡居民个人，包括工人、干部、教师、科技工作者、个体经营户以及其他成年的、有稳定收入来源的城乡居民。个人卡是以个人的名义申领并由其承担用卡的一切责任。

2.银行卡的三类账户

（1）银行卡账户分类。

个人银行账户分类管理制度将个人银行结算账户分为Ⅰ、Ⅱ、Ⅲ类银行结算账户（以下简称Ⅰ、Ⅱ、Ⅲ类户），根据实名程度和账户定位，赋予不同类别账户不同功能，个人根据支付需要和资金风险大小使用不同类别账户，从而实现在支付时隔离资金风险、保护账户信息安全的目的。《关于改进个人银行账户分类管理有关事项的通知》（银发〔2018〕16号）主要从便利Ⅱ、Ⅲ类户开立和使用着手，重点推广应用Ⅲ类户，进一步发挥Ⅲ类户在小额支付领域的作用，推动Ⅱ、Ⅲ类户成为个人办理网上支付、移动支付等小额消费缴费业务的主要渠道。

Ⅰ类户：也就是我们常说的普通账户或者主账户，是指可以进行现金存取、转账、消费等所有业务的银行账户。每个人在同一家银行只能开立一个Ⅰ类户。

Ⅱ类户：也就是我们常说的电子账户或者副账户，是指可以进行转账、消费等部分业务，但不能进行现金存取，并且有日累计和年累计限额的银行账户。每个人在同一家银行可以开立多个Ⅱ类户，但总数不能超过5个。

Ⅲ类户：也就是我们常说的小额支付账户或者零钱包，是指只能进行小额转账、消费等业务，并且有单笔、单日、单月和年累计限额的银行账户。每个人在同一家银行可以开立多个Ⅲ类户，但总数不能超过5个。

（2）银行卡三类账户区别。

① 功能方面：Ⅰ类户功能最全面，可以进行所有业务；Ⅱ类户功能较少，不能进行

现金存取；Ⅲ类户功能最少，只能进行小额支付等。

② 限额方面：Ⅰ类户没有限额；Ⅱ类户有日累计1万元和年累计20万元的限额；Ⅲ类户有单日2 000元和年累计5万元的限额等。

③ 开立方式：Ⅰ类户需要通过柜面或者自助设备开立；Ⅱ类户和Ⅲ类户可以通过网上或者手机开立。

拓展阅读

信用卡行业迈入存量竞争阶段

④ 绑定关系：Ⅰ类户不需要绑定其他账户；Ⅱ类和Ⅲ类户需要绑定一个Ⅰ类户或者Ⅱ类户作为主账户或者副账户。

任务实施

步骤1 对校园智能卡进行充值。

当校园智能卡卡内余额不足，不能满足消费需要时，可以采取以下任意一种方式进行充值（如图5-8所示）：

（1）通过手机充值。“海大e卡通”App、“i中国海大”App、微信企业号“中国海大”、中国银行App、支付宝App、银联云闪付App等均已开通校园智能卡线上充值服务。

（2）通过校园卡服务平台充值。通过校园卡服务平台，持卡人可将学校统一发放的中国银行等借记卡上的资金自助转账到校园卡中，转账操作可在2：00-22：00进行。

（3）通过自助圈存机充值。校园智能卡系统中国银行等转账子系统可以实现持卡人通过校园智能卡设备自助圈存机充值。持卡人将银行借记卡上的资金自助转账到校园智能卡中，转账资金范围在1~500元，转账操作可以在每天的任何时间执行，特别适合在寒暑假、国家法定节假日等现金充值点不提供服务的时段进行校园智能卡充值。自助圈存机为银行转账子系统的自助转账终端，可实现的功能包括圈存（即由银行卡向校园智能卡转账）、查询余额、挂失、解挂、修改密码等。

（4）通过现金充值。各校区食堂的现金充值点提供校园智能卡的现金充值服务。

步骤2 使用校园智能卡进行消费。

（1）持卡人持校园智能卡可实现校内食堂就餐、签约商户购物等小额消费。校内消费时，需将校园智能卡平行贴近读卡器（又叫POS机），大约0.5秒，听到一声“嘀”后将卡取回（速度不宜过快）。注意：消费时请务必先看清楚POS机上显示的应付金额，确认无误后，再刷卡消费。

（2）持卡人在校内刷卡消费时，如果读卡器出现连续的“嘀”“嘀”报警声，则说明其校园智能卡出现了卡内余额不足、卡片已损坏、卡片已挂失、卡片已冻结等情况，请到各校区的网络与信息中心用户接待大厅咨询、解决。如果读卡器屏幕出现“------”提示，则说明持卡人的累计消费金额超过了规定的额度，按规定需要输入消费密码。

步骤3 查询校园智能卡的消费明细。

需要查询消费流水时，可凭学工号或账号以及查询密码登录中国海洋大学信息门户（http：//my.ouc.edu.cn）或者在自助查询机（又叫触摸屏查询机）上查询；或携带校园智能卡到各校区的网络与信息中心用户接待大厅办理查询业务等。

步骤4 校园卡挂失与解挂（如图5-9所示）。

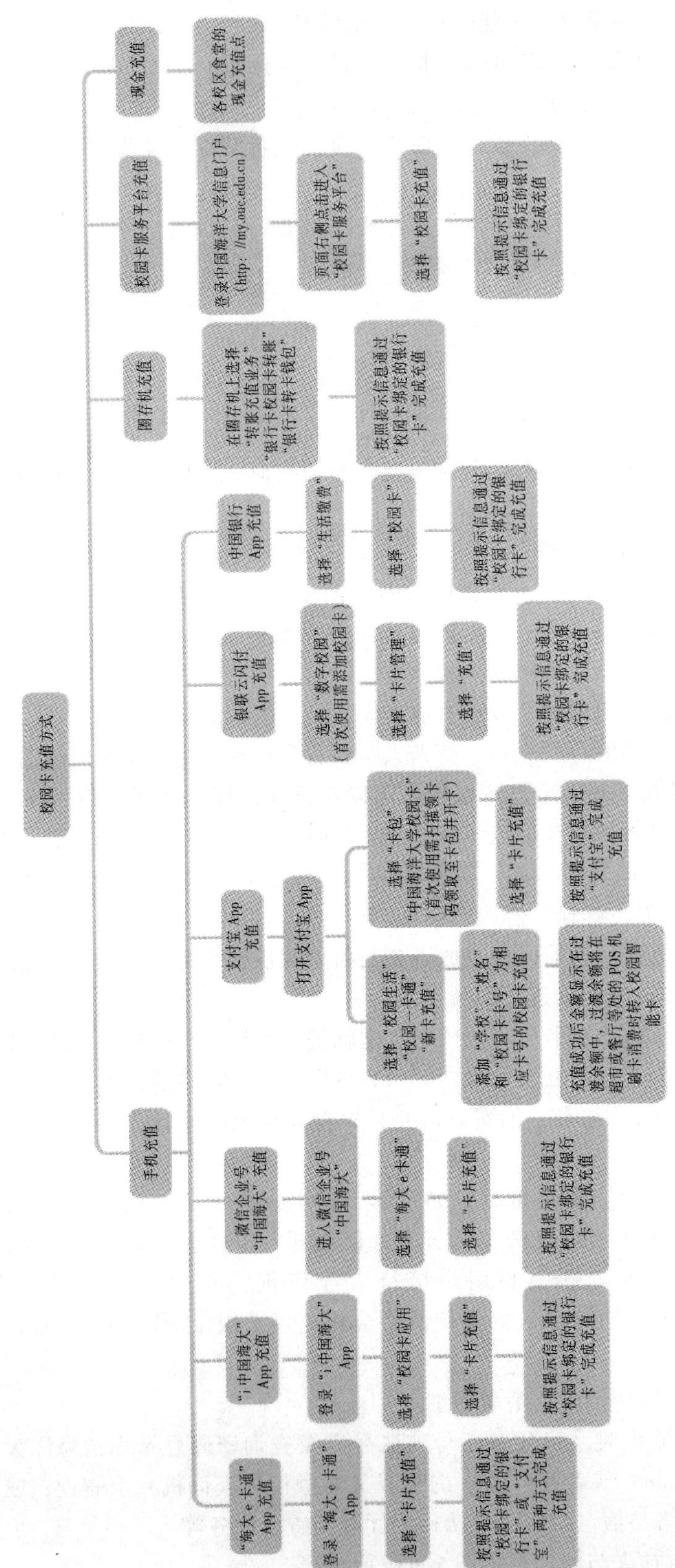

图5-8 中国海洋大学校园卡充值流程

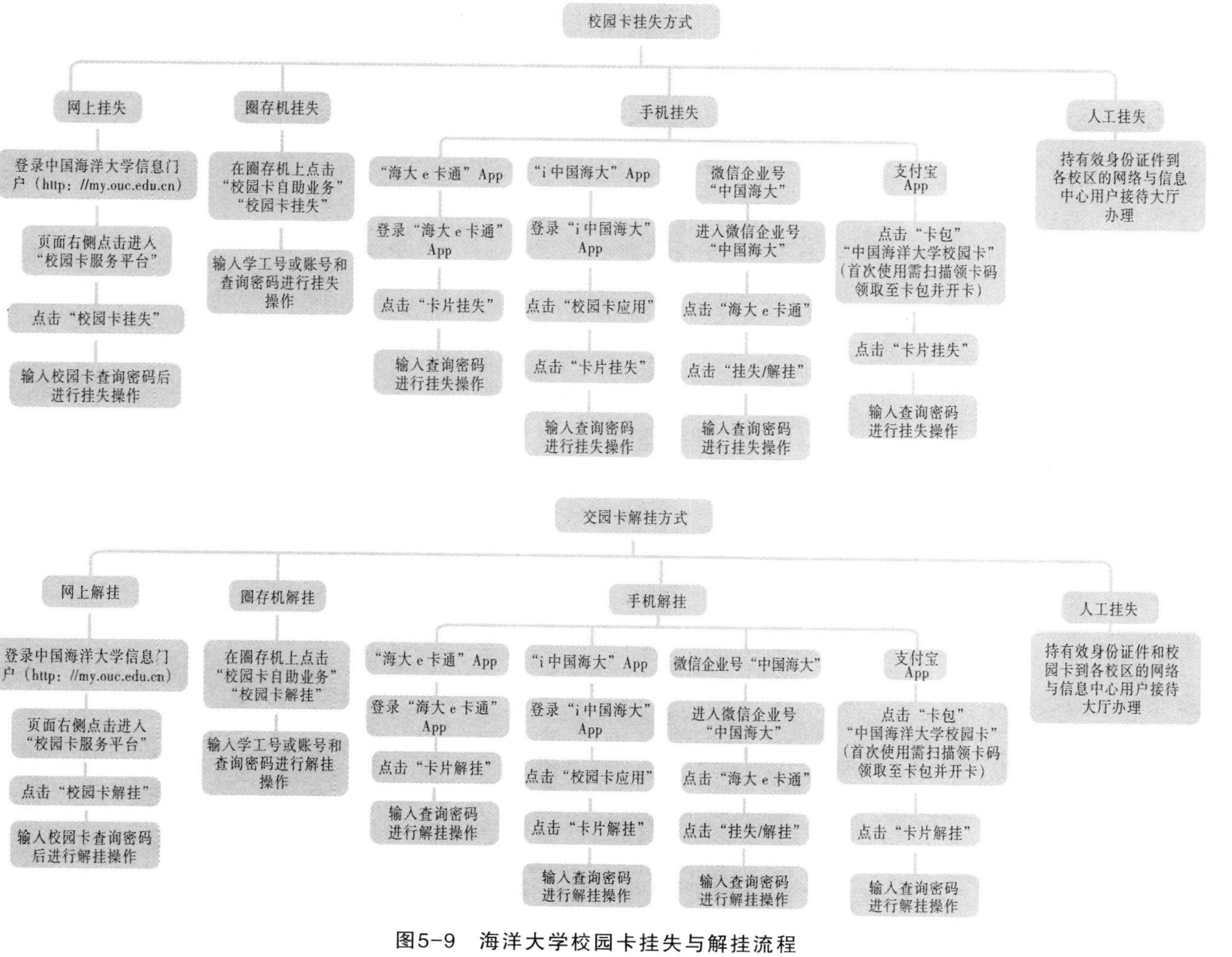

图5-9 海洋大学校园卡挂失与解挂流程

1. 校园卡挂失。

（1）通过手机挂失。通过“海大e卡通”App、“i中国海大”App、微信企业号“中国海大”、支付宝App等进行挂失操作。

（2）通过网上挂失。通过中国海洋大学信息门户（http：//my.ouc.edu.cn）上“校园卡服务平台”进行挂失操作。

（3）通过圈存机挂失。在圈存机上，使用学工号或账号以及查询密码登录到系统中进行挂失操作。

（4）通过人工挂失。持有效身份证件到各校区的网络与信息中心用户接待大厅办理挂失业务。

2. 校园卡解除挂失。

（1）通过手机解挂。通过“海大e卡通”App、“i中国海大”App、微信企业号“中国海大”、支付宝App等进行解挂操作。

（2）通过人工解挂。持有效身份证件和校园卡到各校区的网络与信息中心用户接待大厅办理解挂业务。

（3）通过圈存机解挂。持卡人可在圈存机上自助办理解挂业务。

（4）通过网上解挂。通过中国海洋大学信息门户（http：//my.ouc.edu.cn）上“校园卡服务平台”进行挂失操作。

任务三　了解电子支票

任务描述

近日，在哈尔滨读书的小张收到了来自美国一所大学的研究生录取通知书，不久后他就可以前往美国圆上其梦寐以求的留学梦，可是该学校要求带一张信用卡支付在校期间的各种费用。小张向几家银行咨询了信用卡的申请手续，根据他的家庭情况，无法提供满足银行要求的相关证明材料，他十分着急。在中国银行出国金融服务中心，出国留学专家了解情况后，向他介绍了中国银行的一款产品——万事达电子旅行支票。目前在中国银行、工商银行、建设银行、光大银行等多家银行都可以办理电子旅行支票。你知道在中国银行购买电子旅行支票的流程以及电子旅行支票的支付流程吗？

知识准备

欧盟于2001年开始制定法规，承认电子发票的效力。2004年1月1日，欧盟出台的《电子发票指导纲要》正式实施，规定开具电子发票要参考纸质发票的要求，在双方当事人协商的基础上实施。自2013年1月1日起正式实施的新的欧盟增值税法规定，纸质发票和电子发票拥有相同的法律地位。这一规定给企业的生产经营活动带来了更多的便利，进一步推动了B2B和B2C等业务的发展，而这些业务的发展进一步推广了电子发票的使用。

顾名思义，电子支票是普通纸质支票的电子版。这种支付方式必须由第三方来证明这个支付是有效和经过授权的。支票一直是银行大量采用的支付工具之一。将支票改变为带有数字签名的电子报文或者利用其他数字电文代替纸质支票的全部信息，这种支票就是电子支票。也就是说，电子支票是一种借鉴纸质支票转移支付的优点，利用数字传递将资金从一个账户转移到另一个账户的电子付款形式。用电子支票支付，事务处理费用较低，而且银行能为参与电子商务的商户提供标准化的资金信息，因而电子支票成为很有效率的支付手段。那么，电子支票是如何实现支付的呢？

一、支票概述

1.支票的概念

支票是出票人签发的，委托办理支票存款业务的银行或者其他金融机构在见票时无条件支付确定的金额给收款人或者持票人的票据。

2.支票必备的项目

支票必备的项目有：①写明其为“支票”字样；②无条件支付命令；③付款银行名称；④出票人签字；⑤出票日期和地点（未载明出票地点者，出票人名字旁的地点视为出票地）；⑥付款地点（未载明付款地点者，付款银行所在地视为付款地点）；⑦写明“即期”字样，如未写明即期者，仍视为见票即付；⑧一定金额；⑨收款人或其指定人。

3.支票支付的优缺点

（1）支票支付的优点：交易双方无须出现在同一时间和地点，避免了交易者携带大宗现金的不便和风险；节省清点现钞的时间，避免清点现钞时出现的差错。

（2）支票支付的缺点：支票由买方签名生效，影响交易的私密性；通过银行来处理支票，需要支付费用；支票的真伪不如现金容易识别。

二、电子支票的产生与定义

以信用卡网络支付方式为代表的小额支付与结算方式已经基本上满足了电子商务中B2C型网络支付的发展要求，而传统纸质支票，作为企业间主要的商务支付与结算手段是否能很好地满足B2B电子商务加速发展的需要呢？

首先看看传统纸质支票的支付流程，如图5-10所示。客户在自己的开户银行申请一个支票账户，通过这个账户借助支票支付各种商务支出。整个过程是这样的：客户先从其开户银行申领授权支票本。当从商家购物时，客户在支票上严格填好有关的信息，如金额、用途等，签上名字，需要盖章的还要盖章；然后客户把填写好支付金额的支票交给商家。商家拿到支票并初步检查通过后，先背书，然后把支票交给自己的开户银行，要求入账。商家开户银行在确认支票真实性后，如果商家和客户都在一个银行开户，那么银行操作起来非常简单，直接把有关的金额从客户账户上转移到商家账户上就行了；如果商家和客户不在一个银行开户，那么商家开户银行根据支票信息借助资金（票据）清算系统与客户开户银行在银行后台进行资金清算，然后客户开户银行从客户账户中拨出相应资金，拨付给商家开户银行的商家资金账户。商家开户银行通知商家相应资金到账，这次商务的支票支付与结算过程结束。

上述纸质支票支付过程中，银行间的清算是很关键的环节。传统的清算是通过手工进行的，耗费大量的人力、物力。出现自动清算系统以后，通过专业电子设备进行清分、结算，大大节省了费用，提高了效率。一般来讲，一个国家的中央银行提供一个全国的清算系统，先将纸质的支票进行清分和结算，再通过银行间的金融专用网络系统在各个银行之间划拨资金余额，使不同层次、不同地区的票据结算和资金划拨有效进行。因此，发展到

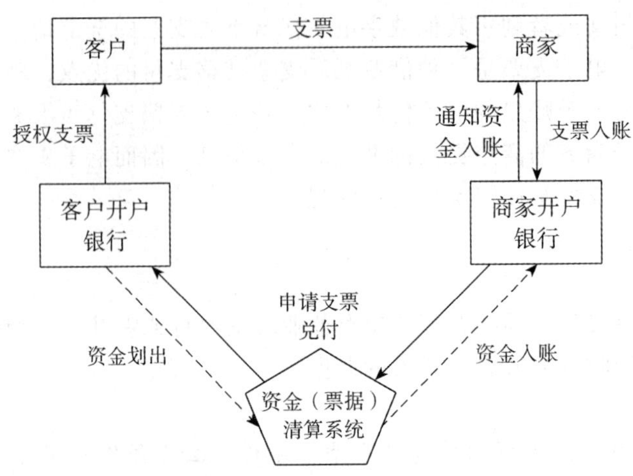

图5-10　传统纸质支票的支付流程示意图

现在，传统的支票实际上已经是纸票和电子化相结合的产物了。

电子支票是一种借鉴纸质支票转移支付的优点，利用数字传递将资金从一个账户转移到另一个账户的电子付款形式。电子支票是纸质支票的电子替代物，将纸质支票改变为带有数字签名的电子报文，或利用其他数字电文代替纸质支票的全部信息。电子支票与纸质支票一样是用于支付的一种合法方式，使用数字签名和自动验证技术来确定其合法性。电子支票上除了必需的收款人姓名、账号、金额和日期外，还隐含了加密信息。

电子支票是客户向收款人签发的、无条件的数字化支付指令，可以通过互联网或无线接入设备来完成传统支票的所有功能。电子支票的支付流程如图5-11所示。由于电子支票是数字化信息，因此处理极为方便，成本也比较低。电子支票通过网络传输，速度极其迅速，大大缩短了支票的在途时间，使客户的在途资金损失减为零。电子支票采用公开密钥体系结构，可以实现支付的保密性、真实性、完整性和不可否认性，从而在很大程度上解决了传统支票中大量存在的伪造问题。

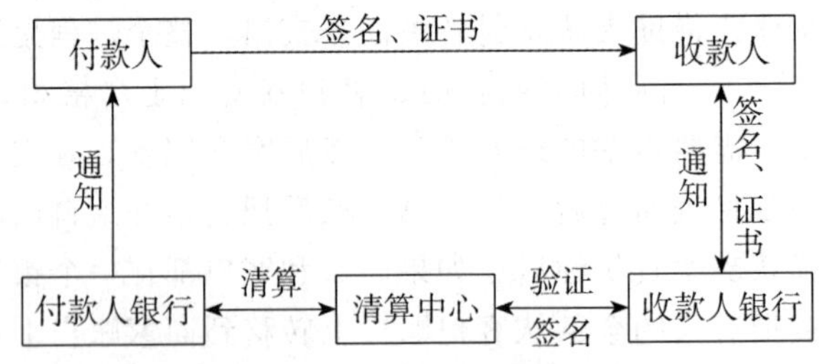

图5-11　电子支票的支付流程图

信息网络技术与安全技术的进步和普及为纸质支票转化为电子支票创造了良好条件。早在1995年，美国一些大银行和计算机公司组成的金融服务技术联合会就公开演示了使用互联网进行电子支票交易，并且预言“这个系统可能引起银行交易发生革命”。电子支票的出现实际上使支票的概念发生了彻底的变革，完全脱离了纸质媒介，真正实现了资金转移的无纸化和电子化。

【小资料5-3】

近年来，深圳税务部门积极探索多元化税费缴纳渠道，多维度拓展跨境缴税业务场景，推出了跨境电子支票缴税、数字人民币跨境缴税、海外版电子税务局的创新举措，取得了良好成效。深圳毗邻港澳、与东南亚隔海相望，是我国对外开放的前沿阵地。随着深圳前海蛇口自贸片区发展走实向深，以深圳为支点的跨境合作日益增加，通过跨境渠道缴纳境内税款的需求与日俱增。早在2017年，依托于深圳原有地方横向联网系统，深圳税务部门便联合相关部门共同推出“跨境电子支票缴税”业务。自2021年数字人民币在深圳开展试点工作以来，深圳在全国率先推出数字人民币缴税业务，并在前海完成全国首笔港人数字人民币缴税业务。

资料来源　作者根据国家税务总局深圳市税务局官网资料整理。

三、电子支票的属性

电子支票从产生到投入应用，一般具备下列属性：

（1）货币价值。电子支票与电子现金一样，必须有银行的认证、信用与资金支持，才有公信的价值。

（2）价值可控性。电子支票可用若干种货币单位，如美元电子支票、人民币电子支票，并且可像普通的纸质支票一样，用户可以灵活填写支票代表的资金数额。

（3）可交换性。电子支票可以与纸币、电子现金、商品与服务、银行账户存储金额、纸质支票等进行互换。

（4）不可重复性。同一个客户在已用某张票号的电子支票后，就不能再用第二次，也不能随意复制使用。发行银行有巨大的数据库记录存储电子支票序列号，并应用相应的技术与管理机制防止复制或伪造等。

（5）可存储性。电子支票能够在许可期限内存储在客户的计算机硬盘、智能卡或电子钱包等特殊用途的设备（最好是不可修改的专用设备）中，也可直接在线传递给银行要求兑付。

（6）应用安全与方便。电子支票在整个应用过程中应当保证其安全、可靠、方便，不可随意被否认、更改与伪造，易于使用。

四、电子支票的优缺点

1.电子支票的优点

（1）电子支票可为新型的在线服务提供便利。它支持新的结算流；可以自动证实交易各方的数字签名；增强每个交易环节上的安全性；与基于EDI的电子订货集成来实现结算业务的自动化。

（2）电子支票的运作方式与传统支票相同，简化了客户的学习过程。电子支票保留了纸制支票的基本特征和灵活性，又加强了纸制支票的功能，因而易于理解，能得到迅速采用。

（3）电子支票非常适合大额结算；电子支票的加密技术使其比基于非对称的系统更容

易处理。收款人和收款人银行、付款人银行能够用公钥证书证明支票的真实性。

（4）电子支票可为企业市场提供服务。企业运用电子支票在网上进行结算，可比其他方法降低成本；由于支票内容可附在贸易伙伴的汇款信息上，电子支票还可以方便地与EDI应用集成起来。

（5）电子支票要求建立准备金，而准备金是商务活动的一项重要要求。第三方账户服务器可以向买方或卖方收取交易费来赚钱，它也能够起到银行作用，提供存款账户并从中赚钱。

（6）电子支票要求把公共网络同金融结算网络连接起来，这就充分发挥了现有的金融结算基础设施和公共网络作用。

2.电子支票支付缺点

（1）需要申请认证，安装证书和专用软件，使用较为复杂。

（2）不适合小额支付及微支付。

（3）电子支票通常需要使用专用网络进行传输。

五、电子支票支付的安全性要求

1.身份验证

电子支票交易需要确保交易双方的身份合法、真实。一种常见的身份验证方式是证书认证。通过证书颁发机构授权，发放数字证书，证明证书持有人是真实身份。另一种则是通过使用双因素认证来确保用户身份。例如信用卡账号加上验证码等。无论采取哪种方式，身份验证都是电子支票安全的重要组成部分。

2.数据加密

数据加密是指在网络传输和存储过程中经过扰乱处理，使黑客无法识别数据信息。在电子支票系统中，一般采用RSA公钥加密技术、AES/AEAD对称加密技术等来进行数据加密。这些加密方式被广泛用于金融交易中。

3.可追溯性

可追溯性是指电子支票系统能在需要时追踪特定交易的来源和去向。这样做可以帮助金融机构和执法机构利用网络日志与监控基础设施来确定任何恶意行为的来源。

4.反欺诈措施

电子支票系统同样需要考虑欺诈行为。一些反欺诈措施可以采用的方法包括账户的限制或锁定、保险审核、历史记录审核等。这样，不法分子就无法通过电子支票系统进行欺诈交易。

任务实施

步骤1　购买中国银行电子旅行支票的流程。

客户需持有效身份证明、护照、有效签证等相关材料到中国银行办理该项业务。购买电子旅行支票后，客户应立即在每张电子旅行支票的初签栏内用习惯签法签名（注意：在用电子旅行支票兑换或消费时才可复签，提前复签无效）。未初签的电子旅行支票遗失或被窃，电子旅行支票发行机构和代售行将不负任何赔偿责任。

步骤2 电子旅行支票支付流程：

（1）消费者和商家达成购销协议并选择用电子旅行支票支付。

（2）消费者通过网络向商家发出电子旅行支票，同时向银行发出付款通知单。

（3）商家通过验证中心对消费者提供的电子旅行支票进行验证，验证无误后将电子旅行支票送交银行索付。

（4）银行在商家索付时通过验证中心对消费者提供的电子旅行支票进行验证，验证无误后即向商家兑付或转账。

电子旅行支票的支付流程不是单一的，它和所要应用的电子旅行支票系统密切相关。

任务四 熟悉第三方支付

任务描述

近年来，第三方支付行业发展非常迅速，这既是由于市场规则不断完善，也是基于互联网与电子商务的快速发展。第三方支付不仅正深刻改变着每个人的生活，也在撼动着传统银行业的“自大”地位与心理。随着整个支付市场的快速发展，第三方支付平台与商业银行的关系也在不断变化，由最初的完全合作逐步转向了竞争与合作并存。请以银联商务、易付宝和财付通为例，说明第三方支付平台及其应用情况。

知识准备

互联网的普及，网络购物的盛行，产生了网上支付的大量需求。基于这些支付的小额、高频、分散、实时等特征，传统的银行因聚焦于大额、低频的以满足企业间支付为主的设施而无法满足大规模的消费市场支付需求，由此市场上孕育诞生了由许多非金融机构主导推出的各自支付平台来满足市场上多样化的支付需求，这一类企业从事的支付业务被称为“第三方支付”，这些企业也被称为“第三方支付机构”。第三方支付经过快速发展已成为中国支付基础设施领域的重要力量。第三方支付凭借其方便快捷、适用于小额高频交易等优势，已逐渐成为人们日常生活中必不可少的支付方式。中国市场已发展成为国际最大、最领先的支付市场。第三方支付工具现有的影响力已超越电子商务的界限，开始渗透到普通用户更细微的日常生活中。作为第三方支付的纽带——银行，也凸显了对第三方支付平台的依赖。这主要体现在对客户备付金的需求。大型的第三方支付平台凭借手里几百亿元的支付沉淀资金，大大加深了与银行间的紧密联系。

第三方支付又称非金融机构支付、非银行支付服务，是指具备一定实力和信誉保障的企业，采用与各大商业银行签约的方式，通过网联支付清算平台促成交易双方进行交易的支付模式。通俗地说，第三方支付平台就是买家和卖家在交易过程中的资金“中间平台”，并不涉及资金所有权，只起中转作用，为买卖双方提供资金代收代付，促进交易的完成。第三方支付以其简化的交易操作流程、较低的商家和银行的资金使用成本以及详尽的交易记录体系被用户所青睐。按照第三方支付机构的服务对象，可以将第三方支付机构分为面向企业用户提供服务（B端商户收单业务）及面向个人用户提供服务（C端支付钱包业务）两类；前者通常指收单侧支付机构和收单外包机构，后者也称账户侧支付机构，部分情况下同一支付机构可以同时承担账户侧支付机构与收单侧支付机构的角色。中国第三方支付产业图谱如图5-12所示。

图5-12 第三方支付产业图谱

资料来源 艾瑞咨询.2022年中国第三方支付行业研究报告［R/OL］.［2023-02-16］. https：//www.jiemian.com/article/8916777.html.

微课

第三方支付

在我国，根据中国人民银行2010年制定的《非金融机构支付服务管理办法》中给出的非金融机构支付服务的定义，非金融机构支付服务是指非金融机构在收付款人之间作为中介机构提供下列部分或全部货币资金转移服务，包括网络支付、预付卡发行与受理、银行卡收单以及中国人民银行确定的其他支付服务。

一、第三方支付企业类型

1.按照企业类型分为互联网型、金融型。

（1）互联网型第三方支付企业。以支付宝、财付通为首的互联网型第三方支付企业，以在线支付为主，捆绑大型电子商务网站，迅速做大做强。

（2）金融型第三方支付企业。以银联商务、快钱、汇付天下、易宝支付、拉卡拉等为首的金融型第三方支付企业，侧重行业需求和开拓行业应用。

第三方支付公司为信用中介，通过和国内外各大银行签约，具备很好的实力和信用保障，是在银行的监管下保证交易双方利益的独立机构，在消费者与银行之间建立一个某种形式的数据交换和信息确认的支付流程。

2.按照业务类型可以分为网络支付、预付卡发行与受理、银行卡收单。

（1）网络支付。所谓网络支付，是指支付者和收款者之间依靠公共网络或专用网络进行货币资金转移的行为，包括货币兑换、互联网支付、手机支付、固定电话支付、数字电视支付等。网络支付以第三方支付机构为支付服务提供商，以互联网等开放网络为支付渠道，通过第三方支付机构与各商业银行之间的支付接口，在商家、消费者和银行之间形成一个完整的支付服务流程。

（2）预付卡发行与受理。预付卡是一种预付价值的卡，以先支付后消费的支付方式为盈利而发行。它可以购买商品或服务。预付的卡与卡持有人的银行账户没有直接关系。

目前市场上流通的预付卡主要可分为两类：一类是单用途预付卡。企业通过购买和委托等方式获得制卡技术并出售预付卡，卡只能在发卡的机构消费和使用，主要由电信、商场、餐饮、健身、美容美发等领域的企业发行和受理。另一类是多用途预付卡，主要由第三方支付机构发行。该机构已与许多商家签署协议，消费者可以利用卡刷卡进行跨行业消费。

（3）银行卡收单。银行卡收单业务是指收单机构通过受理终端为特约商户提供的受理银行卡并完成相关资金结算的服务。受理终端包括销售点终端、转账终端、电话终端、多功能金融IC卡支付终端、非接触式接收银行卡信息终端、有线电视刷卡终端、自助终端等。

二、中国银联

1.银联在线支付

中国银联是经国务院同意、中国人民银行批准设立的中国银行卡联合组织，成立于2002年3月，总部设在上海。银联在线支付是由中国银联联合各商业银行共同打造的银行卡网上交易转接清算平台。银联在线支付作为银联互联网支付的集成化、综合性工具，涵盖认证支付、快捷支付、储值卡支付、网银支付等多种支付方式，被广泛应用于购物缴费、还款转账、商旅服务、基金申购、企业代收付等诸多领域，具有方便快捷、安全可靠、全球通用、金融级担保交易、综合性商户服务、无门槛网上支付等六大特点。

2.银联手机支付

银联手机支付是以手机中的金融智能卡为支付账户载体，以手机为支付信息处理终端的创新支付方式。银联手机支付通过智能安全专利技术和硬件级加密体系，保障信息存储及交易安全，并采用客户端的方式，让用户轻松体验金融服务、商品购买、账单支付等功能。银联手机支付是基于互联网数据信道和电话网语音信道的双信道非同步传输交易信息与确认信息的无磁有密的新型支付模式，其支付原理是通过商户系统获取用户的银行卡卡号、身份证号及手机号，通过银联IVR系统回拨用户手机，采集用户银行卡密码，由以上两条不同信道非同步采集银行卡卡号、身份证号及密码后，匹配成无磁有密的交易支付请求，送银联公共支付平台完成支付交易，即上送给银行的扣费报文中包括银行卡卡号和密码，但不包括磁条信息，银行对这两项匹配关系进行验证后进行扣费。

3.银联迷你付（Minipay）

银联迷你付是为金融IC卡持卡人进行互联网支付而推出的一款创新支付产品，相对于其他互联网支付方式具有安全、便捷、多应用等特点。银联迷你付产品可受理境内外商业银行发行的符合PBOC2.0标准的金融IC卡，支持借/贷记主账户余额查询、消费，指定账户充值，电子现金余额查询、交易等功能。同时，随着产品的不断完善，未来还将实现互联网身份认证、电子票券下载、行业卡充值等功能。

银联迷你付的特点：

（1）多重保护，保障安全。交易时需输入密码并读取金融IC卡相关信息，更加安全可靠；迷你付终端内置唯一的终端证书，无法仿冒；所有交易信息均在终端及后台服务器之间进行处理，交易不在PC上落地，无须担心PC上的木马、钓鱼软件、键盘测录等非法程序；个人密码仅在终端输入，通过双重加密方式，保证私密信息安全。

（2）管理灵活、便捷。终端可自动检测并安装驱动等程序，可实现自动弹出登录、管理页面等功能；持卡人在商业银行等渠道获取迷你付产品后，在任意可上网的环境，注册并登录迷你付账户，即可自助开通相关业务，开通流程简单、便捷。

（3）功能强大，支持多种交易及应用。通过银联迷你付产品，持卡人无须在网页上输入卡号，仅需在终端上输入密码，即可安全完成交易，同时交易无限额（信用卡以商业银行授信额度为最高限额，借记卡以实际存款金额为最高限额）；持卡人足不出户即可通过迷你付门户页面，进行金融IC卡电子现金账户的充值；持卡人可通过迷你付产品将电子优惠券、电子票及会员卡信息下载至金融IC卡中，真正实现“多卡合一、一卡多用”。

4.银联卡闪付

银联卡闪付，即“银联卡小额免密免签服务”，是中国银联正式推出银联卡小额免密免签支付的一种形式。当持卡人使用带有闪付（quick pass）标志的银联芯片卡或移动支付设备，在指定商户进行一定金额的交易时，只需将银联芯片卡或移动支付设备靠近终端闪付感应区，无须输入密码、无须签名，就可以享受一挥即付，付过即走的体验。

一般情况下，单笔金额不超过1 000元，无须输入密码及签名。该终端主要覆盖超市、便利店、百货、药房、快餐连锁等零售场所，以及停车场、加油站、旅游景点等公共服务领域，为非接触式“闪付”终端。

现在银行系统默认开通了小额免密功能，如持卡人实在不放心，可向发卡机构申请关闭“闪付”功能。如果想关掉银联卡的闪付功能，需要本人联系发卡银行，然后通过客户服务电话或银行离线柜面，向官方申请关闭默认开通的“小额免密支付”业务。除此以外，一些银行现在也支持使用手机App关闭“小额免密”支付业务。

5.银联云闪付

（1）云闪付。云闪付是一个App，是一种非现金收付款移动交易结算工具，是在中国人民银行的指导下，由中国银联携手各商业银行、支付机构等产业各方共同开发建设、共同维护运营的移动支付App，于2017年12月11日正式发布。云闪付App具有收付款、享优惠、卡管理三大核心功能，云闪付App与银联手机闪付、银联云闪付二维码支付同为银联三大移动支付产品。

（2）银联手机闪付。银联手机闪付是中国银联联合华为、小米、vivo、OPPO、三星、等手机品牌推出的移动支付产品，包括多品牌手机Pay、HCE及可穿戴支付等。银联手机闪付依托近场通信、支付标记化等技术，让支付极致便捷的同时，确保支付安全。银联手机闪付现已支持线下非接触支付、二维码支付、远程在线支付等多种支付方式，让用户不仅能在超市、便利店、停车场、地铁闸机等线下场景一挥（一扫）即付，还可以在线上App内安心结账，满足用户及商户的不同场景的支付需求。

（3）银联云闪付二维码支付。银联云闪付二维码支付是银联联合成员机构推出的移动支付产品。银联云闪付二维码支付可以提供消费、转账及取现等服务。持卡人只需一台普通的智能手机，通过出示二维码或扫描二维码完成支付，无须在受理终端输入密码，免去刷卡消费后的签名流程，操作简便、支付顺畅。

【小知识】

HCE是什么？

HCE是中国银联联合各商业银行推出的HCE云闪付产品，需要使用带有NFC功能的手机下载软件然后绑定银行卡，之后就可以使用手机在有闪付功能的POS机上进行刷卡。

三、支付宝

支付宝是国内领先的独立第三方支付平台。支付宝最初是作为淘宝网为了解决网络交易安全所设的一个功能，该功能为首先使用的“第三方担保交易模式”：由买家将货款打到支付宝账户，由支付宝向卖家通知发货，买家收到商品确认后指令支付宝，支付宝将货款给卖家，至此完成一笔网络交易。支付宝于2004年12月独立为浙江支付宝网络科技有限公司，是阿里巴巴集团的关联公司，2011年5月26日获得央行颁发的国内首批“支付业务许可证”。支付宝现已成长为全球最领先的第三方支付平台之一。支付宝与国内外很多银行以及VISA、MasterCard国际信用卡组织等建立战略合作关系，成为金融机构在电子支付领域最为信任的合作伙伴之一。2023年12月17日，《非银行支付机构监督管理条例》正式公布，支付宝将进一步加强金融消费者权益保护工作，坚持将金融消费者保护纳入公司治理、企业文化和经营战略中统筹谋划，扎实提升金融消费者保护水平，将消费者的知情权、选择权和安全感融入产品设计，同时深耕创新型消费者宣教工作，打造普惠宣教特色品牌。

1.支付宝支付类型

微课

支付宝

（1）快捷支付。快捷支付是支付宝联合各大银行推出的一种全新的支付方式。无须登录网上银行，可直接输入卡面信息及持卡人身份信息，根据安全规则可通过验证银行预留的手机接收的校验码完成签约或支付，是一种便捷、快速、安全的付款方式。

（2）手机支付。2008年支付宝开始介入手机支付业务，2009年推出首个独立移动支付客户端，2013年年初将其更名为支付宝钱包，它于2013年10月成为与支付宝并行的独立品牌。支付宝钱包是此前对于手机版支付宝的称呼，目前已经不使用了，现在通常称为支付宝或手机版支付宝。用户下载安装支付宝，使用支付宝账号登录就能使用。通过加密传输、手机认证等安全保障体系，用户随时随地使用淘宝交易付款、手机充值、转账、信用卡还款、水电煤缴费等功能。

（3）当面付。通过接入支付宝当面付，商家为顾客提供一种新的线下收银方式，快速收银；同时商家免资金找零，规避假残币风险，核对方便，提升资金利用率。当面付产品支持条码支付和扫码支付两种付款方式。

条码支付是指支付宝支持线下传统行业的一种收款方式。商家使用扫码枪等条码识别设备扫描用户支付宝上的条码/二维码，完成收款。用户仅需出示付款码，所有收款操作由商家端完成。

扫码支付是指用户打开支付宝中的“扫一扫”功能，扫描商家展示在某收银场景下的二维码并进行支付的模式。该模式适用于线下实体店支付、面对面支付等场景。

（4）NFC支付。NFC支付是指支付宝提供的一种支付方式，用户可以通过将手机靠近商家的NFC读卡器，实现快速支付。

（5）指纹支付。指纹支付是指用户开通指纹支付功能后，用户通过支付宝付款时，通过存在其手机或其他智能端设备中的指纹验证即可完成支付的服务。

（6）刷脸支付。刷脸支付是基于人工智能、生物识别、3D传感、大数据风控技术等实现的新型支付方式。用户凭借刷脸核验身份后完成支付。

（7）刷掌支付。刷掌支付是一种无须使用实体支付工具（如信用卡、手机等）而直接使用手掌进行支付的技术。它利用生物特征识别技术，通过扫描用户的手掌纹理和血管图像进行身份验证与支付确认。无论是与指纹支付、刷脸支付还是与二维码支付、NFC支付等相比，刷掌支付在安全、精准度和便捷上都更胜一筹。刷掌支付可以做到几乎无感支付，不用手机不用卡，不用输入烦琐的密码，仅需抬手识别即可支付、验证，可以进一步提高支付系统的安全等级并达到更加便捷的支付体验。

2023年6月27日，支付宝（杭州）信息技术有限公司申请的“基于手掌的支付处理方法及装置”专利公布。用户只需将手掌置于设备的掌纹识别区，即可实现手机刷掌支付。想要刷掌支付，需要先获取用户刷掌支付的订单请求，随后，用摄像头采集手掌，对采集的手掌类型和用户的手掌图像进行身份核实，符合即可进行支付。

2.支付宝使用注意事项

（1）安全密码：设置一个强度高、不易被猜测的密码，并定期更换。同时，建议开启指纹或面部识别等生物识别技术，增加账户安全性。

（2）绑定银行卡：绑定自己常用的银行卡，确保银行卡信息正确无误的同时，不要将银行卡密码告诉他人，避免被盗刷。

（3）防范诈骗：不轻信陌生人通过支付宝向自己转账或索要资金。在进行交易时要仔细核对对方身份和商品信息，并选择安全可靠的交易方式。

（4）注意隐私：不要将自己的支付宝账号和密码告诉他人，避免个人信息泄露。同时，在使用公共设备时要注意退出登录和清空缓存等操作，避免个人信息被他人获取。

（5）账单管理：及时查看支付宝账单并核实消费记录，如发现异常情况及时联系客服处理。同时，可以设置提醒功能，及时了解自己的账户变动情况。

微课

微信支付

四、微信支付

微信支付是腾讯旗下的第三方支付平台，致力于为个人用户和企业等提供安全、便捷、专业的在线支付服务，以“微信支付，不止支付”为核心理念，为个人用户创造了多种便民服务和应用场景。微信支付为各类企业以及小微商户提供专业的收款、运营、资金结算解决方案，以及安全保障等。个人用户可以使用微信支付来购物、吃饭、旅游、就医、交水电费等。企业、商品、门店、个人用户等已经通过微信连在了一起，让智慧生活，变成了现实。2023年11月10日，微信支付已经完成与中国移动、中国电信、中国联通等三大通信运营商旗下支付平台条码支付的互联互通。

1.微信支付应用场景

微信支付已实现刷脸支付、扫码支付、公众号支付、App支付等，并提供企业红包、代金券、立减优惠等营销新工具，满足用户及商户的不同支付场景。

（1）公众号支付：公众号支付是指用户在微信中打开商户的H5页面，商户在H5页面通过微信支付提供的JSAPI接口调用微信支付模块来完成支付。公众号支付适用于在公众号、朋友圈、聊天窗口等微信内完成支付的场景。

（2）App支付：App支付是指商户通过在移动端应用App中集成开放SDK（软件开发工具包）调用微信支付模块来完成支付。目前微信支付支持的手机系统有IOS（苹果）、Android（安卓）和WP（Windows Phone）系统。

（3）扫码支付：扫码支付是指商户按微信支付协议生成支付二维码，用户再用微信"扫一扫"来完成支付。扫码支付适用于PC网站支付、实体店单品支付等场景。

（4）条码支付：条码支付是指用户通过展示微信钱包内的"条码/二维码"给商户扫描后直接完成支付。条码支付适用于线下面对面收银的场景，如超市、便利店等。

（5）小程序支付：商户已有微信小程序，用户通过好友分享或扫描二维码在微信内打开小程序时，可以调用微信支付完成下单购买的流程。小程序不能拉起H5页面通过JSAPI接口完成支付，小程序内只能使用小程序支付。

（6）刷脸支付：微信刷脸支付是结合了生物识别、AI人工智能、大数据智能风控、3D摄像头等打造的创新支付方式。用户在集成微信刷脸支付SDK的线下机具上"刷脸"即可完成支付。微信刷脸支付SDK主要应用于带有指定3D摄像头并且通过微信支付认证的硬件设备上，为多种线下消费场景提供高效、安全、便捷的消费支付体验，覆盖包括商超自助大屏、桌面收银机、自贩机等众多应用场景。

（7）H5支付：H5支付是指商户在微信客户端外的移动端网页展示商品或服务，用户在前述页面确认使用微信支付时，商户发起本服务唤起微信客户端进行支付。要求商户已有H5商城网站，并且已经过ICP备案，即可申请接入。H5支付主要用于触屏版的手机浏览器请求微信支付的场景，方便从外部浏览器唤起微信支付。

（8）刷掌支付：刷掌支付功能所使用的"黑科技"是"掌纹+掌静脉"识别技术，能够适应各种复杂的光线环境。使用刷掌支付能够提高支付效率，给用户提供更大的便利；并且无论是安全还是精准度，刷掌支付比起刷脸支付都更有保障。由于掌纹识别可以读取掌心血管纹路，比起指纹识别读取的指腹表皮纹路，能够进一步避免暴露在外以及复制伪造的风险。开通刷掌支付功能需要用户先录入掌纹：首次使用时把手掌放到圆环识别区上方，当识别区开始闪烁红光就是掌纹正在录入，这时需要不断调整手掌的高低。在完成录入后，设备会发出"嘟"的一声提示，圆环变成绿色。随后，屏幕上会出现一个二维码，用户需要扫描二维码并在微信小程序中完成协议授权、实名信息授权等步骤。在完成以上流程后，即可开通刷掌支付功能。开通后当消费时，顾客只需将掌心对准支付设备的扫描区，在屏幕上确认后即可完成支付。目前微信刷掌支付在地铁、大学这两个开放式场景，以及健身房这个相对封闭式场景都进行了布局。同时，微信刷掌支付正在与大型体育馆、演唱会场馆、便利店等多业态场景进行合作讨论。

2.微信支付安全保障

微信支付拥有银行级别的安全技术、支付密码和手机短信双重验证，联合人保提供百万保障保护用户的支付安全，以下是微信支付安全的五道屏障。

拓展阅读

非银行支付新规对市场有何影响?

微课

第三方支付工具对比分析

第一道屏：技术保障。微信支付后台有腾讯的大数据支撑，海量的数据和云计算能够及时判定用户的支付行为是否存在风险，基于大数据和云计算的全方位的身份保护，最大限度保证用户交易的安全性。微信安全支付认证和提醒，从技术上保障交易的每个环节的安全。

第二道屏障：客服保障。微信支付提供7×24小时不间断服务，提供的热线服务、即时在线客服微信服务，已覆盖全国。

第三道屏障：安全机制保障。微信支付从产品体验的各个环节考虑用户心理感受，形成了整套安全机制和手段。这些机制和手段包括硬件锁、支付密码验证、终端异常判断、交易异常实时监控、交易紧急冻结等。这一整套的机制和手段将对用户形成全方位的安全保护。

第四道屏：业态联盟保。基于智能手机的微信支付，将受到多家手机安全应用厂商的保护，如腾讯手机管家等，将与微信支付一道形成安全支付的业态联盟。

第五道屏障：赔付保障。微信支付账户因被他人盗用而导致的资金损失，按损失金额承诺赔付，不限赔付次数，每年累计赔付金额最高达100万元。

任务实施

1.银联商务

步骤1　进入银联商务首页（https：//www.chinaums.com）（如图5-13所示）。

图5-13　银联商务首页

步骤2　了解“全民付”（如图5-14所示）。

“全民付”移动支付是银联商务面向各类移动支付场景提供的综合性移动支付服务，用户使用手机可以在银联商务POS机、自助终端上或者App等内完成支付和优惠核销，方

图5-14 银联商务"全民付"近场支付+远程支付

便用户付款，满足商户收款。"全民付蓝鲸"产品不仅可以聚合受理刷脸支付方式，还能兼容市场主流钱包的扫码支付，是一款实现刷脸及扫码聚合的支付产品。为个人用户优化和提升支付体验的同时，"全民付蓝鲸"产品是商户不可多得的经营利器，不仅能满足商户独立收银、外接收银机收银等多种个性化收银需求，还能通过对接银联商务"全民惠"营销平台、"媒体资源开放平台"，以刷脸终端显示屏为载体，为商户提供包括会员营销、券码核销、广告推送等智能营销服务，全面助力商户提高运营效率、降低运营成本。

步骤3 "全民付"移动支付在线申请开通流程举例（如图5-15所示）。

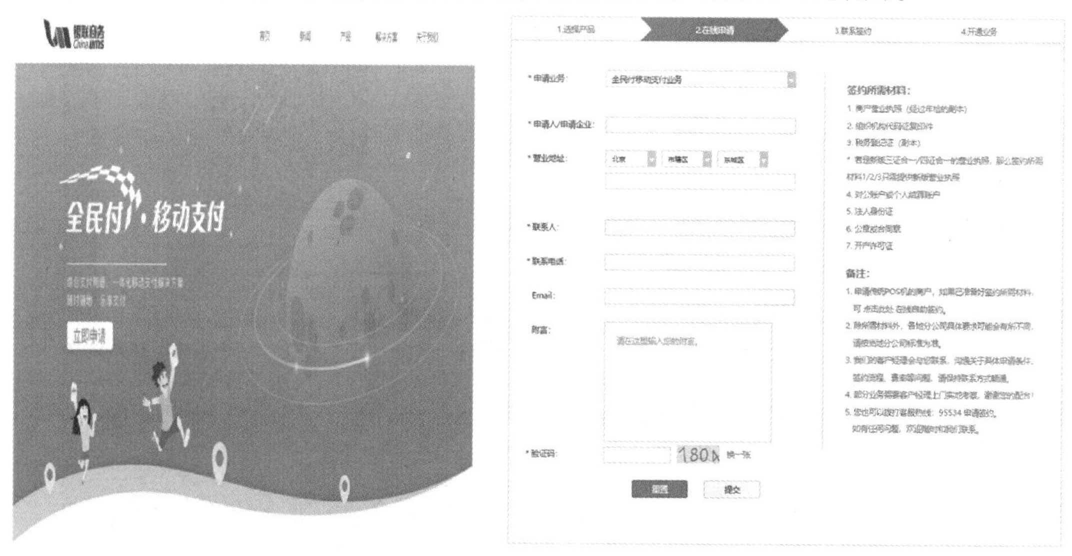

图5-15 "全民付"移动支付在线申请开通流程举例

2.易付宝

易付宝是苏宁易购旗下的一家独立第三方支付公司，就和支付宝差不多，也有转账汇款、还信用卡、充话费、交水电煤气费、理财、保险等功能。当用户在苏宁易购上注册会员后就会同步拥有易付宝的账户，用户可以直接在苏宁易购上给易付宝账户充值，充值后可以使用易付宝付款。

步骤1　进入苏宁易购首页（https：//www.suning.com）（如图5-16所示）。

图5-16　苏宁易购首页

步骤2　点击易付宝，可以扫码安装（如图5-17所示）。

图5-17　易付宝页面

步骤3　按照屏幕提示内容完成手机号码注册（如图5-18所示）和邮箱地址注册（如图5-19所示）。

3.财付通

财付通是腾讯旗下的第三方支付平台，为互联网个人用户和各类企业等提供安全便捷的在线支付服务。财付通于2011年5月获央行批准取得国内首批支付牌照。

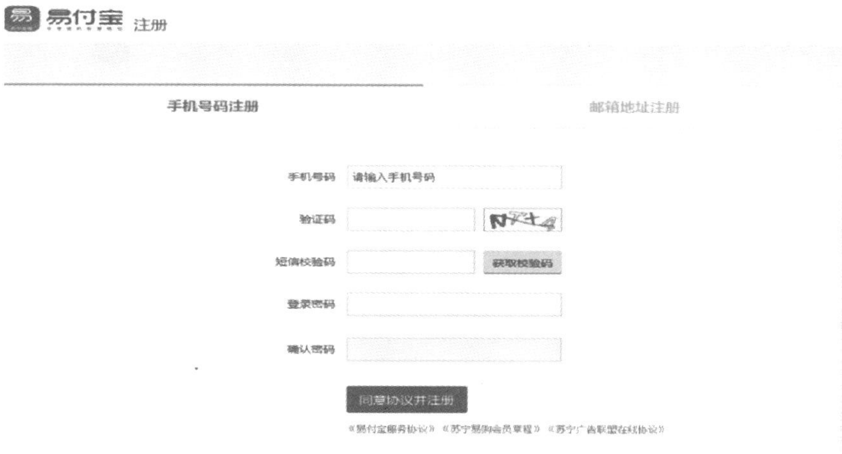

易付宝 注册

手机号码注册 邮箱地址注册

手机号码 请输入手机号码

验证码

短信校验码 获取校验码

登录密码

确认密码

同意协议并注册

图5-18 手机号码注册

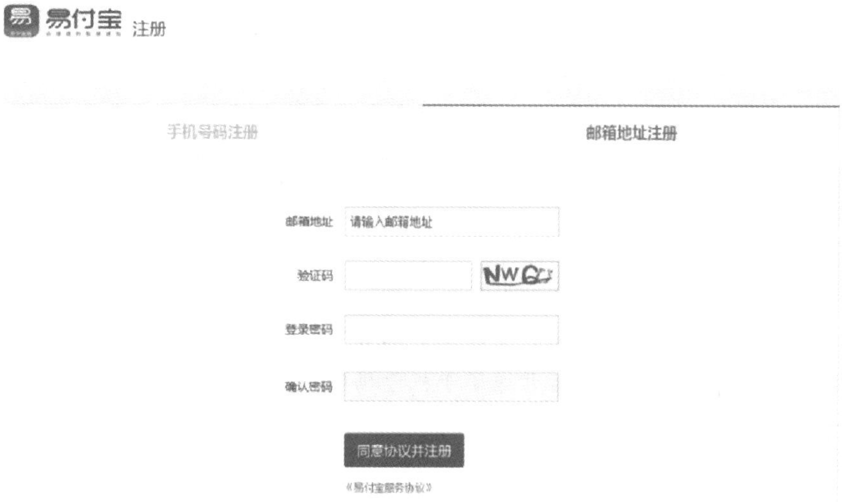

易付宝 注册

手机号码注册 邮箱地址注册

邮箱地址 请输入邮箱地址

验证码

登录密码

确认密码

同意协议并注册

《易付宝服务协议》

图5-19 邮箱地址注册

步骤1 进入财付通首页（https：//www.tenpay.com）（如图5-20所示）。

微课

第三方支付平台的使用

图5-20 财付通首页

步骤2 了解财付通的相关业务及其功能（如图5-21所示）。

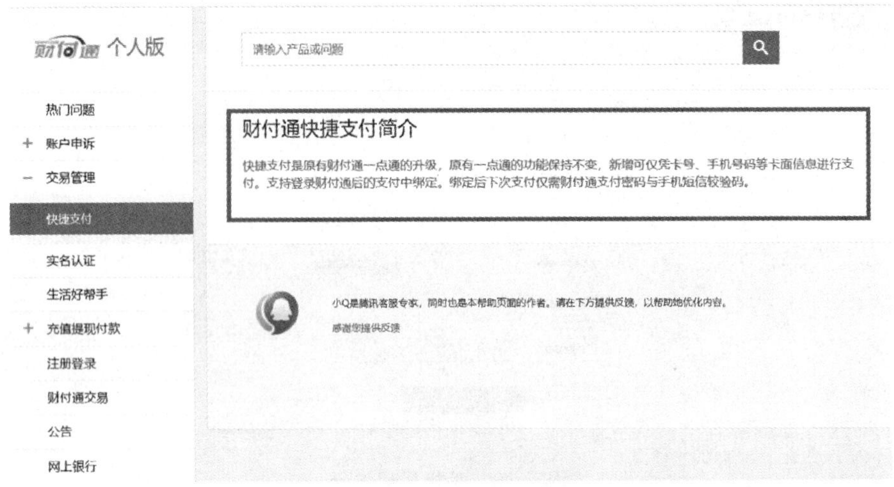

图5-21　财付通个人版

任务五　掌握手机支付

任务描述

银行卡账号太长记不住，反复核对仍怕出错；不知道别人的卡号没法转账；转账要收手续费；到账不及时……这些经历大多数用户都有过。这些难题使用手机号码转账就可以轻松解决。江西农商银行手机银行开通了手机号码转账功能，用户只需完成手机号码与本行账户的关联绑定，即可通过手机号码收款。手机号码转账功能是如何实现的？

知识准备

手机支付通常是以手机作为支付终端，基于无线通信网络与后台服务器之间的远程信息交互发起支付指令（即远程支付），或基于手机与受理终端的近场信息交互发起支付指令（即近场支付），实现货币资金转移的支付方式。近年来，随着手机用户规模持续增长，智能终端不断普及，我国手机支付产业获得较快发展，新的业务模式、技术和产品形态不断涌现，手机支付正逐步成为提高支付效率、拓展支付服务、促进金融普惠的新兴支付方式。

一、手机支付的发展现状

手机支付是一种允许移动用户使用其移动终端（通常是手机）对所消费的商品或服务进行账务支付的第三方支付方式。手机支付主要通过手机账单或与手机号码关联的银行账号或信用卡号进行支付，具有可随时、随地支付和使用便利等特点。完成一次手机支付，需要具备支付账户、支付载体、支付环境三个环节。目前实现手机支付的技术手段主要有NFC、RFID-SIM和SIM Pass等。国内手机支付市场经过十年左右的沉淀，于2021年步入快速发展阶段，并呈现出诸多发展特点。

目前，中国银联、中国移动、中国联通、中国电信、支付宝、财付通等多家企业都已经进入手机支付市场，开展手机支付业务。手机将集成公交卡、银行卡等功能，支付部分日常生活服务费用，方便市民出行购物等。这大大提高了公众的生活质量，使出行购物等更加方便。整个移动支付价值链包括移动运营商、支付服务商（比如银行、银联等）、应用提供商（公交、校园、公共事业等）、设备提供商（终端厂商、卡供应商、芯片提供商等）、系统集成商、商家和终端用户等。

二、手机NFC近场支付

微课

认识移动支付

NFC（near field communication）即近场通信，是一种无线通信技术，可以用于在两个设备之间进行快速、安全的通信。这种通信方式非常快速和方便，只需要将两个设备靠近在一起就能进行数据传输或者支付等操作。因为这种方式不需要连接互联网，所以更加安全。NFC手机支付是指消费者在购买商品或服务时，即时采用NFC技术通过手机等手持设备完成支付，支付的处理在现场进行，并且在线下进行，不需要使用移动网络，而是使用NFC射频通道实现与POS机或自助售货机等设备的本地通信。

1.如何使用NFC手机支付

要使用NFC手机支付，首先要确保手机支持NFC功能，并且已经开启了这个功能。一般来说，大部分智能手机自带NFC功能，使用者可以在设置中找到并打开。如果不确定手机是否支持NFC功能，可以在手机背面或者电池盖上寻找有没有NFC标志，或者在网上搜索手机型号和NFC关键词，确定手机是否支持NFC功能。接下来需要下载一个支持NFC刷卡的App，比如云闪付、数字人民币App等。这些App可以让手机变成一个移动POS机，付款时只要将手机靠近或碰一碰商家的POS机，就可以完成支付。

2.NFC手机功能

（1）NFC手机支付功能。比如：华为钱包，就是通过NFC功能实现移动支付。华为手机通过NFC功能，就可以读取银行卡数据来绑定银行卡，然后在需要付款时，只需用手机靠近或碰一碰POS机，就可以完成支付，相对于微信和支付宝的扫码支付，要快捷得多。

（2）NFC公交卡功能。现在的国产手机基本上都会自带NFC公交卡功能，只需要开通它，就可以在乘坐公交和地铁的时候，用手机刷卡乘车，起到跟实体公交卡一样的功能。相对于微信乘车码等，NFC公交卡有“不需要点亮手机屏幕、不需要连接网络、刷卡速度快”等优势。

（3）NFC门禁卡功能。现在很多小区和公司为了方便出行与安全考虑，开始使用门禁卡，只有通过门禁卡才能进入小区和公司大门，但是随身携带门禁卡容易丢也不方便。我们可以通过手机的NFC功能，把门禁卡的数据读取到手机上，然后，手机就变成了一个虚拟门禁卡，使用者只需用手机靠近或轻碰一下大门的刷卡机，就可以打开大门，很方便。

（4）NFC车钥匙功能。现在很多新车型都提供了NFC车钥匙，该车钥匙提供了“实体NFC卡片车钥匙”和“手机NFC车钥匙”两种形式。手机上开通了NFC车钥匙后，只需在汽车主驾侧后视镜的标识区域用手机轻轻一刷，就能完成车辆解锁和上锁动作。

（5）NFC碰传功能。碰传指的是文件数据传输。NFC的传输速度要比传统的蓝牙传输快得多。通过此功能我们可以将照片、音乐等文件从一个NFC设备传输到另一个NFC设备。只需将两个设备背靠背，确保NFC功能打开，并在手机上选择传输文件的选项，即可开始传输。目前，华为手机靠近或碰一下华为笔记本电脑的NFC区域，可以通过“一碰传”“多屏协同”等功能实现数据共享和数据传输。华为手机可以访问华为电脑数据，华为电脑也可以访问华为手机数据。

3.NFC手机支付的优点

NFC手机支付相比传统的支付方式，有以下几个优点：

（1）安全性高：NFC手机支付通常需要在小于10厘米的范围内通信，而且只能是点对点通信，这就保证了数据传输的保密性与安全性，只要终端设备在用户的管理范围内，就没有被盗刷的可能性。再者，NFC手机采取SE芯片硬件加密和软件加密相结合方式，在0.1秒内就可以完成ID与密钥等数据传递，因此黑客在如此快速交换数据的条件下截获并破译无线电信号的概率很小，保证了支付的安全性。

（2）便捷性高：NFC手机支付无须携带现金或者银行卡，只需带上手机就可以随时随地进行支付，而且支持多种支付方式，支持银行卡、电子钱包、数字人民币等，方便用户进行选择。

（3）速度快：NFC手机支付的速度非常快，支付时用户不再需要等待二维码扫描或者打开付款二维码输入密码，只需将两个NFC设备靠近即可建立连接，几秒钟就可以完成交易，节省用户的时间。

4.NFC手机支付的注意事项

（1）在使用NFC手机支付之前，打开手机的相应功能，手机和POS机之间的距离不要过远，确保支付信息可以被及时发送和接收。

（2）在使用NFC手机支付时，一定要注意周围的环境安全，防止被盗刷。

（3）在使用NFC手机支付时，一定要确保支付软件的安全性，避免被黑客攻击。

三、手机号码支付

1.手机号码支付的起源与特点

手机号码支付是人民银行为进一步提升跨行支付服务水平，便利客户支付体验，依托网上支付跨行清算系统（IBPS）推出的一项新业务。手机号码支付支持通过提供接收人手机号码自动关联银行卡卡号完成跨行支付业务。收款人将预留手机号与常用银行卡卡号绑定注册。付款人只需要输入收款人的手机号，就可以实现跨行转账、缴费、红包等多种场景应用。

手机号码支付功能面向个人客户提供，客户通过开户银行的手机银行、网上银行、银行柜面等，将本人预留手机号码与常用银行卡卡号绑定，即可开通手机号码支付功能。为便利客户使用手机号码支付，一个客户可以使用多个手机号码注册，但一个手机号码只能被一个客户注册，一个手机号码可以关联多家银行的银行卡，但在一家银行只可关联一张银行卡。

2.手机号码支付的优势

（1）方便便捷。手机号码支付业务是基于银行账号的收付款业务，用户仅需输入对方的手机号码，系统即可自动检索并关联该手机号码绑定的账号（卡号），完成后续的支付和清算流程，账号（卡号）、户名、开户行等一系列烦琐信息可免于输入，用户可免去记忆、存储复杂信息的烦恼。而且依托网上支付跨行清算系统7×24小时的不间断运行，节假日无休，用户即可在任何时间、任何地点实现随时操作、即时转账，支付资金能够实时记入收款人银行账户，收款人无须进行提现操作，更不用承担提现费用，大大提升了跨行支付的便利性和用户体验度。单笔支付业务额度可达5万元，灵活满足收付款场景的额度需求，而且支付双方不需要在同一家银行开户，轻松支持跨行支付。

（2）安全可靠。手机号码支付是央行与商业银行联手打造的支付清算服务，稳定、安全、可靠。相较于网上银行、手机银行等渠道及其业务产品，手机号码支付业务在开通时设置了更高的门槛，根据《网上支付跨行清算系统“手机号码支付”业务规则（试行）》，开通该项业务的支付结算手机号码必须遵循“四个一”规则，即“一个银行账户只可关联一个手机号码；一个手机号码可以关联多家银行的账户，在一家银行只可关联一个银行账户；一个手机号码只能被一个客户注册使用；一个客户可以使用多个手机号码注册”，可切实防范业务风险。

（3）利于保护隐私。手机号码支付业务将手机号码作为主要展现方式和介质依托，将传统的银行账号（卡号）由“台前”转到了“幕后”，有效降低了作为个人隐私的银行账号（卡号）的曝光度，在保护客户隐私方面向前迈了一大步。同时，在一些细节的处理上十分精细，如银行向发起人展示手机号码对应的账户号码、账户名称等敏感信息时，按照约定规则进行掩码处理，发起人只能看到账户号码的首尾各四位，户名也只显示一部分，在满足发起人校验账号、户名需求的同时，有效防止了收款人账号、户名等敏感信息的完全泄露，用户的隐私可得到有力的保护。

3.手机号码支付的发展现状及存在的问题

目前，手机号码支付开始向涉农场景渗透，方便农户交易，支持农业发展，助力乡村振兴。手机号码支付业务发展迅速，但实际运用中存在以下几个问题：

一是推广普及压力有待分散。其一，目前的移动支付产品竞争激烈，手机号码支付功能缺乏核心竞争力，用户开通和使用的积极性有待激发。其二，手机号码支付必须借助手机银行办理，客户开立手机银行时必须设置两组密码，一组是手机银行登录密码，另一组是资金支付密码，密码设置要求较高，为字母与数字组合而成，一些客户特别是中老年客户因记忆困难，不愿开通和使用手机银行，也就难以使用手机号码支付。

二是功能有待优化。其一，手机号码支付必须在收款方开通手机号码支付功能后才能转账，否则不能转账，在第三方支付普及的市场环境下，烦琐开户让部分客户望而却步。其二，手机号码支付没有“收款确认”功能，可以不经收款人同意直接转入收款人的银行卡，不能阻止收款，一定程度上影响了部分特定人群开通手机号码支付的意愿。其三，手机号码支付缺乏减免、打折、红包等优惠措施，无法及时对已使用客户进行后期维护，不能精准引导客户自发形成裂变式推广效应，且容易导致大量客户“拓而不活”，成为“睡眠客户”。

三是操作需要统一。其一，手机号码支付界面在各家手机银行App位置不尽相同，有的位置在“银行账户”里，有的位置在“账号转账”里，有的直接设置“手机号码支付”界面，不统一的登录界面设计降低了客户的使用意愿，不利于提高手机号码支付的使用率。其二，个别银行出于风险控制考虑，在推行手机号码支付业务中限制给本人同一手机号码进行跨行转账，未执行同一手机号码可以在多家银行业金融机构开通手机号码支付，影响了用户体验。

【小资料5-4】

2022年8月，中国移动湖北公司在武汉试点开通“超级SIM卡”业务，这是中国移动在华中地区首次开通该业务。未来，手机卡不仅能刷公交地铁，还能当小区门禁卡，甚至能当“电子身份证”。目前，江苏等地已开始试点将用户电子身份证同步“装进”超级SIM卡内，并应用于医疗服务、出行、住宿、治安卡口通行、网吧上网等多种场景，让用户享受“无障碍”身份认证服务。中国移动湖北公司也将瞄准用户需求，将更多应用装进超级SIM卡的“篮子”，让手机卡变身“百宝箱”，如小区门禁卡、燃气圈存卡、医院病历卡、商超会员卡、景区旅游年卡、学生校园卡等。未来，手机卡还可变成U盾或银行卡。基于金融级的安全能力，超级SIM卡叠加数字证书、数字签名等应用后，将可作为U盾使用，取代手机验证码，实现大额资金安全转账；将数字人民币钱包功能植入超级SIM卡后，通过NFC进行数据传输，无须扫码或调出二维码，让用户支付体验更便捷。

资料来源 刘天纵，王政，吴雨峰.武汉试点“超级SIM卡”，支持NFC手机“武汉通”[EB/OL].[2024-01-02]. https://www.hubei.gov.cn/hbfb/szsm/202208/t20220824_4277756.shtml.

任务实施

手机号码转账操作流程如下：

1. 用户进入转账汇款操作界面，点击手机号转账，选择行内转账或者跨行转账，输入收款账号手机号码和收款行进入转账页面（如图5-22所示）。

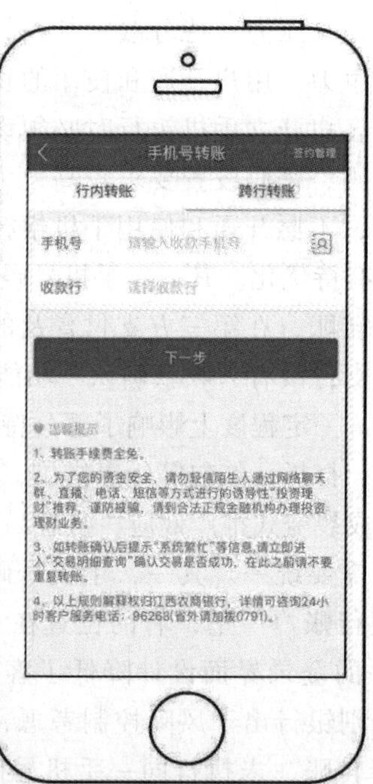

图5-22 转账汇款和手机号转账页面

2.按步骤核对收款账户，输入转账金额等信息，进行安全校验（短信验证、短信+人脸验证、动态令牌三种方式）后提交完成转账（如图5-23所示）。

图5-23 输入转账金额和转账确认页面

项目总结

本项目主要介绍了电子支付工具的支付过程，特别是对第三方支付、手机支付、电子支票、智能卡的使用方式和主要功能进行了阐述，详细介绍了我国主要的第三方支付平台及其提供的服务，为今后适应电子商务活动奠定了扎实的基础。电子支付工具将会改变我们的生活方式以及贸易方式。在世界各地，电子支付工具都在运行当中并取得了极大的成功，得到了众多用户和系统运营商的青睐。未来的电子支付必然涉及与金融领域相关的银行、证券、保险、邮电、医疗、文体娱乐和教育等众多行业，市场潜力巨大。

基本训练

一、核心概念

电子支票　手机支付　智能卡　第三方支付

二、简答题

1.简述支付宝支付类型。

2.简述微信支付的应用场景。

三、案例分析题

石家庄市的一名大学生郝某在网上购买了一些日用品，两天后接到了一个属地为广东广州的陌生电话，自称中通快递业务人员，称其有一个商品在中途丢失了，要给其退款，并向受害人索要银行卡卡号。郝某添加对方QQ好友后，对方给其发过来一个二维码，称是中通快递理赔中心，郝某按照对方要求开始操作，此期间将手机不断收到的验证码一并告诉了对方。骗子利用获得的信息，先后在郝某的主卡下面新办了5张二类电子账户，每一张都转出过一笔1 000元的金额，之后郝某意识到被骗报警求助，共计被骗6 000余元。

试分析这个案例给了我们什么启示。

项目实训

登录财付通网站，熟悉财付通的使用流程。

项目六　网上银行

网上银行作为科技创新和金融创新相结合的产物，在金融全球化条件下，突破时空限制，可以在24小时内连续运行。用户可以随时随地通过ATM、手机、电脑终端等各种方式来享受网上银行的服务和产品。和传统银行业务相比，网上银行可以提供原来所无法提供的服务。

学习目标

知识目标：

1.了解网上银行的产生、网上银行的发展模式、网上银行的类型、网上银行的风险与管理措施；

2.理解并掌握家居银行与企业银行的含义；

3.掌握家居银行与企业银行的业务、网上银行与传统银行的区别。

能力目标：

1.掌握金融call center的使用方法，能够熟练使用家居银行与企业银行的网上服务；

2.具有家居银行、企业银行系统操作的基本技能，具有一定的防范银行业务风险的能力。

素养目标：

树立学生正确的世界观、人生观和价值观，自觉遵守法律法规和各种规章制度，承受力强，具有较强的事业心和责任感，培养团队合作精神。

任务一　认识网上银行

任务描述

在应用电子银行业务中，当未携带银行卡但急需取款时，您可以通过手机扫码取现业务实现。此业务采用的是二维码技术，是在您未携带银行卡但急需取款时为您提供的一项便捷服务。您通过手机银行“扫一扫”功能，扫描机具上显示的二维码，即可在取款机进行无卡取现的操作。请以工商银行为例，说明如何进行操作。

知识准备

一、网上银行的产生

1.网上银行的含义

网上银行（internet banking）包含两个层次的含义：一个是机构概念，指通过信息网络开办业务的银行；另一个是业务概念，指银行通过信息网络提供的金融服务，包括传统银行业务和因信息技术应用而带来的新兴业务。在日常生活和工作中，我们提到网上银行，更多是第二个层次的概念，即网上银行服务的概念。网上银行业务不仅是传统银行产品简单的网上转移，其他服务方式和内涵也发生了一定的变化，而且由于信息技术的应用，产生了一些全新的业务品种。

网上银行又称网络银行、在线银行或电子银行等，是银行在互联网中设立的虚拟柜台，银行利用网络技术，通过互联网向客户提供开户、销户、查询、对账、行内转账、跨行转账、信贷、网上证券、投资理财等传统服务项目，使客户可以足不出户就能够安全便捷地管理活期和定期存款、支票、信用卡及个人投资等。一般来说，网上银行的业务品种主要包括基本业务、网上投资、网上购物、个人理财、企业银行及其他金融服务。网上银行还称“3A银行”，因为它不受时间、空间限制，能够在任何时间（anytime）、任何地点（anywhere），以任何方式（anyhow）为客户提供金融服务。

网上银行业务主要包括利用互联网和计算机所开展的网上银行业务、利用无线网络和移动电话开展的手机银行业务、利用电话等声讯设施及电信网络所开展的电话银行业务，以及其他的利用网络和电子服务设备等、客户通过自助服务方式所完成的金融交易业务等。

网上银行起源于美国，其后迅速蔓延到互联网所覆盖的各个国家。为了满足客户对于金融服务的各种随机性、便捷性要求，各国网上银行努力开展金融创新业务，新兴的在线金融服务层出不穷。1996年2月，中国银行在互联网上设立网站，开始通过互联网向社会提供银行服务。

2.我国网上银行的发展历程

从我国网上银行发展历程来看，大概可以分为4个阶段：

第一阶段：银行网上服务单一，仅开通了银行网站，提供账户查询等简单的信息类服务，而且主要操作集中在单一账户上。网银更多地被作为银行的一个宣传窗口。这是网银发展的第一阶段，被称为“银行网站”阶段。

第二阶段：银行上网阶段，银行致力于将传统的柜面业务转移到网上银行，增加了转账支付、缴费、网上支付、金融产品购买等交易类功能，这个阶段的主要特征是多账户的关联操作。

第三阶段：银行的最大转变是真正以客户为中心，因需而变。这一特征在华夏银行推出的网银产品中得到体现。如“集付快线”可以让客户在办理付款业务时，像群发短信一样，同时完成向多个收款人支付款项的结算业务，从而大大提高了工作效率，降低了企业成本。

第四阶段：网上银行相关法律逐步完善，手机银行业务展现出巨大潜力，手机银行支付是用户未来最愿意使用的移动支付方式。届时，网上银行将成为银行的主渠道，传统银行将全面融入网上银行，甚至不再单独区分网上银行。完全依赖或主要依赖网络开展业务的纯虚拟银行陆续出现。

开放银行发展阶段。2018年伊始，一场名为“开放银行”（open banking）的金融变革引发全球银行业的新一股转型浪潮。英国作为“开放银行”理念的最早提出者，自2018年1月13日起，包括汇丰银行在内的9家机构开始彼此共享数据，旨在提高金融服务水平，打破数据垄断，维护金融消费者合法权益。

开放银行在全球各地呈持续发展的态势，欧美区域发展最为强劲，尤其是英国，从最初政府支持、研究机构探索，到开放银行标准框架的发布，被认为对开放银行理念的形成做出重大贡献；其次，欧盟的新支付令出台和规范，加速了全球开放银行的探索实践。中国的开放银行概念起步较晚。普遍认为我国最先设立的开放银行是浦发银行的API Bank（无界开放银行）。该银行完全以开放银行的理念来布局业务，与此同时，其一流的数字生态银行的发展战略就是开放银行的理念，将金融科技的发展内嵌到开放银行的发展框架中。

开放银行是指银行通过开放技术接口和数据共享，与第三方金融机构、科技公司以及其他合作伙伴进行合作，以提供更广泛、更多样化的金融产品和服务。

从狭义上而言，开放银行的本质是以数据的开放和共享为核心：在技术层面，开放银行解决技术开放问题，通过API把银行的数据开放给其他相关机构，使得相关机构能够帮助银行面向消费者等开展更好的服务；在内容层面，银行通过开放实现数据的共享，更好地利用和开发银行的数据资产、数据价值；在组织层面，通过网络搭建平台，构建银行网络生态，在生态圈中为消费者、企业等提供更加高效、增值的服务。从广义上而言，开放银行不仅意味着数据的开放与共享，还包含更多银行功能的开放与共享，尤其是在第三方支付领域的开放方面。

开放银行将基于用户数字化，利用新技术助力银行从数据到服务平台化共享，使银行服务嵌入人们生活的方方面面，人们不再局限于银行网点就能获取无处不在的金融服务，因而被视为银行4.0的起点。在银行4.0时代，客户全球化、银行服务化和场景金融化的趋势逐渐明晰，开放银行是未来银行的主要趋势，未来的交易都是通过数据化来实现的。

中国网上银行的发展历程见表6-1。

表6-1 **中国网上银行的发展历程**

阶段	特征	主要事件
萌芽阶段 1996—1997年	网上银行服务开发和探索之中	1996年，中国银行投入开发网上银行，建立网站 1997年，中国银行搭建“网上银行服务系统”；招商银行开通招商银行网站

续表

阶段	特征	主要事件
起步阶段 1998—2002年	各大银行纷纷推出网上银行服务	1998年4月，招商银行在深圳地区推出网上银行服务，“一网通”品牌正式推出 1999年4月，招商银行在北京推出网上银行服务 1999年8月，中国银行推出网上银行，提供网上信息服务、账务查询、银证转账、网上支付、代收代付服务等 1999年8月，建设银行推出网上银行服务，首批开通城市为北京和广州 2000年，工商银行在北京、上海、天津、广州4个城市正式推出网上银行 2001年，农业银行推出95599在线银行；2002年4月推出网上银行 2002年年底，国有银行和股份制银行全部建立了网上银行，开展交易型网上银行业务的商业银行达21家
发展阶段 2003—2011年	加强网上银行品牌建设、改善产品和服务成为重点；重点业务发展带动各大网上银行业务快速发展	2003年，工商银行推出“金融@家”个人网上银行 2005年，交通银行创立“金融快线”品牌 2006年，农业银行推出“金e顺”电子银行品牌 2007年，个人理财市场火热，带动网上基金业务猛增，直接拉动个人网上银行业务的大幅增长 2008年，网银产品、服务持续升级，各银行在客户管理、网银收费等方面积极探索 ……
成熟阶段 2012年以后	网上银行相关法律逐步完善，手机银行业务展现出巨大潜力，手机银行支付是用户未来最愿意使用的移动支付方式	2012年，网上银行正由单纯的渠道经营向互联网技术与金融核心业务深度整合的方向发展 2012年，被视为“移动支付”的发展元年 2012年2月24日，工商银行手机银行无卡也能取现 2012年3月31日，光大银行自动柜员机“先退卡后吐钱” 2012年6月5日，交通银行推出“手机银行账单条码扫描”服务 2012年7月16日，民生银行手机银行独创跨行资金归集功能 2014年，中信银行推出移动支付App“异度支付”，全网跨行收单 2015年5月，兴业银行推出“兴动力”信用卡，上线了可穿戴移动支付产品——带有支付功能的手环，可以在全国带有“闪付(quick pass)”标识的机具上轻松消费支付 2015年，工商银行首推500万张HCE卡，利用手机App模拟芯片卡的安全技术，来实现银行卡的刷卡交易 2016年2月，建设银行正式向用户推出新型移动支付 Apple Pay 2016年，工商银行推出了覆盖线上线下和O2O支付全场景的二维码支付产品，成为国内首家具备二维码支付产品的商业银行 2017年，中国银联合力各家银行全新推出银行业统一App“云闪付” 2018年中国银联继续加快与国际市场的融合，银联网络延伸至世界170多个国家和地区，银联手机闪付已可在境外30多个国家和地区的200多万台POS机上使用 ……
	2018年以后，我国银行业持续推进数字化转型、不断增强服务实体的能力	金融科技快速发展，依托云计算、数据库、区块链等计算机技术的银行业务持续创新

3.网上银行产生的原因

（1）网上银行是网络经济发展的必然结果。

由于电子商务活动无时间和空间的限制，国界也在某种程度上消失，经济全球化的结果也带来金融业务全球化，因此世界金融业的竞争更加激烈。同时，电子商务需要处理好信息流、商流、资金流和物流中的各个环节，才能健康运行和发展，才能真正体现电子商务的效率。资金流作为电子商务以及传统商务流程中的一个关键环节，其高效率、低成本、安全可靠的运作是商务发展的需求。顺应这种需求，结合信息网络技术特别是互联网技术的应用，网上银行就产生了。

（2）网上银行是电子商务发展的需要。

在电子商务中，作为支付中介的商业银行在电子商务中扮演着举足轻重的角色。无论是网上购物，还是网上交易，都需要银行借助电子手段进行资金的支付和结算。商业银行作为电子化支付和结算的最终执行者，是连接商家和消费者的纽带，是网上银行的基础，它所提供的电子与网络支付服务是电子商务中最关键的要素和最高层次，直接关系到电子商务的发展前景。商业银行能否有效地实现支付手段的电子化和网络化是电子交易成败的关键。因此，网上银行是电子商务的必然产物和发展需要。

（3）网上银行是银行自身发展并取得竞争优势的需要。

电子商务的发展给全球经济和贸易带来了重大影响，而经济领域中的银行业必然被波及，银行不得不重新审视自身的服务方式。为在激烈的竞争环境中取得竞争优势并适应电子商务的发展，银行必须利用现有条件，增加服务手段，提供更加便捷迅速、安全可靠、低成本的支付结算服务。

二、网上银行的类型

1.按网上银行的主要服务对象分类

网上银行按照主要服务对象分类，可以分成企业网上银行和个人网上银行两种。

（1）企业网上银行。

企业网上银行主要适用于企业与政府部门等企事业单位客户。企事业单位可以通过企业网上银行服务实时了解其财务运作情况，及时在组织内部调配资金，轻松处理大批量的网上支付和工资发放业务，并可处理信用证相关业务。对电子商务的支付来讲，一般涉及的是金额较大的支付与结算业务，因此对安全性的要求很高。

例如，工商银行企业网上银行是工商银行为企业客户提供的网上自助金融服务，受到企业界的瞩目。图6-1为工商银行企业网上银行页面。

（2）个人网上银行。

个人网上银行主要适用于个人的日常消费支付和转账等。客户可以通过个人网上银行服务，完成实时查询和转账、网络支付和汇款等。个人网上银行服务的出现，标志着银行的业务触角已直接伸到了个人客户的电脑等上，方便实用，真正体现了家居银行的风采。

个人网银层面的新产品主要聚焦于理财及提升客户体验方面。各家银行针对客户需求，进行业务细化和功能创新，陆续推出了很多适合客户的网银产品。以工商银行为例，个人网上银行是工商银行为个人客户提供的网上自助金融服务，近年来在广大的个人客户群体中影响日益加大，越来越多的个人成为工商银行个人网上银行的注册客户。图6-2为工商银行个人网上银行页面。

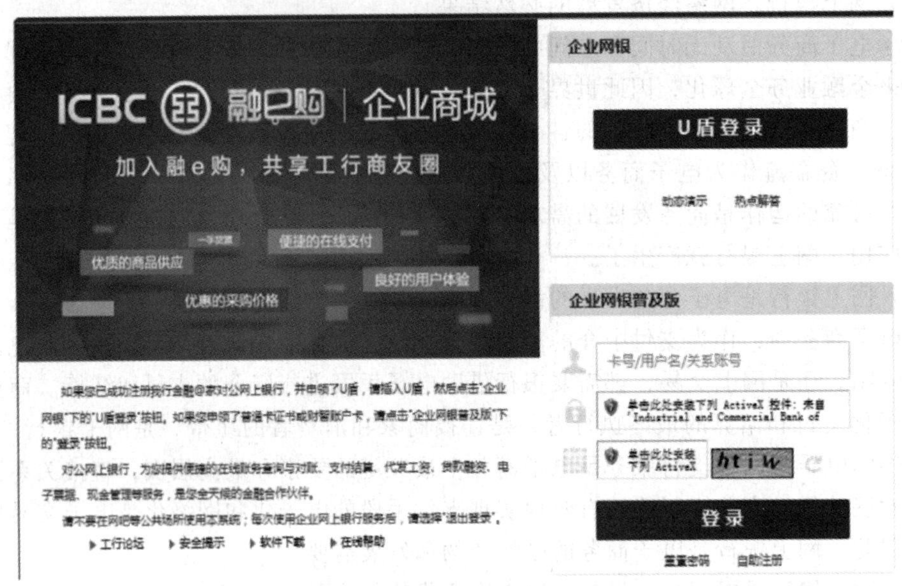

图6-1 工商银行企业网上银行页面

图6-2 工商银行个人网上银行页面

2.按网上银行的组成架构分类

网上银行按照组成架构分类，可以分成纯网上银行和以传统银行拓展网上业务为基础的网上银行两种形式。

（1）纯网上银行。纯网上银行是一种完全依赖互联网发展起来的全新网上银行，也叫虚拟银行。所谓虚拟银行，就是指没有实际的物理柜台作为支持的网上银行，这种网上银行一般只有一个办公地址，没有分支机构，也没有营业网点，采用互联网等高科技服务手段与客户建立密切的联系，提供全方位的金融服务。如美国安全第一网络银行SFNB（Security First Network Bank）、Telebank等就属于纯网上银行。它们通过互联网提供全球性的金融服务，提供全新的服务手段，客户足不出户就可进行存款、取款、转账、付款等业务。

（2）以传统银行拓展网上业务为基础的网上银行。利用互联网开展传统的银行业务交易服务，即传统银行利用互联网作为新的服务手段为客户提供在线服务，实际上是传统银行服务在互联网上的延伸。这是网上银行存在的主要形式，也是绝大多数商业银行采取的网上银行发展模式。

【小资料6-1】

近年来，银行业不断拓展数字化转型的广度和深度，持续提升金融科技的创新研发与应用能力，聚焦企业需求，以优质服务助力企业发展，赋能实体经济。2022年12月7日，中国金融认证中心（CFCA）发布《2022中国数字金融调查报告》（以下简称《报告》）。《报告》对101家银行企业数字金融服务进行了综合评测，整体来看，企业网银重要程度不可撼动，企业手机银行潜力无限，未来仍有较大增长空间，其中交易安全性、操作便利性仍是用户最为关注的因素。《报告》显示，在参与调查的2 000个企业用户中，93%已开通企业网银，48%已开通企业手机银行。用户表示企业网银是不可替代的，很多常规业务尤其复杂业务通过企业网银处理是最便捷的。

随着银行数字化转型提速，2022年零售数字金融各渠道用户比例持续增长。2022年个人网上银行用户使用比例达66%，同比增长3%；个人手机银行用户使用比例达86%，同比增长5%；微信银行用户使用比例达55%，同比增长3%；电话银行用户使用比例仅为23%，同比上升1%。由于新冠疫情的常态化、微信银行等新兴渠道的推广等，个人手机银行用户使用频率有所下降，但相较个人网上银行和微信银行，个人手机银行仍属于高频业务办理渠道。其中，用户年限越长，个人手机银行的使用频率越高。微信银行拥有其独特优势，除操作便捷外，生活服务多样、无须下载安装也是吸引用户的主要因素。个人网上银行受其他电子渠道冲击明显，目前使用频率降低，部分用户向个人手机银行迁移。

三、网上银行的功能

从金融服务的角度来讲，网上银行一般具有以下几个方面的功能：

1.信息发布与展示功能

网上银行是信息革命在世纪之交贡献给金融电子化领域的最新创意。它依托迅猛发展的计算机和计算机网络与通信技术等，利用渗透到全球各个角落的互联网，摒弃了银行由前台承接业务的传统服务流程。网上银行通过互联网发布的信息包括公共信息和客户私有信息两部分。

（1）公共信息的发布与展示。

网上银行发布的公共信息一般包括银行的历史背景、经营范围、机构设置、网点分布、业务品种和流程、经营理念、利率和外汇牌价、金融法规政策、国内外金融经济新闻等。通过公共信息的发布，网上银行向客户充分展示本银行的基本状况和优势，提供了有价值的金融信息，起到了很好的广告宣传作用；客户可以很方便地认识银行，了解银行的业务品种情况以及业务运行规则，为客户进一步办理各项业务提供方便。

（2）客户私有信息的发布。

网上银行还可以利用互联网门对门服务的特点，向客户传送应有的信息。如向企事业单位和个人客户提供其账号状况、账户余额、账户一段期间内的交易明细清单等事项的查询功能。这类服务的特点主要是：客户通过点击查询网络终端便可获得银行账户的信息，以及与银行业务直接有关的信息，而不涉及客户的资金交易或账户变动。

2.网上支付功能

网上银行的网上支付功能主要是向客户提供互联网上的资金实时结算功能，是保证电子商务正常开展的关键性的基础功能，也是网上银行的一个标志性功能。网上银行的网上支付按交易双方客户的性质主要分为B2B、B2C两种交易模式。目前，出于法律环境和技术安全性方面的考虑，在B2C功能的提供上，各家银行比较一致。

B2B平台首先自建支付网关，然后去跟各家银行签订合作协议，让银行允许电商平台的客户在线进行电子支付时，跳转至相应银行的网银进行转账操作。其次B2B平台也找一家正规的第三方支付公司合作，尽量找合作银行数多的第三方支付公司，租用该第三方支付公司的支付网关实现调用银行支付网关的功能。由于这家第三方支付公司已经与多家银行合作，不需要其再挨家挨户找银行合作了，但是依然要跳转银行网银操作。最好的办法是B2B平台找一家银行，这家银行开发了互联网支付系统，然后双方合作，B2B平台须在该银行开立实体银行账户作为备付金监管账户。该银行依托于自身的互联网支付系统，在监管账户下为参与平台交易的所有客户开立电子银行账户，资金流转统统在该家银行自身系统内进行，该银行会通过其他支付渠道与各家其他银行合作。

3.网上金融综合服务功能

网上银行提供的服务可分成网上银行基础服务和网上银行衍生服务两大类。网上银行基础服务是传统银行服务在网上的复制和延伸，如银行零售和批发服务、资金转账等服务；网上银行衍生服务是利用互联网的优势为客户提供的基于互联网的全新的金融服务品种，主要包括网上支付服务、网上信用卡服务、网上投资理财服务、网上金融信息咨询服务、网上消费贷款服务，以及通过网络向客户提供由其他金融机构所提供的金融产品和服务等。

（1）网上银行基础服务。

① 银行零售服务。其典型代表是家居银行，主要包括网上开户、清户、账户余额查询、利息的查询、交易明细查询、个人账户挂失、票据汇兑、电子转账等。

② 银行批发服务。其主要表现形式为企业银行，主要服务对象是企业集团或单独的企业。业务内容包括查看账户余额和历史业务情况、不同账户间划转资金、外汇资金的汇入和汇出、核对账户、电子支付雇员工资、获取账户信息明细、打印显示各种报告和报表（如每日资产负债表）等。另外，银行同业的拆借、往来资金的清算和结算，也是主要的批发业务。

（2）网上银行衍生服务。

① 网上支付服务。提供网上支付服务已经成为判断一家银行能够被称为标准网上银行的必要条件。随着电子商务发展的深入，许多商家已经意识到网上支付服务中所潜在的丰厚利润，这使得提供网上支付服务的竞争异常激烈。

② 网上信用卡服务。这种服务包括网上信用卡申办，查询信用卡账单，银行主动向持卡人发送电子邮件、进行信用卡业务授权和清算等。如果银行存有持卡人的E-mail地址，那么银行每月可向其提供对账单，让其更快地收到信息，不仅提高了银行的工作效率，而且节约了纸张；银行在网上还可以对特约商户进行信用卡业务授权、清算，传送黑名单、紧急止付名单等。

③ 网上投资理财服务。投资理财可以有两种方式：一种是客户主动型，客户对自己的账户及交易、汇率、股价、保险费率、期货行情、金价、基金等信息进行查询，使用或下载银行的分析软件帮助分析，按自己的需要进行处理，满足各种特殊需求；另一种是银行主动型，银行可以把客户服务作为一个有序进程，由专人跟踪进行理财分析，提供符合其经济状况的理财建议及相应的金融服务。

④ 网上金融信息咨询服务。金融信息是个人、公司及政府机构等进行投资决策、管理活动、制定经济发展规划的依据，涉及的范围非常广泛，如汇率、利率、股价、保险、期货、金价、基金以及政府的金融行业政策、法律法规等。电子金融时代，社会公众对金融信息有着越来越强烈的需求，网上银行可以通过向用户提供这些金融信息获得收益，并赢得潜在的顾客群。

⑤ 网上消费贷款服务。即使在发达国家，在传统的消费信贷市场上，消费者的贷款过程也可被概括成枯燥、无味和烦琐。因为对于消费者来说，收集有关消费信贷服务的信息非常费时，即使收集了相关信息，但由于缺乏基本的消费信贷知识，也无法据此选择出对自己更为有利的贷款商品。另外，贷款手续的烦琐往往使潜在的消费者望而却步。网络在信息传输和处理上的即时性与双向性等特征，使得网上消费贷款服务成为可能。

4.管理信息功能

网上银行的管理信息功能是网上银行利用计算机、信息技术对信息的处理功能，达到实现相关的银行管理的目的，具体来说，包括以下几个方面：

（1）信息自动化处理功能。

网上银行自动化处理系统可以按规定格式自动生成统计分析信息，用网络联机查询数据库和智能化信息分析替代传统的逐级定期报表制度，达到业务统计和信息反馈统一来源、统一口径、自动化处理与信息共享，以排除人为的差错和干扰，保证管理信息的客观性、完整性、准确性、时效性和透明度。

（2）信息化银行管理功能。

网上银行的信息化银行管理包括以资产负债管理为主体的业务经营管理（资产负债管理、资本与财务管理、资金管理、贷款管理、国际业务管理和投资业务管理等）、客户关系管理（用户管理、市场调研和产品开发管理、公共关系管理、产品营销和计划管理等）等。

（3）网上银行运行支持管理。

网上银行运行支持管理包括人力资源、不动产采购、固定资产、机关财务的管理和以在线交易/在线分析技术支持的综合信息应用智能管理。

（4）办公自动化功能。

网上银行在全行信息共享的基础上，支持为提高办公效率而进行的工作流程优化、管理程序化、自动化和无线化办公。

（5）决策支持功能。

网上银行以实时查询和报表的形式，及时向决策层提供必要的信息数据，以典型案例、智能化和专业化方法提供决策信息。

（6）数据管理功能。

网上银行以原始数据、业务数据和主题数据仓库3层结构构成全行数据体系。网上银行按照统一的标准建立全局性原始数据、业务数据和主题数据仓库，保证银行信息系统的客观性、完整性、准确性和时效性，统一支持网上银行的财务核算、业务管理、风险监控和稽核审查等。

微课

网上银行的使用

四、网上银行业务的申请程序

网上银行经过发展，其业务功能已经非常多，提供的服务领域日益丰富，应用也日渐普及。那么，用户（政府部门、企业或个人等）如何享受网上银行的网上服务呢？一般网上银行均有相关的业务程序规定。比如招商银行个人网上银行与企业网上银行的业务程序就有些差别。

虽然业务程序没有规定严格的格式，但基本的业务程序设置还是比较相似的。下面以中国目前出现的网上银行服务为例，介绍网上银行的业务申请程序。

1.企业网上银行的业务申请程序

企业申请成为网上银行客户需要在开户申请中如实填写营业证号、对公账户等相关资料，然后下载数字证书即可（浏览器方式只需申请数字证书，如果是客户端方式还需下载客户端程序）。与个人网上银行客户申请不同的是，企业申请网上银行账户一般要到银行柜台签约验证以后，才能开通相应的网上金融服务，主要涉及企业相关资料，如营业执照、公章等资料的真实性验证与备份。

这里以招商银行网上“企业银行U-BANK”的业务申请程序为例，其客户申请步骤如下：

（1）开立对公结算账户：申请开通网上“企业银行U-BANK”需要您首先在招商银行开立对公结算账户，详情请咨询当地的招商银行网点。

（2）填写协议和申请表：开立对公结算账户后，您可亲至账户行领取《招商银行网上“企业银行”服务协议》和“招商银行网上‘企业银行’申请表”（一式三份），或者下载打印。按格式填写后请在每一份协议上加盖公章，并在申请表上加盖预留印鉴（如果您的多个账号使用不同印鉴，则必须分别填写多份申请表）。您在选择好使用的U-BANK版本和登录方式并确定需要开办的业务后，请将申请表和协议提交给账户行。

（3）银行受理审核：账户行受理您的申请后，将核对您的用户身份，并检查申请表和协议是否填写正确。

（4）客户服务中心维护：客户服务中心收到账户行审核过的申请资料后，完成网上企业银行开户操作，并制作提供系统管理员密码信封、USB-KEY及USB-KEY密码信封等。

（5）程序安装：您在获取管理员密码信封、USB-KEY、USB-KEY密码信封后，请下载最新版的网上“企业银行U-BANK”安装程序并按照操作提示进行安装。如果您使用的不是33型免驱动USB-KEY，请您下载相应的USB-KEY驱动程序事先进行安装。

（6）进行系统设置：如果您的电脑是在局域网内使用代理服务器上网，您可能需要设置通信参数，设置菜单请在U-BANK登录窗口点击“通信设置”。

（7）使用U-BANK：完成以上步骤后，你就可以享受招商银行为您提供的U-BANK

网上企业银行服务了。初始使用前，请您详细阅读《初次使用指南》（http：//market.cmbchina.com/corporate/wyccsyzn/wyccsyzn.htm）。

2. 个人网上银行的业务申请程序

一般个人客户只要拥有银行的资金账户（包括储蓄账户、定期账户或银行卡账户），就可以在网上或营业柜台填写开户申请表单，成为网上银行的客户。有些银行的个人网上银行客户类别不一样，应用权限也不一样，申请流程上也有一些差别。

任务实施

步骤1　在ATM上点击“无卡取现”（如图6-3所示）。

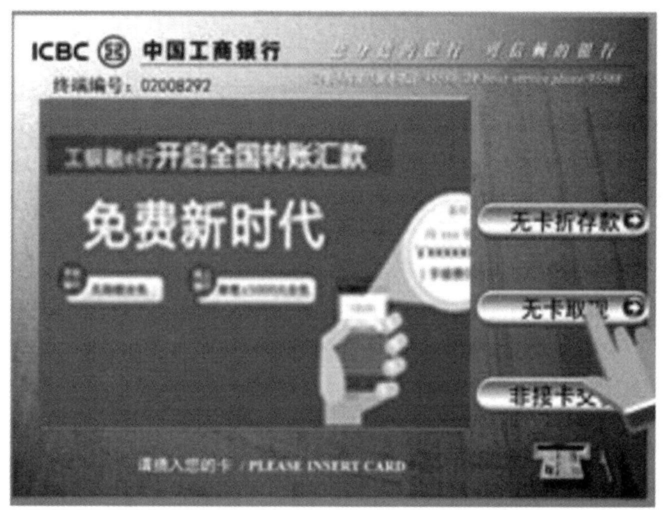

图6-3　工商银行ATM页面

步骤2　点击“扫码取现”（如图6-4所示）。

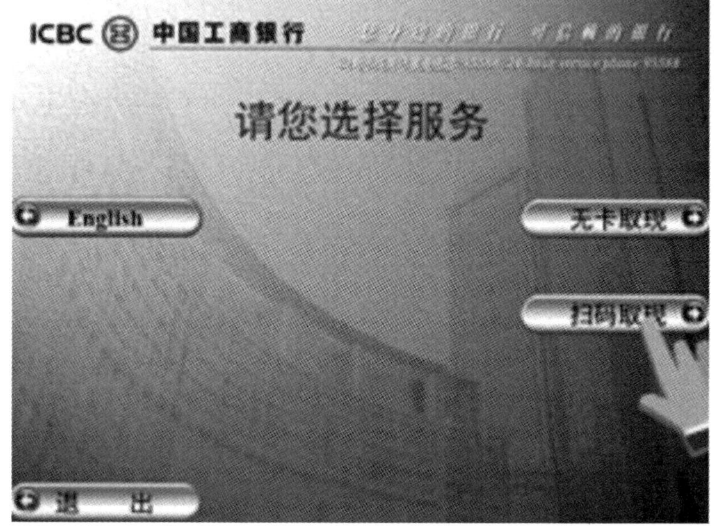

图6-4　工商银行ATM服务页面

步骤3　打开手机银行"扫一扫"功能扫描屏幕二维码，按照手机银行页面提示操作完成后，点击"取款"（如图6-5所示）。

图6-5　工商银行ATM二维码页面

如果客户开通了手机银行一键支付功能，扫码取现过程中无须再次输入手机号、账户、验证码等信息，只需在手机银行客户端输入事先设定的静态支付密码即可安全地完成支付，从而进一步提升了支付环节的客户体验。

另外，一般情况下，手机扫码无卡取现的额度为3 000元，取款的金额为100元的整数倍。实际办理时，取现额度还受工商e支付交易限额（客户e支付当日/当月剩余额度）、取款机最高取款金额和取款机钞箱剩余金额的限制（3者取最小）。

任务二　辨识网上银行与传统银行

任务描述

如何开通网上银行，网上银行又有哪些功能呢？请以光大银行为例来进行说明。

知识准备

现代银行面临的是服务、资本、技术、人才和管理水平等的全面综合性的竞争，各家银行通过不断的金融创新进行市场竞争。与传统银行相比，网上银行具有一系列的信息、技术和手段等方面的竞争优势。

一、网上银行的组织架构

1.电子化商业银行的组织架构

随着金融电子化的发展，传统的商业银行内部实现电子网络信息管理，各分销层次之间实现电子联网。它的主要进步在于改进商业银行金融服务分销的信息交流效率和提高终端及客户端信息处理效率。其组织架构也是对传统商业银行模式进行电子化改造的结果，如图6-6所示。

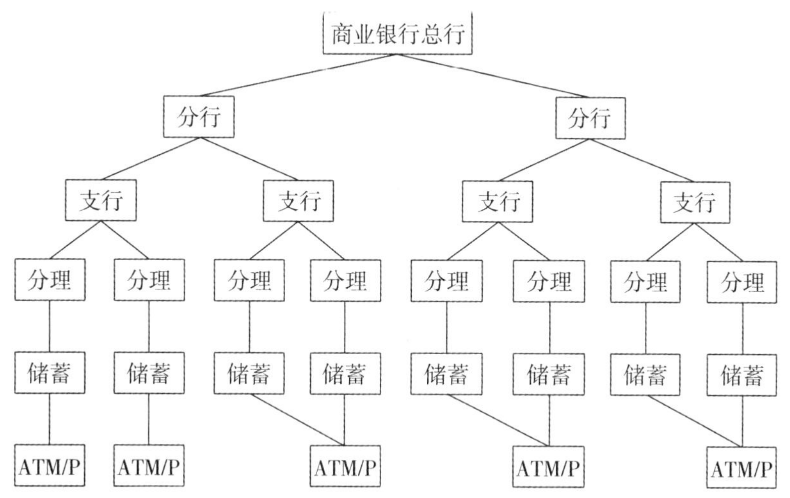

图6-6 电子化商业银行组织架构图

2.国外网上银行的组织架构

商业银行推出的网上金融服务打破了传统银行的组织架构——金字塔形的组织架构。在发达国家，网上银行的基本组织架构是在银行主服务器提供虚拟金融服务柜台，客户通过PC机或其他终端方式连接互联网进入主页，以银行主页为平台进行各种金融交易。因此，网上银行与传统银行组织架构的最大区别在于其完全省略了中间分销网络。最后，通过客户平面的中介功能，形成对最终客户群的分销。这个最终客户群是建立在银行卡/信用卡平台上的客户群，如图6-7所示。

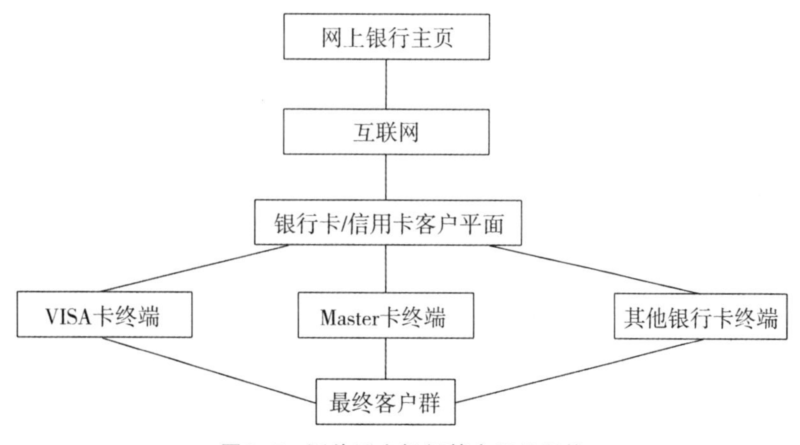

图6-7 国外网上银行基本组织架构

3.我国网上银行的组织架构

目前，我国的网上银行还不是完全建立在互联网上的，而是将现有商业银行提供的金融服务扩展到网上，建立虚拟服务柜台形成分销渠道的模式，如图6-8所示。这种模式满足于在原客户群的基础上进行简单的银行卡或信用卡发行，其客户群是建立在现有银行卡/信用卡平台上的最终客户群。

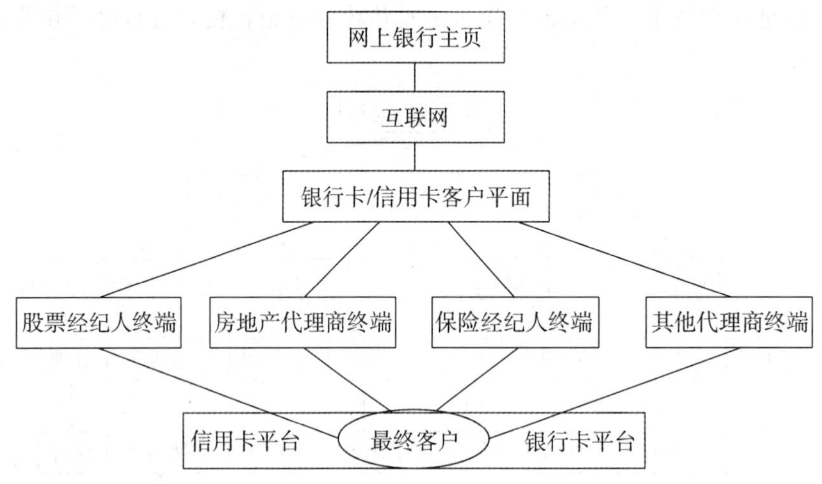

图6-8 我国网上银行基本组织架构

二、网上银行与传统银行的差异

1.网上银行与传统银行在经济特征方面的差异

（1）网上银行的流通货币有别于传统银行。

传统的货币形式以现金和支票为主，而网上银行的流通货币以电子货币为主。电子货币不仅能够节约商业银行使用现金的业务成本，而且可以减少资金的滞留和沉淀，加速社会资金的周转，提高资本运营的效益。同时，基于网络运行的电子货币可以给政府税收部门和统计部门提供准确的金融信息。

（2）网上银行改变了传统银行的运行模式。

传统银行提供的服务严格受到时空的影响，其服务模式是具有物理实体性的传统柜台交易模式。网上银行从物理网络转向虚拟数字网络，是虚拟化的金融服务机构，客户通过计算机等在网上登录银行站点，就可以获得银行提供的金融服务，银行和客户之间是通过互联网联系的，他们并未见面，因此存在着相互确认身份的问题；金融交易信息在互联网上传输，必须保护其机密性和完整性；网上交易不能像传统柜台操作那样通过客户签名来完成支付指令的确认和不可否认。所有这些，都必须依赖技术手段（比如加密、认证、数字签名等）来提供支持。因此网上银行是一种区别于传统银行服务环境的全新的服务模式和运行模式。

（3）网上银行改变了传统银行的服务与风险。

①网上银行使商业银行的经营理念从以物（资金）为中心逐渐走向以人为中心。传统银行的经营理念往往注重地理位置、分行和营业点的数量，而网上银行的经营理念在于如何获取信息并最好地利用这些信息为客户提供多角度、全方位的金融服务，有利于体现“以人为本”的金融服务宗旨，也就是提供“个性化服务”、“人性化服务”和“人际化服务”。

②网上银行使商业银行获得经济效益的方式发生了根本性变化。传统银行获得规模经济的基本途径是不断追加投入，多设网点，从而获得服务的规模经济效应；而网上银行主要通过对技术的重复使用或对技术的不断创新带来高效益。网上银行降低了银行的经营成本和管理成本。

③网上银行使商业银行的销售渠道发生了变化。传统银行的销售渠道是分行及其广泛

分布的营业网点，网上银行的主要销售渠道是计算机网络系统，以及基于计算机网络系统的代理商制度。这样，客户在开放的网络环境下，可以在有联网PC等的任何地方进行业务处理。显然，网上银行提供的虚拟金融服务品种使金融机构不再需要大量的分支机构和营业网点，这些分支机构和营业网点将逐渐被计算机网络、基于计算机网络的前端代理人以及作为网络终端的个人电脑等所取代。

【小知识6-1】

数字银行提供了一种在计算机或移动设备等上通过互联网进行银行业务的方式。

数字银行服务包括曾经仅在普通实体银行中可提供的所有传统银行业务，包括转账、存款、查看账户余额、查阅账单、订购支票簿、申请贷款等。随着科技的不断进步和互联网的普及，数字银行系统在金融领域扮演着越来越重要的角色。数字银行系统是一种基于互联网和移动技术的金融服务平台，用户可以通过手机、平板电脑或电脑等终端设备进行各种金融操作，如账户管理、转账支付、贷款申请、信用卡申请、投资理财等。数字银行系统为用户提供了便捷、快速和安全的金融服务，极大地改善了传统银行的体验。

④网上银行使商业银行的人力资源管理战略和技能培训发生改变。传统银行人才培训的方向主要是单纯的业务技能培训，而网上银行需要大量的复合型人才，即既熟悉银行业务的各种规范和作业流程，又能够熟练掌握和应用信息技术的人。

⑤网上银行能比传统银行提供更好、更完善的资讯服务。网上银行可以使客户随时随地按日期和业务品种进行交易记录查询、支票支付、信用卡签账、ATM提款等，还可以为用户提供免费的个人理财分析服务。此外，网上银行可以与金融资讯供应商合作，为客户提供全球主要金融市场的信息。由于数字化信息可同时供应多名客户无消耗重复使用，具有可塑性强、传输成本低以及检索效率高等特点，因此网上银行能够为客户提供更高效、便捷的资讯服务。

⑥网上银行给商业银行带来了一项重要的资产——经过网络技术整合的银行信息资产。银行信息资产既包括银行拥有的各种电子设备、通信网络等有形资产，也包括银行管理信息系统、决策支持系统、数据库、客户信息系统、电子设备使用能力及信息资源管理能力等无形资产。

⑦网上银行给商业银行带来了新形式的风险。特别是与技术相关的风险，如操作风险、战略风险、信誉风险和法律风险等，加大了银行风险管理和内部管理的难度。银行应建立适当的风险管理程序来识别、管理和监控相关的风险。

（4）网上银行弥补了传统银行在客户服务方面的限制。

① 网上银行没有时间和地域的限制，突破了银行的传统业务模式。无论在任何时间、任何地方，客户都可以通过互联网来获得任何形式的网上银行服务，这种服务包含更多的针对性和个性化。另外，网络可以方便地进行不同语言文字之间的转化，这就为网上银行开拓国际市场创造了条件。

② 网上银行对客户需求的满足，大大超过了传统商业银行。一般来说，银行客户主要需要5类金融服务产品，它们分别是交易、信贷、投资、保险和财务计划。传统银行通常只能同时满足一至两项服务，而网上银行则可以同时向客户提供各种金融服务产品，强化了网上银行竞争优势中的差异性基础，增加了客户对商业银行服务质量的信心。

③ 客户对网上银行服务的安全性、隐私保护等存在忧虑，这将成为制约网上银行业务健康发展的关键。另外，网上银行业务的高技术含量加大了客户进行学习的必要性，也加大了客户学习的难度。

2.网上银行与传统银行业务组织方式的差别

传统银行的业务从客户角度可以分为对私业务（个人业务）和对公业务（公司业务）；从资产负债角度可以分为资产业务、负债业务和中间业务；根据业务发生地的不同可以分为国内业务、国外业务和离岸业务。无论从哪个角度来看，存贷款、支付与结算和投资理财都是一般商业银行为客户提供的主要服务。

网上银行也是按个人业务和公司业务进行分类的，但是网上银行个人业务和公司业务的具体组织管理方式，已与传统银行有着明显的不同，尤其是个人业务，网上银行包含的内容要比传统银行丰富得多。同时，资产负债业务与中间业务有区别，国内业务与国际业务也有区别，由于市场整体流动性的提高，网络在地理位置方面的自然延伸等因素的影响在实际运营过程中已不重要了。

除传统业务以外，网上银行一般还提供以下3种新的业务：

（1）公共信息服务。为所有网络用户提供利率、汇率、股票指数等金融市场信息，如经济、金融新闻等，同时为其客户提供定制的专门信息。

（2）投资理财服务。以银行客户为对象，利用电子网络的方式实时代理客户支付清算、提供投资咨询、提供专业理财服务等。其中，综合投资理财包括证券、保险、基金业务，代理企业内部财务管理业务，代理个人收支规划，提供网上金融超市等。

（3）综合经营服务。经营服务既包括直接或间接控制网上商店，提供商品交易服务，也包括发行电子货币、提供电子钱包等服务。

传统银行与网上银行的业务优劣势比较见表6-2。

表6-2　**传统银行与网上银行的业务优劣势比较**

	传统银行	网上银行
优势	1.容易与客户形成稳定的人际关系 2.可以获得多方面的客户信息 3.现金收付简单 4.可以为客户提供便利的货币兑换	1.标准化服务，边际费用低 2.实时业务处理，效率高 3.提供快捷的查询、支付清算转账、币种转换、投资组合变动等服务 4.业务拓展性能好，便于充当企业和个人财务的综合管理人
劣势	1.效率低、运营成本高 2.服务质量取决于员工的素质，不稳定 3.对主要地域范围以外的客户影响力小，信息收集成本高	1.现金、存折等实物处理费用相对较高 2.通过网络获得的客户带有一定的局限性

业务品种和业务优势的变化，使网上银行的业务组织形式相应地发生了转变。在20

世纪90年代以前，几乎所有的银行都按照业务的自然流程和资金筹集（储蓄）、清算、应用（贷款）等的不同流向与管理方式划分实际业务部门。存款部门负责存款，贷款部门负责贷款，会计部门负责清算，市场营销部门负责推广新的金融产品等，属于典型的科层功能型结构，如图6-9所示。

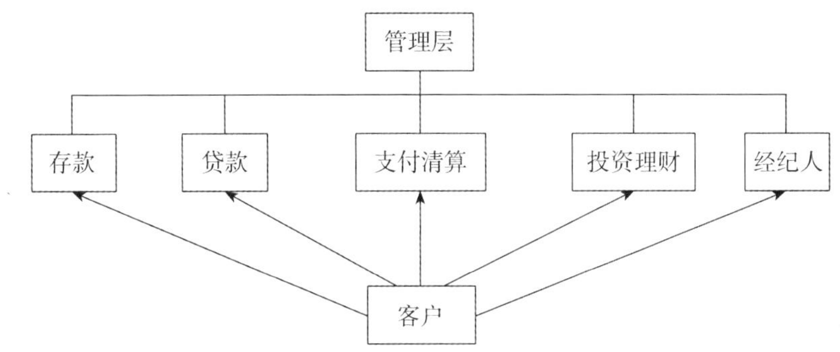

图6-9 传统银行业务组织形式

分部门的业务组织形式不仅加大了客户的交易成本，也不利于发挥银行信息的综合优势。利用信息网络技术，再造业务流程是网上银行业务组织形式的一个鲜明特点，如图6-10所示。

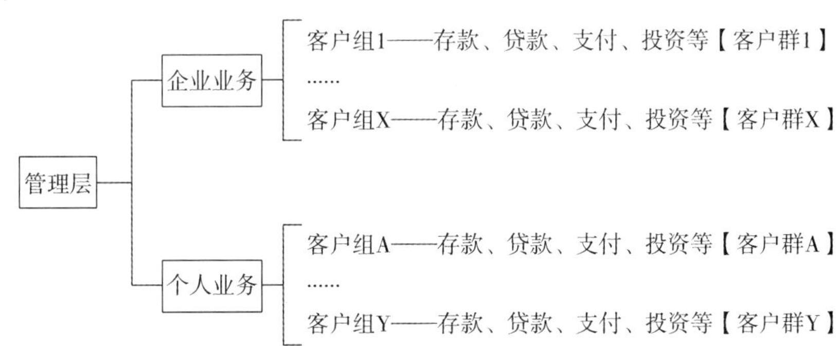

图6-10 网上银行业务组织形式

3.网上银行与传统银行经营管理模式的不同

由于网上银行技术的复杂性、信息的多样化和竞争压力加大等，系统的安全性、效率、传输速度等因素已关系到网上银行能否生存下去。因此，网上银行更注重以下3个方面的管理：

（1）综合配套管理。网上银行除了提供一般的传统银行业务外，为了发挥网络优势，抵御非金融机构的进入，提高竞争水平，往往还介入综合投资、代理等方面的业务，各个部门、各个环节及资金收、转、支的确认等方面的综合配套安排十分重要，成为经营网上银行首先必须考虑的问题。

（2）技术标准管理。出于安全、高效的目的，数据传输、加密、认定及与其他网络链接等的技术协议标准，需要在说明、监测、升级更新、源代码修改权限及保管等方面进行统一安排和管理。

（3）个性化服务管理。个性化服务管理是基于数据仓库和数据挖掘等技术将每一个客户都作为一个独立的个体，通过对其业务记录数据的分析、统计等，进行归纳性推理，从而预测客户行为，从中挖掘潜在的服务模式和有价值的商业信息，一方面提高对客户的服务水平，另一方面帮助决策者正确判断即将出现的机会，调整策略，减少风险。

这3个方面形成了网上银行特有的经营模式——客户主导管理模式，又称“客户管理中心”模式。

传统银行多年来一直将大众营销和市场占领作为其经营重点。银行推出某种新产品后，首先要做的工作是将这种产品标准化，适合于一般大众购买。由于标准化的产品容易被其他银行效仿，因此新产品的推出一般需要大量的广告宣传。网上银行的经营一改传统银行以业务或市场为核心的模式，强调以客户为中心，按照每个客户的不同需求量身定做，设计相应的产品，致力于开拓市场。

随着经营模式的改变，网上银行的管理模式也在发生变化，将传统银行以业务分部门的管理机构设置变成以客户分部门的管理机构设置。网上银行将客户细分为不同的类型，成立不同的客户服务中心，对客户提供“一对一”的全程服务。也就是说，客户的储蓄存款、贷款、投资和其他金融服务完全由一个部门负责。

客户主导管理模式的出现，对传统的以流动性、安全性和盈利性为主导的资产负债均衡管理模式产生了很大的影响。在传统银行，资产与负债间的随时匹配、均衡是银行经营管理的重点，也是在保证流动性和安全性条件下增加盈利的前提。在网上银行，资产与负债匹配的重要性已让位于客户规模，只有客户规模达到一定水平，网上银行才有可能盈利。

任务实施

步骤1　了解个人网上银行申请流程。

(1) 了解自助申请流程，如图6-11所示。

(2) 了解柜台申请流程，如图6-12所示。

步骤2　了解网上银行的功能。登录光大银行官网（http：//www.cebbank.com）（如图6-13所示）。

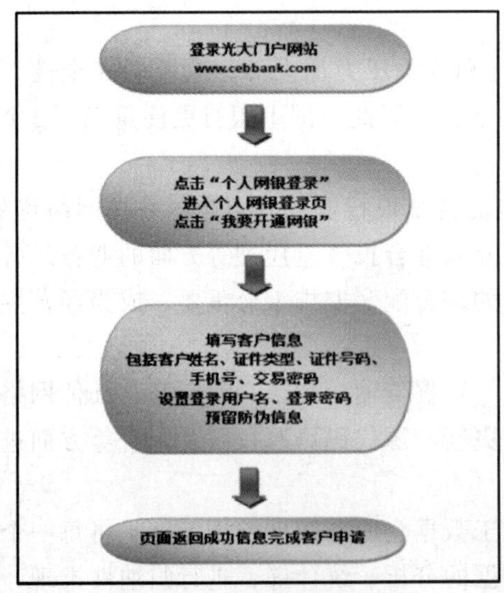

图6-11　自助申请流程图

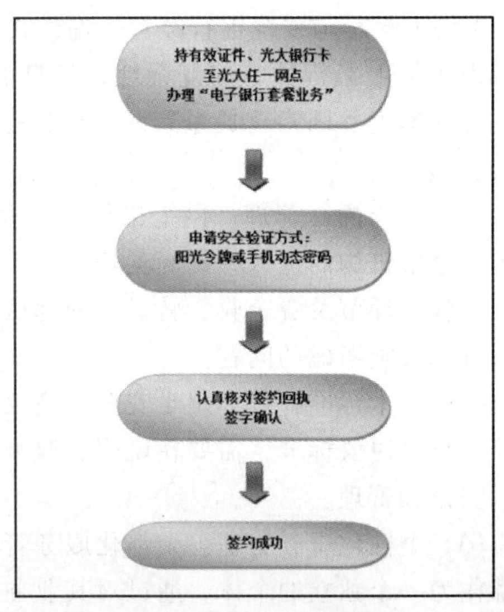

图6-12　柜台申请流程

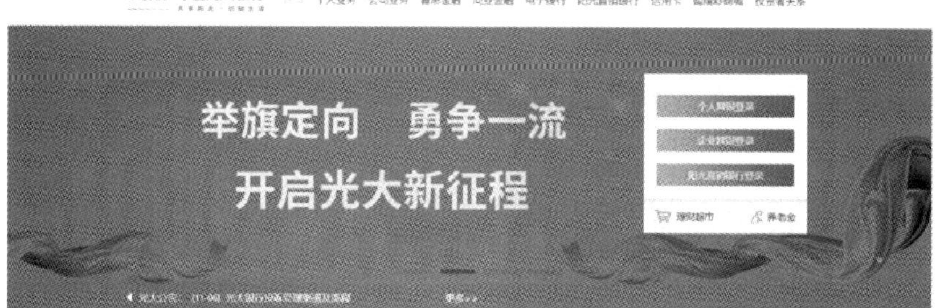

图6-13　光大银行网上银行首页

（1）选择“个人网上银行功能演示”（如图6-14所示）。

图6-14　个人网上银行功能演示

①登录个人网上银行功能演示版（如图6-15所示）。

图6-15　个人用户登录页面

②选择进入方式（如图6-16所示）。

图6-16 选择进入方式

③进行网上银行业务的演示，熟悉网上银行功能，如账户管理下的各项业务（如图6-17所示）。

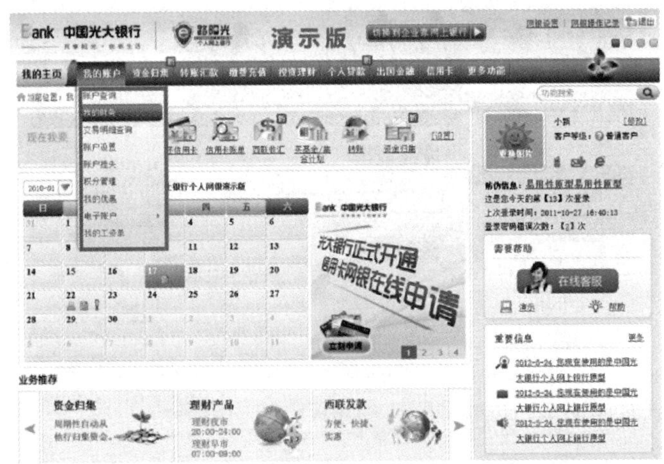

图6-17 个人账户页面

（2）选择“企业家网上银行功能演示”（如图6-18所示）。

图6-18 企业家网上银行功能演示

①企业家网上银行是中国光大银行为小微客户量身定做的全新的金融服务工具。登录企业家网上银行功能演示版（如图6-19所示）。

图6-19 登录企业家网上银行功能演示版

②选择企业家个人账户管理，查看业务（如图6-20所示）。

图6-20 企业家个人账户页面

（3）光大银行企业网上银行系统是基于光大数据大集中系统为客户提供的互联网服务，具有“一点接入，全辖服务，实时到账”等优势，是专为对公用户量身定做的网上银行服务。登录企业网上银行专业演示版（如图6-21所示）。

图6-21 登录企业网上银行专业演示版

①进入企业网上银行专业演示版页面（如图6-22所示）。

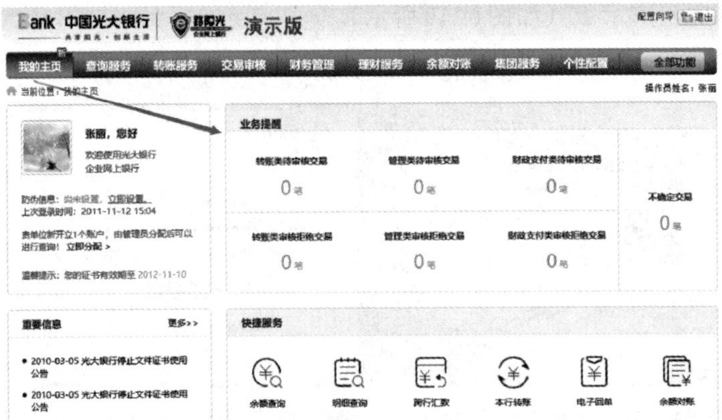

图6-22　进入企业网上银行专业演示版

②熟悉企业网上银行专业演示版功能，选择“查询服务”（如图6-23所示）。

图6-23　企业网上银行查询服务

③熟悉企业网上银行专业演示版功能，选择“转账服务”（如图6-24所示）。

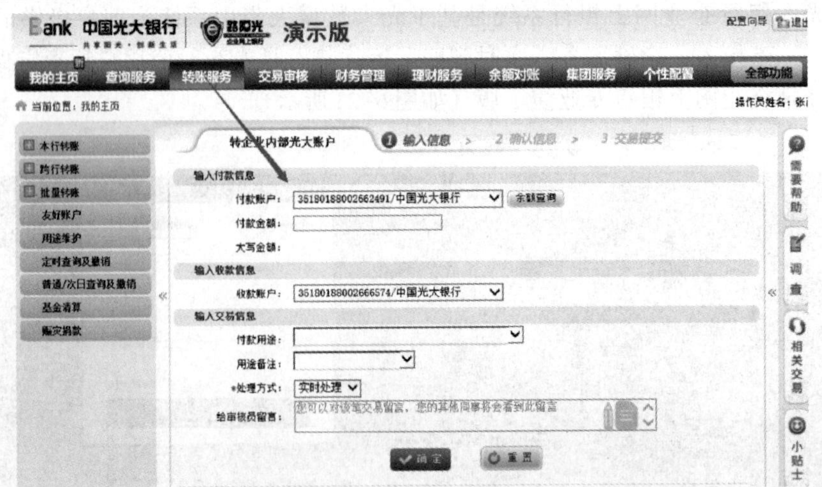

图6-24　企业网上银行转账服务

④熟悉企业网上银行专业演示版功能，选择“赈灾捐款”(如图6-25所示)。

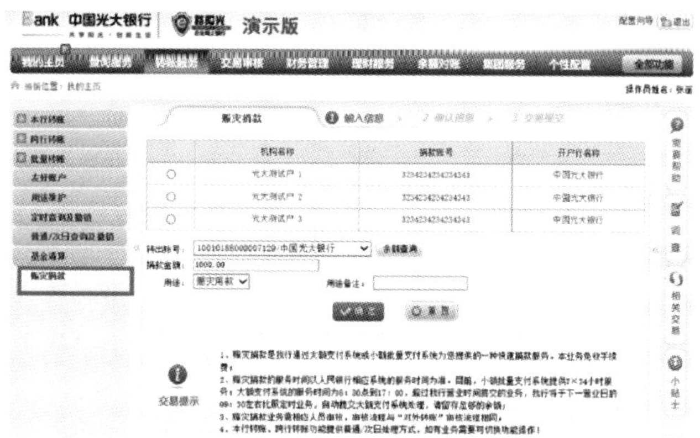

图6-25 企业网上银行赈灾捐款服务

⑤熟悉企业网上银行专业演示版功能，选择“全部功能”(如图6-26所示)。

图6-26 企业网上银行全部功能

任务三 掌握网上银行风险的防控

任务描述

自新冠疫情暴发以来，建设银行主动发挥国有大行的责任担当意识，号召全行立足当地、立足实际、立足服务、立足需要以及立足一切有利于疫情防控和员工自身安全的原则，针对性推出了疫情期间网点服务的系列措施，旨在关爱员工、关心社会、服务客户，积极配合打赢这场疫情攻坚战。在关心社会和客户方面，建设银行承诺无论是单位还是个人，只要通过建设银行向湖北疫区专用账户捐款或汇划防疫专用款项，一律免收手续费。为配合这一政策的顺利实施，建设银行于2020年1月28日上线了手机银行“一键捐款”功能，客户可通过建设银行手机银行，便捷地向湖北疫区防疫专用账户捐款。在操作时，只需选择捐款机构，捐款金额即可快速完成转账。客户还可以通过手机银行转账，或点击“转账”—“公益捐款”的方式，向各地的公益机构进行捐款。作为建设银行客户，您可选择网上自助开通普通客户或便捷支付客户；若需享受更多网银服务，可直接前往网点柜台签约为高级客户或由普通客户、便捷支付客户升级为高级客户。

请以建设银行为例，说明如何开通网上银行业务。

知识准备

一、网上银行风险分析

随着计算机与网络技术的发展，各商业银行已将计算机运用到许多业务领域中。近年来，无论是在零售业务、公司业务还是在管理领域，网上银行金融服务已得到了进一步的发展与推广。网上银行的出现，标志着金融服务方式的重大变革。随着网上银行的开办，网上银行的风险问题也备受关注，已成为当前金融业的热点问题之一。

网上银行与传统银行相比，最大的优势在于其机构虚拟化、交易无纸化、服务便捷化、操作简便化和金融产品个性化，但是网上银行业务蕴含着传统管理方式不易缓解的新风险。我们可从两方面对网上银行业务的风险进行分析：一是传统银行风险新的表现形式；二是网上银行产品和服务存在的特有风险。

1.传统银行风险新的表现形式

网上银行给传统银行风险带来新的表现形式，这主要是指对银行的攻击来源、范围有所扩大，手段更加隐蔽。随着银行信息技术的普遍采用，来自内外部的技术攻击也不断发生，这就是银行业的安全风险。技术攻击一方面打断了银行业务的连续性，另一方面对银行的声誉造成了不良影响，还可能给银行带来实际的经济损失。而网上银行“三A型”的特点，更使它容易受到攻击，而且范围更大，攻击方法更隐蔽。对传统银行而言，攻击往往发生在内部，影响也只局限在一定区域内或一定的业务品种上；但对于网上银行，由于其依赖的互联网连接了众多机构和系统，有的甚至与中央银行或其他商业银行相通，联网的每个银行分支机构的员工都有可能通过快捷的网络传输，威胁其他银行分支机构的资金安全，跨时空进行金融违规、违法操作，因此从理论上讲，网上银行的黑客攻击可能来自全球各个角落。

另外，随着金融业务的网络化、数字化，各商业银行都在积极统一业务处理平台，推出综合业务系统。攻击者可以通过综合业务系统对银行的各项业务展开攻击。从攻击的角度看，由于综合业务系统固有的技术特征——内在关联性，黑客只要突破了一点，就可能在整个内部综合网内肆虐；又由于技术处理的特点，很快就可能造成整个系统瘫痪，影响银行的声誉，进而对银行业产生传染效应。网上银行与传统银行相比更加脆弱。

2.网上银行产品和服务存在的特有风险

（1）安全风险。

如前所述，互联网技术是一把双刃剑，一方面使金融服务便捷、高效，另一方面使风险更容易积聚，爆发更快。网上银行的安全风险突出表现在物理安全、数据信息安全、应用系统安全等方面。物理安全是指有形设施的安全，如计算机设备、网络设施、密钥等的安全，有的银行配有不间断稳压电源、防震防水灭火设施、视频监视系统、电子门户控制系统等，目的都是防范物理设备的安全隐患。数据信息安全是指网上传输的数据信息的私密性、完整性等的安全。应用系统安全则主要考虑密码管理、认证安排等的安全问题，如果密码管理不善，或认证机制不健全，就容易导致口令被破译、系统被监视、信息被截取或者交易对方抵赖等。在分析网上银行风险时，也会将安全风险纳入操作风险范畴考察。

（2）战略风险。

战略风险是指银行董事会、管理层因策略规划失误和对商业环境变化反应不及时造成的决策失当，或工作层面上的执行不力的风险。一般来说，战略风险包括两个方面：一是从管理层和工作人员素质角度看，网上银行业务比较新，需要银行职员既掌握现代金融知识，又掌握计算机网络知识。二是从内部控制角度看，网上银行的网上操作使内部犯罪更容易发生，因为内部人员对网络密码、认证方式都了如指掌，居心不良或在交易中求胜心切的员工都可能试图超越权限进行交易。

（3）法规风险。

网上银行的法规风险主要体现在：一是通过互联网进行的业务经营缺乏明确的法规依据或司法解释，造成有的商业纠纷无法解决。二是网上银行跨境服务涉及不同司法区域的司法管辖权问题。各国之间有关电子商务和网上交易的法规存在差异，在网上银行的跨国业务交易过程中，会产生国与国之间法规问题上的冲突。目前国际上尚未就网上银行涉及的法规适用问题达成共同协议，也没有一个仲裁机构，客户与网上银行很容易陷入法规纠纷之中。三是洗钱犯罪，犯罪团伙可能会利用网上银行快速和不易跟踪的特点，进行大规模洗钱活动，向监管部门提出挑战。

（4）声誉风险。

声誉风险是指负面的公众舆论对银行造成的风险。网上银行因产品、服务、传送渠道或处理过程等出现问题而产生负面的舆论，以至于严重影响银行的收益或损害银行的资本，网上银行也会因此产生声誉风险。例如，安全性系统存在缺陷而严重损害客户的隐私权；不恰当的应急计划和业务恢复计划，影响银行维持和恢复运行的能力，以及在系统失效后影响为客户提供服务的能力；欺诈会从根本上损害公众的信任；大规模的诉讼使银行面临重大责任，并对银行声誉造成严重损害。负面的舆论会使公众对银行的总体运行情况产生长期的、不良的印象，从而损害银行建立与维护客户关系和业务关系的能力。声誉风险对银行损害极大，因为银行的业务性质要求它能够维持存款人、贷款人和整个市场的信心。一旦网上银行业务发生技术故障、安全漏洞、客户关系管理不善等事件，银行必定声誉受损，如果处理不当，还会造成存款挤兑，引发流动性危机。

二、网上银行风险管理的程序和措施

1.网上银行风险管理的程序

根据美国国民银行的监管当局——货币监理署（OCC）在其《技术风险管理》文件中的意见，网上银行风险管理的程序是为帮助银行识别、测量、监测和控制与技术相关的风险而制定的。该程序包括以下3个基本组成部分：风险管理计划、风险管理实施、执行监测与衡量。

（1）风险管理计划。

在考虑是否采用一种新的技术或者是否升级现有的系统时，银行应该根据自身的全局战略目标和市场背景来评估是否采用该技术或升级现有系统。计划过程应该考虑的因素：一是与内部和外部承包商有关的开发成本，以及今后保持数据完整和立刻恢复运营的能力；二是内部控制是否健全，包括对外包商的控制；三是能否判断何时特定风险会超出机构管理和控制的能力。

这里专门提及外包环节是因为外包商拥有设计、实施和服务于新技术所需要的专门技术，所以外包商可以提供一些有价值的方法，这些方法银行无法自行提供，而且通过该方法银行可以获得专门技术与资源。在确定计划是否签订合约以及如何签约时，银行应当评估在这种新关系下如何管理风险。如果没有足够的控制能力，通过外包商来设计或者协助开发银行的新技术与系统，将会增加银行面临的风险。当银行将一些业务进行外包时，只要外包商仍然为银行执行任务，其管理部门就应继续对外包商的行为负责。

总的来说，银行设定一个有效与技术应用相关的计划过程包含3个基本部分：一是让董事会和高层管理者在计划过程中参与制定决策；二是收集和分析与新的和现有的技术相关的信息；三是评估需求和考察相关选项。

（2）风险管理实施。

银行应该建立必要的控制制度，从而防止操作失败以及未经授权侵入，避免导致损失或声誉毁坏。至少，管理部门应该建立技术标准，从而能够为银行技术系统的全部结构与构造制定方向。

管理部门应建立优先顺序，保证项目在各管理者、工作单元和团队成员之间的协调与兼容。合适的项目实施包括控制、政策、程序、培训、测试、业务连续性计划和防止对外包商泄露机密等。管理层对期望目标应有明确的定义，包括用户和资源需求、成本预测、项目评测基准和期望可用日期等。相关方对项目的合理监控也是十分重要的。项目经理应将可能出现的障碍报给高层，从而确保对管理风险有足够的控制和修正计划。

①控制。控制应当包括明确并可度量的实施目标、对项目关键实施过程的特定责任的落实，以及拥有风险测量和防止额外风险的独立机制。这些控制应当定期接受重新评估。

银行信息系统的安全管理非常重要。安全措施应该具有可度量的实施标准，并被清楚地定义。应指定相关负责人员，从而确保拥有一个完备的安全程序。银行管理部门应该制定必要的步骤，用以防止非法入侵对关键业务系统的影响。系统应尽可能地得到保护，从而防止欺诈、疏忽和银行财产遭受物理性破坏等所带来的风险。控制点应该包括设备、人员、政策、程序、网络控制、系统控制和承包商控制等。例如，安全进入限制、对雇员的背景检查、职权的分离、审计线索，这些都是保护银行与承包商系统安全的重要预防措施。随着技术与系统的转变和成熟，安全控制也需要定期转变。

②政策和程序。管理部门应当采用与加强适当的政策和程序，从而管理与银行的技术应用相关的风险。这些政策和程序的有效性很大程度上依赖它们是否在银行员工与承包商之间被执行。测试这些政策和程序的合规情况往往能够帮助银行在问题变得严重之前对其进行纠正。清楚的书面记载和经常沟通能够有效地分配职权，从而帮助雇员有效而一贯地协调和实施任务，并且能够协助培训新员工。银行管理部门应该保证所有政策、程序和系统都被充分记载。

③专业技术与培训。银行应该保证关键员工和承包商具备专门技术与技能来进行必要的操作，并确保他们得到适当的培训。管理部门应该对雇用与培训员工给予足够的重视，并且如果一个关键人员离开，要有后备人员补充。培训包括参加技术课程学习、出席行业会议、参与行业工作团队以及分配时间给员工，从而使他们跟踪重要技术与市场的发展。

培训也应该延伸到客户，以保证客户了解如何恰当地使用和获取银行的技术产品与服务。

④测试。测试能够证实设备与系统的运作正常与否以及是否达到了预期效果。作为测试过程的一部分，管理部门应该证实新技术系统是否能在银行旧的技术环境下有效运作，并且在某些特定的地方，需要承包商来协助完成。在新的技术大规模应用之前，试验程序或者原型将会对开发这些技术应用起到帮助作用。测试应该定期执行，从而控制风险。

⑤业务运行应急计划和业务连续性计划。在所有的系统中，设备损坏和人为错误等造成的风险都是可能的。这些风险可能在银行的控制之内或控制之外。系统失败以及非法入侵可能来自设计上的缺陷、系统容量的不足、自然灾害或者火灾造成的设备损坏、安全规则的违反、不足的员工培训或者对承包商的过度信赖等。

业务连续性计划应该在银行实行新技术之前制订好。该计划应该包括系统失败或者未授权侵入时银行应急的一系列操作，还应该将其他所有与银行操作相关的商业计划整合起来。该计划可能包括数据恢复、数据处理能力的交替、紧急情况下的人员使用以及客户服务支持等。管理部门应该建立一个沟通计划来指派关键人员并制定程序纲要，通知所有雇员。该计划应该还包括公共关系以及外延策略，从而当系统失败或者受到非法入侵后，能够迅速对客户及媒体做出响应。管理部门还应该对那些可能影响客户信心的事件（比如一个拥有类似技术的竞争者的操作失败）做出计划。

⑥业务外包。银行应该保证具备必要的控制来管理业务外包以及与外部相关的风险。管理部门应该保证外包商具备必要的专业技术、经验以及财务能力来履行他们的职责，还应该确定各方的期望与职责被清楚地界定、理解和确认。

项目是否能合理有效地实施与银行能否依靠其雇员、外包商或者两者一起来进行开发实施有关。如果未能建立必要的控制，可能会导致安全受到威胁、低标准的服务、不兼容设备的安装、系统的失败、超出控制成本以及客户隐私的泄漏等。如果银行加入或者与其他银行、公司形成联营，管理部门应该仔细审核对方，从而保证联营伙伴具有竞争力和足够财力来完成职责。在第三方同意的情况下，需要充足的银行资源对实施情况进行监督与衡量。

（3）执行监测与衡量。

管理部门应该监测与衡量和技术相关的产品、服务、递送渠道以及操作程序的执行情况等，从而防止潜在的操作失败，减少失败带来的损失。银行应该建立能够识别和管理风险的机制，使银行可以应对风险。为了明确责任，管理部门应该指明谁对业务目标、特殊的技术项目或系统带来的结果负责，还应该建立独立于业务部门的控制，保证对风险的适度管理，应该根据控制要求对技术过程的质量与合规性进行定期审查。

① 审核。银行应该充分估计用于识别和管理与技术相关的风险的审核人员的充足性。使用审核人员是探测技术实施中的不足与管理风险的一个重要机制，他们应该有资格去评估产生于特殊技术使用中的特殊风险。银行管理部门应该给审核人员提供关于标准、政策、程序、应用和系统的足够信息。审核人员在计划过程中，为保证技术系统被充分而又经济地审核，应该向银行管理部门进行咨询。

② 质量保证。银行应该建立程序，以确保质量实现，并将其融合于今后的计划中，以保证管理与限制所承担的风险。这些程序可能包括内部操作测试、专题小组以及客户调研。当银行与其他机构或者其他行业实行重大联合时，银行也应该审查相应的质量保证

环节。

质量保证既作为计划的一部分，又作为监督的一部分，银行必须清楚地界定衡量标准并定期实行审查，以确保银行管理部门制定的目标与标准的实现。目标和标准应该强调对有效使用技术起重要作用的数据的完整性。无论是在进程前还是在进程后，信息都应该完整和准确。这在与其他机构或行业的重大合并中显得尤为重要。衡量进程与确定实际成本的困难，使得技术项目的控制变得复杂。所以银行管理部门建立针对特殊应用的合适的评估标准就非常重要了。最后，技术成功与否取决于技术是否取得了预期的结果。

2.网上银行风险管理的措施

（1）安全风险管理。

网上银行产品存在着很高的安全风险。在网上提供金融产品和服务的银行机构必须让客户放心，并满足客户的期望。银行还要保证能提供精确、及时和可依赖的服务，来建立自己的品牌。客户对那些没有严格内控管理网上银行业务的银行没有信心。同样，客户希望能有持续易用的产品和网页用来进行网络浏览，希望能多渠道取得使用网上银行所需的软件。银行应有能力支持客户自购的或由银行提供的浏览器系统，或个人财务管理软件（PFM）。银行与客户的良好沟通能更好地保证与个人财务管理软件的兼容性。攻击或非法访问是银行计算机或网络系统最大的危险所在。研究表明，网上银行系统更容易受内部侵扰而不是外部侵扰，因为系统的内部使用者对系统本身及权限了解得更多。因此，银行必须有完备的预防和检测系统来防止来自内部与外部的侵害。

银行还必须有业务运行应急计划和业务连续性计划，保证即使在不利的情况下，银行仍能对外提供产品与服务。与强大网络相连的网上银行系统其实能更方便地实施这些计划，因为可在更大的地域范围内部署后备业务系统。例如，如果主服务器失去运行能力，网络能自动连接到另一地点的后备服务器上。银行机构部署业务运行应急计划和业务连续性计划时必须考虑安全因素。高度的系统可靠性是客户所期待的，并且将决定金融机构网上银行的成功。

（2）战略风险管理。

战略风险是由于错误的商业决定、对决定不合适地贯彻执行或者对商业变化没有及时应变等而引发的对目前或将来资本和收益产生的风险。这一风险与组织的战略目标、实现这一目标的商业手段、对该目标的资源分配以及贯彻实施等有关。实现战略目标的资源可以是有形的，也可以是无形的。

在开展某项网上银行业务之前，管理层必须对其相关的风险有充分的了解。在某些情况下，银行会通过互联网提供新的产品或服务，了解相关的风险及其后果是十分重要的。充分的技术和管理信息系统是开展业务的必要条件。由于许多银行和其他金融机构在现有的业务范围之外展开竞争，开展网上银行业务的机构必须在技术层面与银行战略计划之间建立联系。

在提供网上银行产品之前，管理部门必须考虑产品、技术是否与银行战略计划所包含的有形资源相符合。银行还必须考虑是否有足够的专业能力和资源来确认、管理与控制网上银行业务的风险。计划和决策过程应致力于考虑如何通过网上银行系统满足一个业务目标，而非片面地完成单一的产品目标。银行的技术专家应协同市场和操作人员，来参与计划和决策过程。必须保证该计划与银行的战略相一致，并在银行可接受的风险范围之内。

新技术尤其是互联网，将给竞争能力带来急速的变化。因此，战略决定的视野将决定网上银行产品的设计、实施和管理。

（3）法律风险管理。

法律风险有时也称合规风险，主要是指由于违反或未能执行法律、法规、条文、预先设定的作业标准以及道德标准等而给资本或收益带来的风险。未经法律或法规检测或有模糊性的银行产品和服务，将带来法律风险。法律风险使银行机构面临惩罚，如经济处罚、损失赔偿和合同失效。法律风险还可能使其声誉丧失、特许权价值降低、商业机遇受限制、扩展机遇受限制以及失去合同等，许多客户为此将继续使用其他银行的传统渠道。同样，银行必须保证在网上银行（包括网站）上的信息披露与其他途径相一致，从而确保信息能准确而连续地传送给客户。经常性地监督、测试银行网站可保证其法律、法规的合规性。

（4）声誉风险管理。

声誉风险影响着银行机构与新客户建立合作关系提供的服务和对老客户提供的服务，该风险可能使银行面临诉讼、财务损失或者失去客户等。应随时关注声誉风险管理，需要谨慎对待所有的客户以及整个社会。

银行员工应当了解，如果银行未能满足市场需求或未能提供精确及时的服务，声誉风险就会产生。这包括未能满足客户的信用需求、提供了不可靠或低效的传输系统、未能及时回复客户请求或违反了客户在隐私方面的要求等。

既然运行不良的网上银行系统会使银行丧失声誉，那么制订良好的市场计划（包括信息披露）就能够指导客户并降低声誉风险，客户能理性地了解银行目前所能提供的产品、服务以及使用系统可能面临的风险。所以，市场策略要做到充分披露目前的服务。银行不能在市场和推销过程中提供网上银行系统不具备的能力与特性，而必须合理精确地介绍产品。银行还需要考虑在网站上呈现第三方信息的问题。超级链接能使客户链接到第三方站点。对于客户，这些第三方的产品和服务可能被默认为银行提供的服务。当客户离开本银行网站时，必须确保其对银行所提供的特有的产品和服务以及安全与私密标准没有任何的混淆。同样，还必须对客户充分披露其哪些总体业务连续性计划确定将网上银行业务纳入其中。经常性地检测业务连续性计划，包括与公众和媒体的沟通战略问题，将帮助银行在面对客户或媒体等的负面报道时能迅速而有效地做出反应。

【小资料6-2】

2022年9月1日，中国银行业协会发布《2022年度中国银行业发展报告》（以下简称《报告》）。《报告》显示，中国银行业金融机构坚决贯彻落实党中央各项重大决策部署，有效传导宏观政策，持续做好新冠疫情防控和金融服务经济社会发展，全力支持稳定国内宏观经济大盘；聚焦绿色金融、科创金融等重点发展领域，全力服务国家战略；围绕乡村振兴战略，持续加大涉农资金供给，打造有特色、可持续的乡村振兴金融服务体系；积极处置不良资产，有序推进高风险机构处置，确保行业行稳致远；持续推进党的领导与公司治理的有机融合，多元化股权结构逐步形成，公司治理不断完善；积极运用先进科技，加速推动自身数字化转型，以科技赋能激活转型动力。

随着数字经济逐渐成为引领高质量发展的新引擎，银行业金融机构围绕“数据+技术+平台”，持续加大数字化转型资源投入，科技投入和科技人才数量持续增长，通过对业务经营、数据治理、金融科技、风险管理、组织架构等各个层面的数字化改造，构建更稳定、可持续的银行数字化发展新模式，不断夯实数字化转型基础；同时着眼于客户全生命周期管理，打造智能客户服务模式，强化消费者权益保护，探索基于服务体验、服务内容、服务方式和服务质量的数字化转型发展。

2022年，受新冠疫情反复和国际地缘政治局势紧张等因素影响，经营环境更加复杂严峻，部分重点行业、重点领域风险持续演化，风险防控压力较大。银行业金融机构始终坚持稳中求进总基调，资产质量总体保持稳定，风险抵御能力稳步提升，信用风险整体可控，市场风险和流动性风险总体平稳。银行业金融机构将进一步增强经营稳健性，坚守服务实体经济本源，加强全面风险管理，以高质量风险管控助力金融稳定与金融安全。

三、网上银行安全工具

目前，各家银行为了充分保障网银用户的安全，纷纷开发出各种网银安全工具。国内市场上主要有3大类工具：数字证书、USB-KEY（U盾、ukey、网盾等）和银行动态口令卡（刮刮卡、动态口令卡、电子口令卡等）。

1.数字证书

数字证书是目前电子银行最常见、最基本的安全保障手段。它实际上是一串很长的数字编码，包含用户的基本信息及认证中心的签名，是证明网上身份的“网络身份证”。数字证书是网银安全的根本保障，是被国内外普遍采用的一整套成熟的信息安全保护措施，通常被保存在电脑硬盘或IC卡中，用户登录时，银行系统会通过数字证书自动验证使用人的身份，确保用户的真实性和唯一性。它的优点是价格低廉，一般在2元到10元之间，部分银行免费，基本上能保障用户的安全。它的缺点是证书一旦被安装，用户只能在被安装有证书的电脑上使用网上银行。当用户更换计算机时，必须回到原来的机器将证书导出，重新安装到新机器上。如果电脑重装，则必须把证书备份，再重装。因此，这种数字证书最大的风险在于，一旦电脑被盗或被他人挪用，证书就有可能被备份，不法分子获取密码后就能轻松地转走网银账号上的资金。

2.USB-KEY

USB-KEY是目前多数中资银行采用的安全认证工具。USB-KEY外形酷似U盘，内置微型智能卡处理器，从外部无法读出内部保存的关键数据，安全性较高。银行将数字证书保存到U盘里，用户登录时必须插入U盘。U盘内的文件不会被保存在电脑上，即使电脑中了木马病毒，也不会被窃取，因此用户不必担心数字证书被黑客控制。从技术上来讲，USB-KEY是目前最为安全的网银认证工具。它的优点是携带方便，不可复制，安全性比较高。它的缺点是价格昂贵，容易丢失。

3.银行动态口令卡

银行动态口令是一连串定期变化的银行密码，动态口令卡是动态口令的载体，只有拥有口令卡的用户才能拥有最新更换后的密码。在启用动态口令卡后，进行网上银行办理转账汇款、缴费支付、电子支付等交易时，需按顺序输入动态口令卡上的密码，每个密码只可以使用一次。它的优点是价格低廉、易于携带、操作简单，不需要在电脑上安装任何软件，使用起来非常方便。它的缺点是容易丢失，网银使用次数越多，口令卡更换就越频繁。

任务实施

建设银行网上银行开通客户分为普通客户、便捷支付客户、高级客户（如图6-27所示）。

图6-27 建设银行网上银行开通页面

（1）普通客户，可享受账户查询、投资理财、信用卡、部分大小额缴费支付、部分大小额电子支付等服务。

步骤1 登录建设银行网上银行普通客户开通页面，点击“马上开通”（如图6-28所示）。

步骤2 选择普通客户网上自助开通，点击“现在开通”（如图6-29所示）。

步骤3 阅读“中国建设银行电子银行个人客户服务协议及风险提示”后，点击“同意”（如图6-30所示）。

步骤4 填写姓名、建行账号、密码以及附加码后，点击“下一步”（如图6-31所示）。

图6-28　网上银行普通客户开通页面

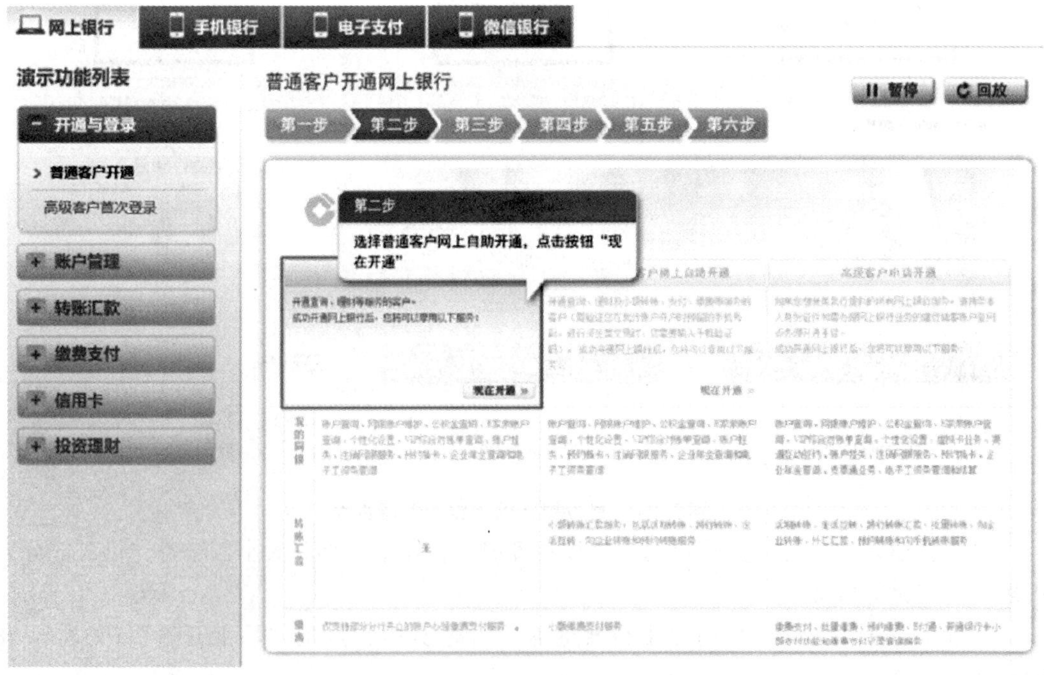

图6-29　普通客户网上自助开通页面

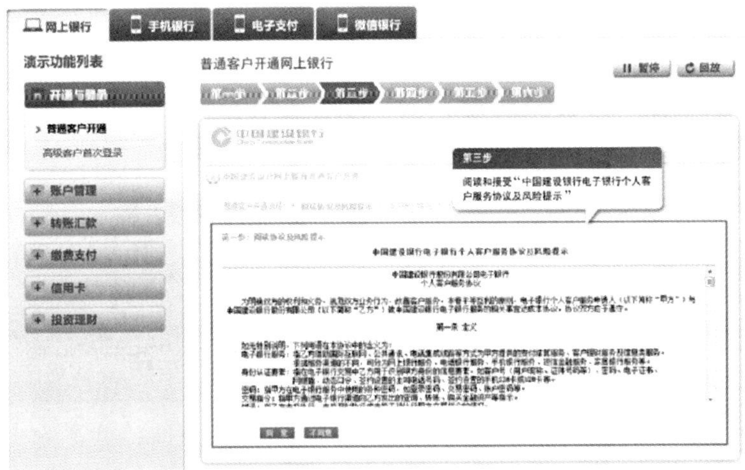

图6-30　同意风险协议提示

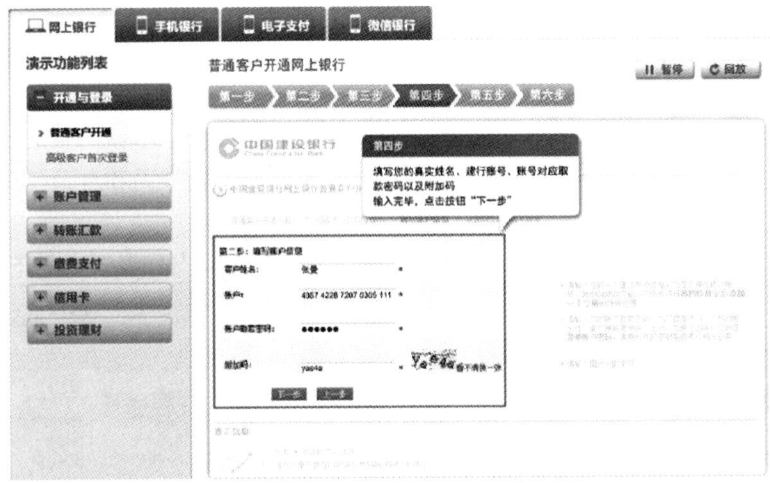

图6-31　填写账户信息

步骤5　输入正在使用的手机号码和设置网银登录密码后，点击"下一步"（如图6-32所示）。

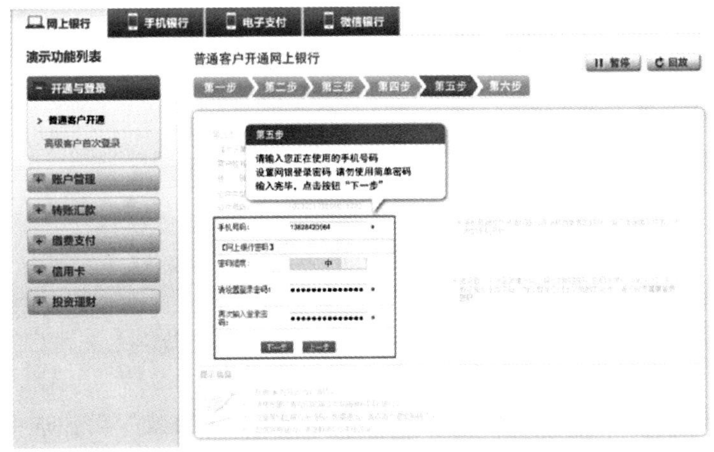

图6-32　输入正在使用的手机号码和设置网银登录密码

步骤6　成功开通（如图6-33所示）。

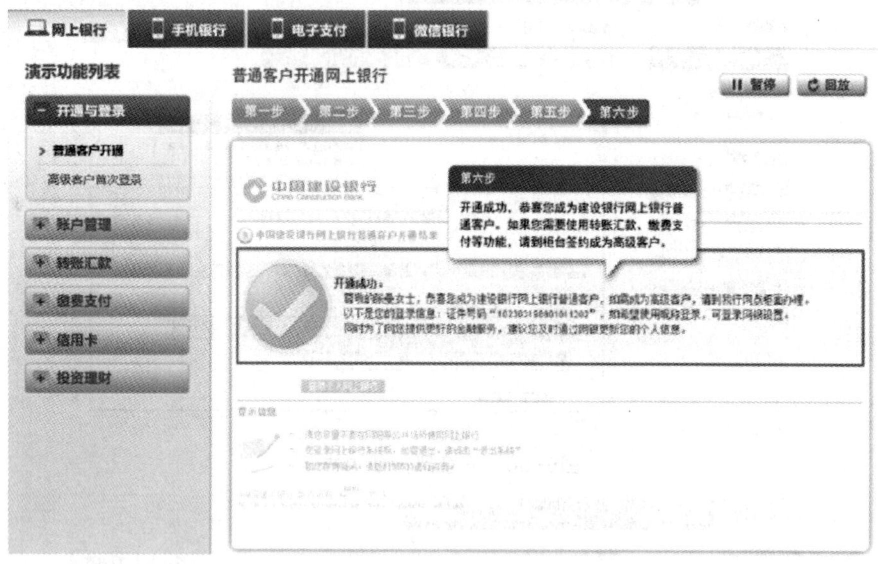

图6-33　成功开通页面

（2）便捷支付客户，可享受账户查询、投资理财、信用卡、小额缴费支付、小额电子支付等服务；支持小额转账汇款服务；账户开户时预留的手机号码和目前使用的手机号码一致。

步骤1　登录建设银行网上银行，找到开通指南中的便捷支付客户（如图6-34所示）。

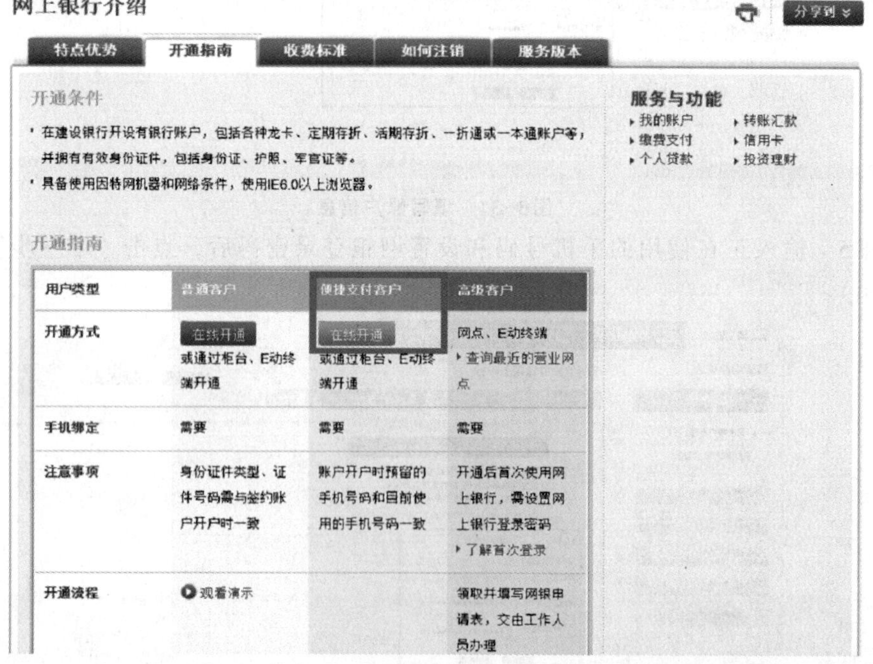

图6-34　便捷支付客户在线开通

步骤2　阅读“中国建设银行电子银行个人客户服务协议”后，选中复选框（如图6-35所示）。

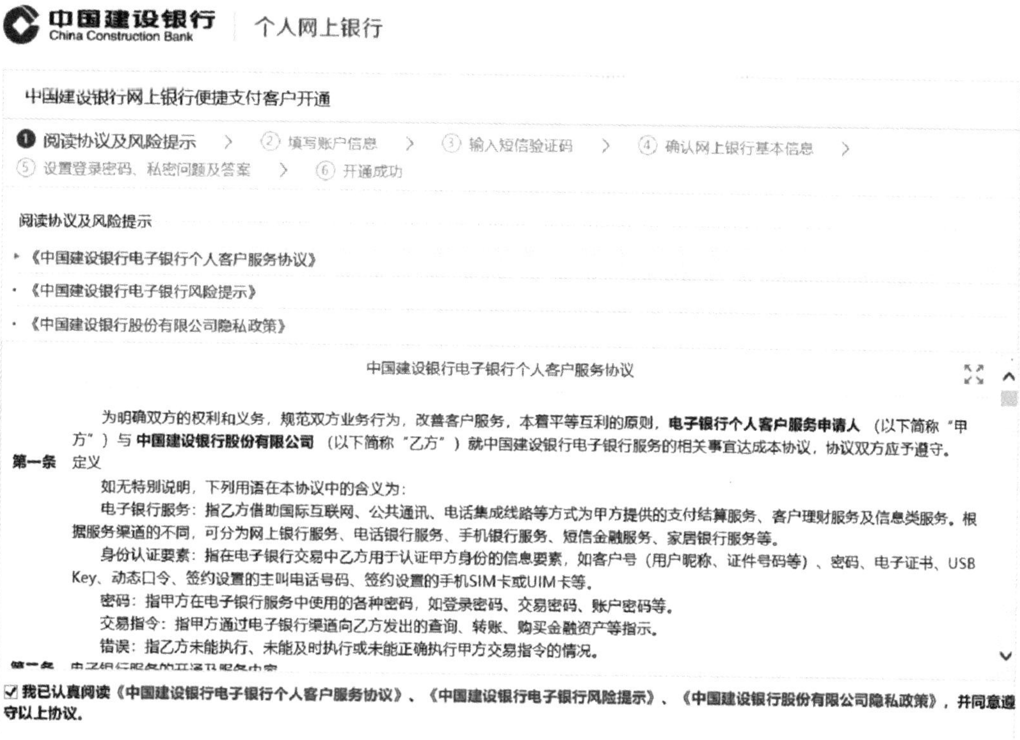

中国建设银行 China Construction Bank | 个人网上银行
中国建设银行网上银行便捷支付客户开通
❶ 阅读协议及风险提示 > ② 填写账户信息 > ③ 输入短信验证码 > ④ 确认网上银行基本信息 > ⑤ 设置登录密码、私密问题及答案 > ⑥ 开通成功
阅读协议及风险提示
《中国建设银行电子银行个人客户服务协议》
《中国建设银行电子银行风险提示》
《中国建设银行股份有限公司隐私政策》
中国建设银行电子银行个人客户服务协议
为明确双方的权利和义务，规范双方业务行为，改善客户服务，本着平等互利的原则，电子银行个人客户服务申请人（以下简称“甲方”）与中国建设银行股份有限公司（以下简称“乙方”）就中国建设银行电子银行服务的相关事宜达成本协议，协议双方应予遵守。
第一条 定义
如无特别说明，下列用语在本协议中的含义为：
电子银行服务：指乙方借助国际互联网、公共通讯、电话集成线路等方式为甲方提供的支付结算服务、客户理财服务及信息类服务。根据服务渠道的不同，可分为网上银行服务、电话银行服务、手机银行服务、短信金融服务、家居银行服务等。
身份认证要素：指在电子银行交易中乙方用于认证甲方身份的信息要素，如客户号（用户昵称、证件号码等）、密码、电子证书、USB Key、动态口令、签约设置的主叫电话号码、签约设置的手机SIM卡或UIM卡等。
密码：指甲方在电子银行服务中使用的各种密码，如登录密码、交易密码、账户密码等。
交易指令：指甲方通过电子银行渠道向乙方发出的查询、转账、购买金融资产等指示。
错误：指乙方未能执行、未能及时执行或未能正确执行甲方交易指令的情况。
我已认真阅读《中国建设银行电子银行个人客户服务协议》、《中国建设银行电子银行风险提示》、《中国建设银行股份有限公司隐私政策》，并同意遵守以上协议。

图6-35 同意协议

步骤3 填写个人账户信息（如图6-36所示）后，进行短信验证，就成功开通了。

中国建设银行 China Construction Bank | 个人网上银行
中国建设银行网上银行便捷支付客户开通
① 阅读协议及风险提示 > ❷ 填写账户信息 > ③ 输入短信验证码 > ④ 确认网上银行基本信息 > ⑤ 设置登录密码、私密问题及答案 > ⑥ 开通成功
选择账户类型
* 账号类型 建行账号 建行钱包账号
填写账户信息
* 姓名
* 建行账号
系统将自动对您输入的账号进行每四位数字后添加一个空格的特殊处理
* 附加码
看不清，换一张（不区分大小写）
下一步 上一步

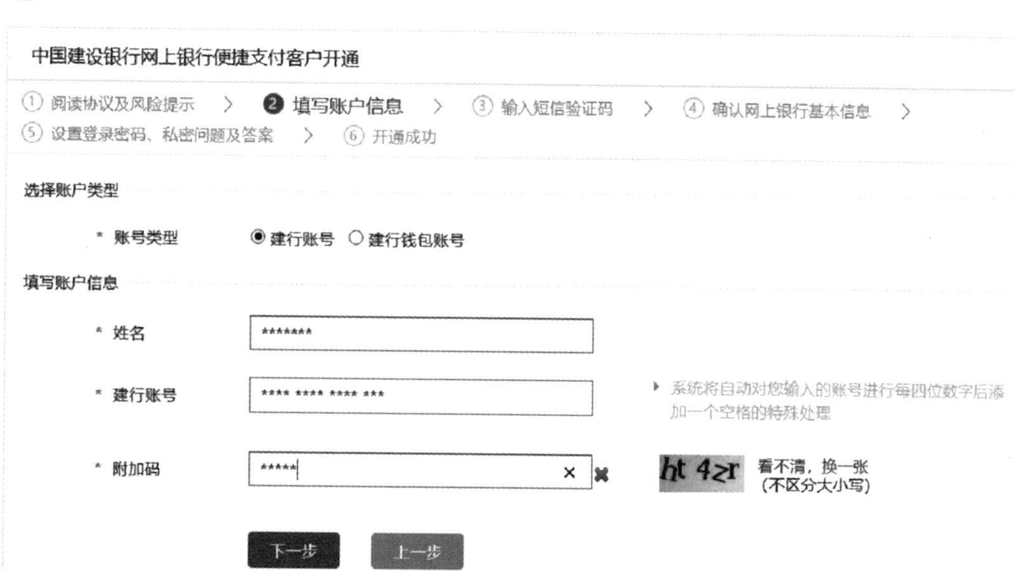

图6-36 填写账户信息

（3）高级客户，享有建设银行所有的网上银行服务，需携带本人身份证件和建设银行储蓄账户或信用卡至建设银行网点办理开通手续。

步骤1　登录建设银行个人网上银行，如果已在柜台申请为高级客户，首次登录网上银行要设置网上银行的登录密码（如图6-37所示）。

图6-37　高级客户网上银行登录

步骤2　请输入证件号码和姓名后，点击“登录”（如图6-38所示）。

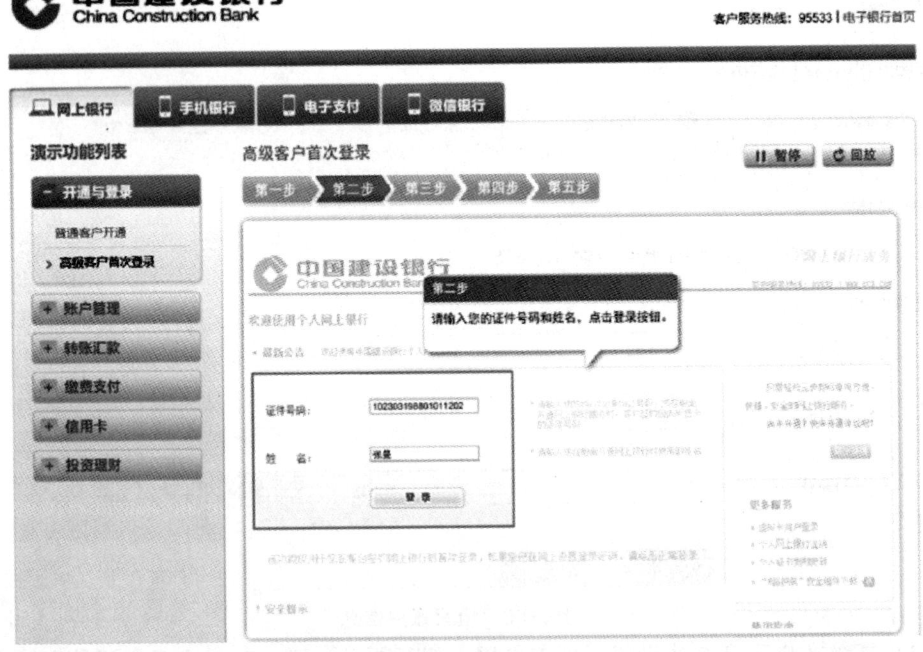

图6-38　输入证件号码和姓名

步骤3　输入账户信息和取款密码（如图6-39所示）。

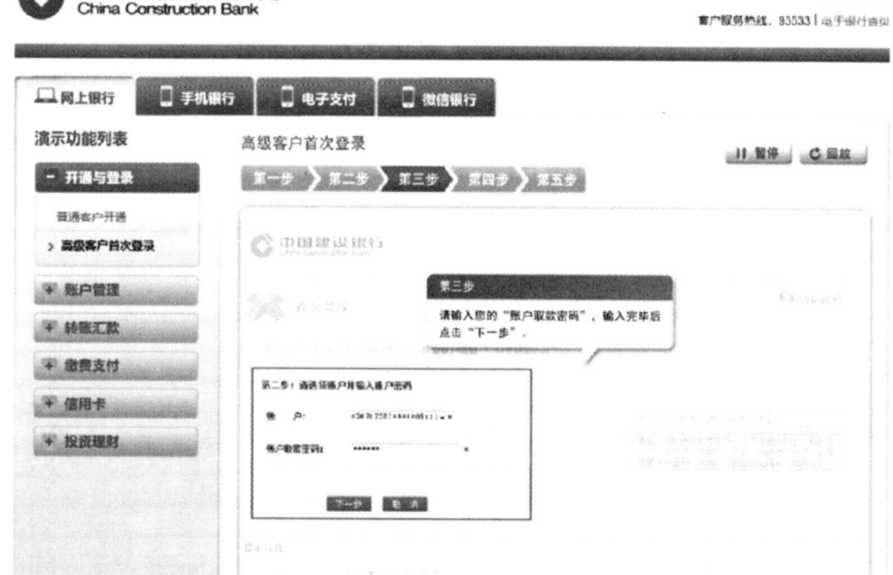

图6-39　输入账户信息和取款密码

步骤4　交易密码设置成功后，可登录进行查询、投资理财等操作（如图6-40所示）。

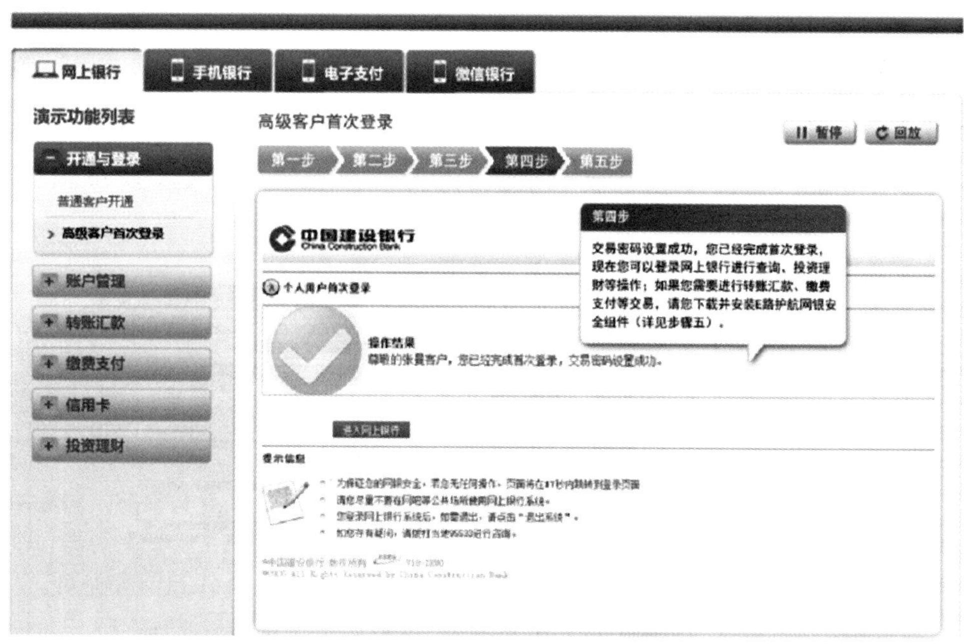

图6-40　交易密码设置成功

步骤5　如果需要转账汇款、缴费支付等交易，请您下载并安装网银安全组件（如图6-41所示）。

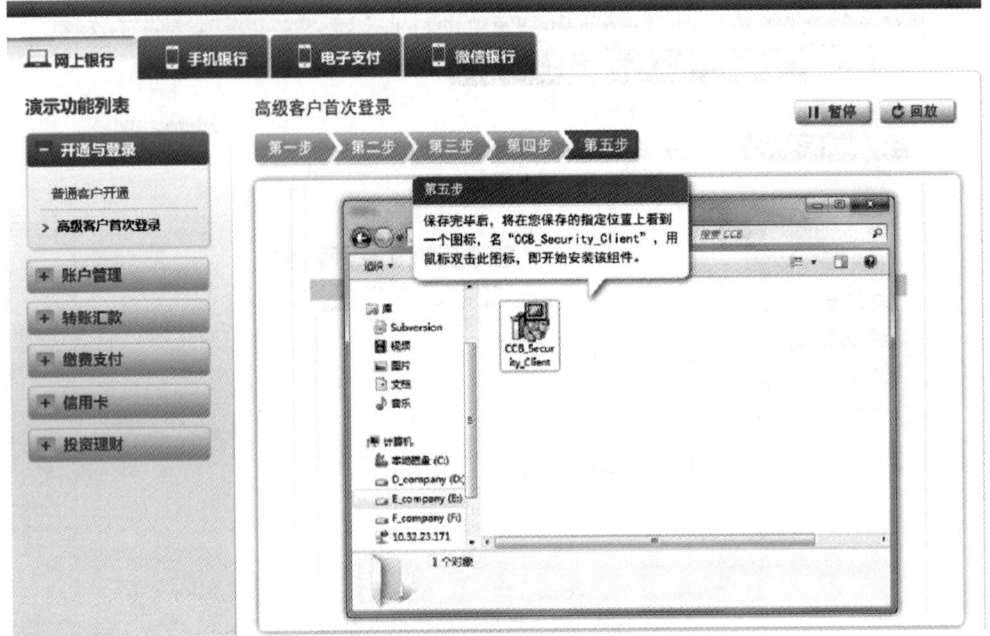

图6-41　下载并安装网银安全组件

步骤6　屏幕如果弹出安装根证书的提示，点击"是"（如图6-42所示）。

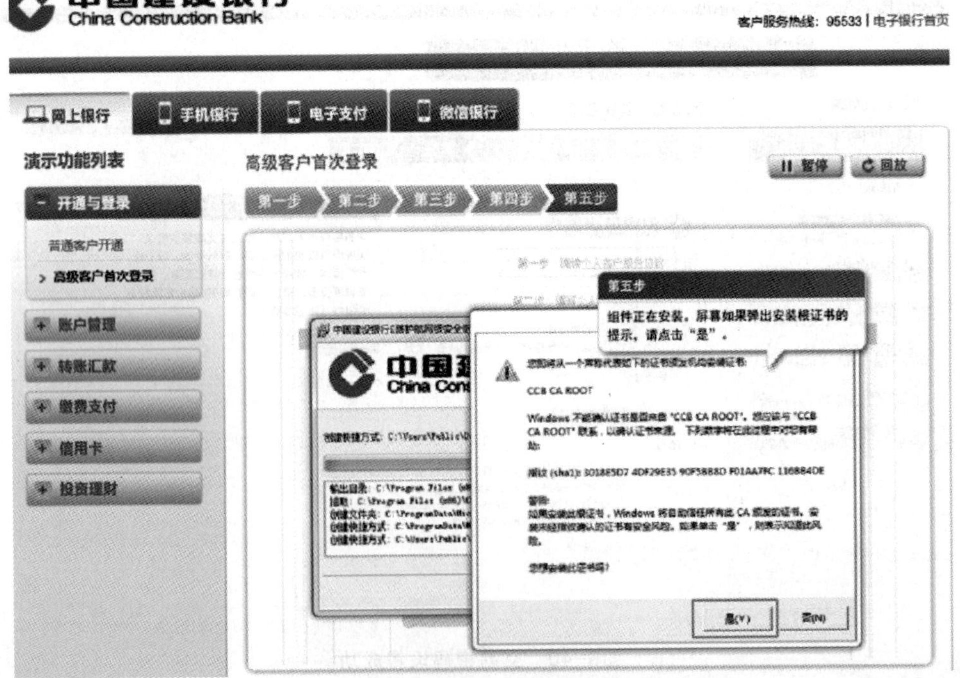

图6-42　安装根证书

步骤7 将建设银行网银盾插入计算机，弹出设置网银盾口令的提示，设置网银盾口令，点击“确定”（如图6-43所示），就可以进行转账了。

拓展阅读

如何安全使用网上银行

交通银行
BANK OF COMMUNICATIONS

单位银行结算账户在线申请

基本信息 账户信息 主管单位

尊敬的用户，您好！欢迎您申请使用我行网上银行系统，请填写贵企业的基本信息：

基本信息

存款人名称＊ 联系电话＊
组织机构代码证
存款人类别 --请选择--
注册地址 邮政编码
邮寄地址＊ 邮政编码＊
法定代表人 姓名＊ 证件号码＊
单位负责人 证件种类＊ --请选择-- 有效期至＊
联系人信息 姓名＊ 手机号＊ 电子邮箱

图6-43 设置网银盾口令

任务四 了解企业银行系统

任务描述

公司在办理柜面银行业务时经常会出现：公司账户银行取现要排队，节假日无法办理对公取现，柜面办理结算需携带印鉴，对公账户无法跨行取款，常常需要多次填写支票等多种情况。

张先生是某连锁门店店长，该门店需要每日将销售货款及时上缴公司总部，并上报营业收入进行对账，因而需要每日将现金存入公司账户，但由于该门店距离银行营业网点较远，而且每日柜面排队等候时间都较长，而附近的柜员机只能办理个人客户业务，所以张先生每天奔波于门店、银行之间，感到很辛劳。那么，如何更好地应用单位账户，并办理相关业务呢？

知识准备

一、企业银行概述

企业银行是指通过通信网络将企业的计算机与银行的计算机连接，为企业提供远程（如在办公室）查询、转账、金融信息咨询等各种金融服务。它的服务对象主要是大中型企业以及包括政府机构在内的具有法人身份的组织。企业银行资金往来额度大，因此必须与电子汇兑系统结合起来，才能完成资金转账过程。

企业银行是银行向公司客户提供的一种自我服务的电子银行系统。它通过公用电话网络和互联网等将客户的电脑终端连接至银行，将银行服务变成客户在办公室等自己办理的服务系统。企业银行拉近了客户与银行的距离，使客户在办公室等就可以享受银行的服务，有利于银行稳定公司存款和吸引客户，更好地服务于客户。

网上企业银行系统是指将单位客户的计算机通过通信网络与银行的计算机相连接，用电子指令信息来完成客户在银行指定下的信息查询、款项收付等过程。简单而言，建立网上企业银行后，单位客户可在与企业银行系统联网的电脑上，办理账户查询、外币账户查询业务及各种会计信息和人民币账户支票、汇票、本票、电汇、信汇结算等。

二、企业银行的服务方式

企业银行系统对企业提供的服务，有下述多种划分方式：

1.按是否发生交易活动划分

企业银行服务方式按交易活动发生与否划分，可分为金融交易服务和信息增值服务两大类。金融交易服务内容包括EDI电子转账交易、非EDI电子转账交易、整批转账类交易、账务查询类交易、通知类交易、申请类交易；而信息增值服务内容主要有金融电子布告栏和银行业务及新产品介绍等。

2.按计算机工作方式划分

企业银行服务方式按计算机工作方式划分，主要有以下3种：

（1）脱机查询业务。企业端可以对下载到本地的历史交易数据、利率、牌价等进行查询，无须连接到银行端即可解决：按时间查询历史交易明细；按金额查询历史交易明细；按摘要查询历史交易明细；按币种、日期、利率类型查询利率；还可以查询银行提供的各类服务指南信息。

（2）联机信息服务。企业端的联机查询是主管级别的操作员或者经过主管授权的操作员，选择输入需要查询的条件，将查询的请求发到银行的客户端系统主机，然后与业务主机通信，得到查询的结果后，将数据传回客户端，包括：母公司对下属子公司或分公司账务的查询功能；按时间查询余额；按时间、笔数查询最新几笔发生的交易；按金额查询某笔款项是否到账；按凭证查询某笔款项是否兑付；联机交易情况查询；收发银行与企业间的各项通知，如催款等；银行服务指南；银行还贷通知；客户信箱；利率和牌价等。

（3）联机交易业务。企业端的联机结算是指主管级别的操作员或者经过主管授权的操作员，选择允许的联机结算功能，输入各交易要素以及支付密码，将交易的请求经网络传送到银行主机，经支付密码校验后，再将交易请求传到企业业务系统，进行企业业务的账务处理，最后将结果传到客户端。其具体业务如转账支票委托业务，银行汇票委托业务，银行本票委托业务，信汇、电汇委托业务，委托代收业务，大额提款预登记和代发工资业务等。

3.按价值链上的服务项目划分

随着银行与企业联系更加密切，企业银行除了提供上述传统的服务项目外，还提供公司理财、融资、投资等各项服务，具体来说，现阶段企业银行服务方式主要有：

（1）资金管理，主要包括资金收付款、资金集中、投资、融资、银企直联管理等。

（2）财务管理，包括股票承销、发行公债、财务计划、信用分析等。

（3）商务管理，包括信用证、押汇、托收等。

（4）顾客服务，包括国内外存款、国内外放款、人事管理、提供信息等。

（5）办公室管理。

（6）投资银行业务服务，包括投资经纪人、兼并与收购业务等。

三、企业银行的业务

网上企业银行业务仅面向网上银行系统的开户注册用户，所有数据均经过加密后才在网上传输。网上银行系统在用户进入网上企业银行时，设置了登录密码及附加密码，用户每次进入网上企业银行时，系统都会自动生成一个附加密码，供登录时使用，即用户每次进入网上企业银行的附加密码都是不一样的。另外，网上企业银行自动记录系统日志，用户的每一个操作都会被记录下来，便于稽核、发现并排除异常，保障系统运行安全。

网上银行可提供的企业银行业务通常包括以下几个内容：

（1）账务查询。为在银行开户的企业集团客户提供网上查询该企业集团及其所属分支机构账款信息的服务等，具体内容一般包括：①余额查询服务。查询该企业集团账户或该集团所属的所有账户的前一工作日终了时的余额信息。②汇款信息查询服务。选择所需查询的账号和起止日期，查询该账户的汇款明细信息。③对公账户实时查询服务。企业客户可通过网上银行系统，实时查询本企业所有账户的当前余额信息及交易历史信息。④国际结算业务网上查询服务。该项服务特别适合从事进出口业务的企业，主要内容包括：一是进口业务，开立信用证信息查询，查询进口商在开证行开立的信用证的信息；二是出口业务，信用证项下通知信息查询，出口商查询通知行是否有由开证行开来的信用证信息，包括信用证项下议付信息查询、信用证项下结汇信息查询、出口托收信息查询；三是汇款业务，汇入汇款信息查询，即收款人向汇入行查询有关汇入汇款的信息。

（2）内部转账。用于在本银行网上银行开户的本行账户之间的资金划拨。

（3）对外支付。用于向在其他网上银行或其他银行开户的其他企业付款。

（4）活期定期存款互转。将活期存款账户中暂时闲置的资金转为定期存款；将定期存款转为活期存款；对于办理存款业务权限较低的企业，可随时将定期存款转为活期存款，包括提前支取、到期支取。

（5）工资发放。用于向企业员工发放工资。

（6）信用管理。查询在某网上银行发生的信用情况，包括各币种、各信用类别的余额和笔数、授信总金额和当前余额、期限、起始日期，以及借款与借据的当前状态和历史交易明细。

（7）企业账务查询和信用查询。集团公司或总公司可根据协议查看子公司的账务信息和信用情况，方便财务监控；集团公司或总公司对子公司收付两条线的管理；对于实行资金集中式管理的公司，集团公司或总公司可根据协议实现分支机构货款向总部的迅速回笼和集中，也可以集中向分支机构支付各种费用。

（8）网上信用证。以交易双方在B2B电子商务交易平台上签订的有效电子合同为基础，提供网上申请开立国内信用证和网上查询、打印来证功能，同时向交易平台的管理者提供信息通知服务，使交易平台管理者可随时了解信用证结算的交易过程。

（9）金融信息查询。提供实时证券行情、利率、汇率、国际金融等丰富多彩的金融信息；银行信息通知；银行通过“留言板”将信息通知特定客户，如定期存款到期通知、贷款到期通知、开办新业务通知、利率变动通知等。

【小资料6-3】

经济是肌体，金融是血脉，两者共生共荣。小微企业、个体工商户等经营主体是普惠金融的重要服务对象。商业银行需要用好普惠小微贷款支持工具、再贷款再贴现等政策，引导更多金融资源配置到普惠领域，推动降低小微企业等融资成本和金融服务下沉，拓宽金融服务覆盖面，增强普惠群体获得感。

近年来，商业银行以“普百业，惠万家”为使命支持实体经济发展，创造出数字普惠金融新模式。数字普惠金融是在成本可控可持续的前提下，以各种数字化技术为前提条件，为现有金融体系覆盖不足的城镇低收入人群以及小微企业等提供平等、有效、全面的金融服务。在乡村振兴大背景下，普惠金融的服务对象特别是新型农业企业对金融服务的针对性、产品种类、贷款周期、利率等提出了更高的要求。商业银行要加大对涉农主体的金融支持，加强在纾困解难、扩大内需、稳定就业和科技创新等相关重点领域的支持，通过加大供给、改进信用评价等具体措施，完善定价机制、加大续贷支持，重点提升对无贷户、续贷户的服务质量，实现高质量普惠金融服务精准支持。

目前来看，数字普惠金融在商业银行展业中优势明显。数字普惠金融通过大数据技术的方式建立风险评估模型对中小微企业、农户等的风险进行评估，有效解决了其在银行贷款时的信息缺失问题，在风险可控的基础上大大拓展了银行的金融服务对象，有助于银行拓展客户。我国数字普惠金融体系正在形成金融供给主体不断丰富、金融科技持续赋能、制度保障不断健全的全方位发展格局，数字化、线上化、生态化经营是未来的发展方向。

资料来源 王宝会．普惠金融浇灌“小微”［EB/OL］．［2023-07-03］．https：//baijiahao.baidu.com/s？id=1770350938836882261&wfr=spider&for=pc.

四、企业银行系统结构

一般来说，企业银行系统由客户机前台子系统、银行端后台业务处理子系统、支付密码管理子系统、通信子系统和保密子系统等组成。

1.客户机前台子系统

它接受用户的查询、交易的请求，显示查询、交易的结果，进行操作员的管理以及管理客户端本地数据库。

2.银行端后台业务处理子系统

它接受客户端发来的查询和交易请求。对交易进行支付密码的校验，在通过合法性检查后，与银行主机进行通信，查询企业业务数据库或者进行企业业务的账务处理，把查询或者财务处理的结果返回客户端，并进行相应的制单操作。

3.支付密码管理子系统

它提供校验函数，根据校验要素进行支付密码合法性校验，返回校验结果。支付密码器的管理包括密码器机具和密码器账号的管理、客户密钥的管理以及日志查询及打印。

4.通信子系统

通信子系统是指企业银行客户机与企业银行前置机之间的通信，并提供企业银行前置机的通信监控管埋软件，负责显示、控制当前的通信状况及通信日志的管理。

5.保密子系统

它提供一整套的保密通信方案，包括通信双方的身份认证、数据的加密以及通信报文的认证，尤其是在公用网络上传输和银行外部处理时必须保证不被非法篡改与不可否认。一般采用位数较高的RSA安全认证技术，对电子信息进行数字签名，保证网上企业银行系统的安全可靠。

五、企业银行实例

工商银行企业网上银行是工商银行以互联网为媒介，为企业或同业机构提供的自助金融服务。目前，工商银行企业网上银行能为中小企业、集团企业、金融机构、社会团体和行政事业单位主要提供以下服务：

（1）账户管理。账户管理是指客户通过网上银行进行账户信息查询、下载、维护等一系列账户信息服务，协助集团客户集中管理和实时监控本部及遍布全国的分支机构账户。

（2）收款业务。收款业务是为收款企业提供的向企业或个人客户收取各类应缴费用的功能，适用于对外提供公用事业服务或需经常向多家企业客户收取服务费用的企业客户，如煤气公司、自来水厂、社保中心、电力公司等。收款业务还适用于有代收需求的企业，如保险公司，可以取代传统的批量扣划业务。另外有跨地区集中收取费用需求的企业也可以使用网上银行的收款业务。它的申办手续简便，收费方式灵活，可进行异地收款，为收费客户提供了一条及时、快捷、高效的收费“通道”，解决了一直困扰收费客户的“收费难”问题，帮助企业快速回笼应收账款。

（3）付款业务。付款业务是为企业提供的一组向本地或异地企业或者个人划转资金的功能。付款业务包括网上汇款、向证券登记公司汇款、电子商务B2B电子支付、外汇汇款、企业财务付款、在线缴费业务等，是传统商务模式与现代电子商务模式相结合的产物，是工商银行为满足各类企业客户的付款需求而精心设计的全套付款解决方案。

（4）集团理财。集团理财是为集团企业客户提供的调拨集团内各账户资金以及对集团内的票据进行统一管理的一组功能。集团总公司可随时查看各分公司账户的详细信息，还可主动向分公司下拨或上收资金，实现资金的双向调拨，达到监控各分公司资金运作情况、统一调度管理集团资金的目的。

（5）信用证业务。网上银行信用证业务为企业网上银行客户提供了快速办理信用证业务的渠道，实现了通过网络向银行提交进口信用证开证申请和修改申请、进行网上自助打印“不可撤销跟单信用证开证申请书”和“信用证修改申请”、在网上查询进出口信用证等功能。网上信用证业务大大节省了客户往来银行的时间与费用，提高了工作效率，同时为集团总部查询分支机构的信用证业务情况带来了便利，满足了客户财务管理的需求。

（6）贷款业务。贷款业务是营业网点贷款业务受理方式的扩充，是为企业提供的一组贷款查询、发放、管理等功能，其中贷款查询功能包括主账户、利随本清和借据账查询等子功能。通过该业务，企业足不出户就能准确、及时、全面地了解总的贷款情况，并提供贷款金额、贷款余额、起息日期、到期日期、利息等比较详细的贷款信息，为企业财务预算、决策提供数据。

（7）投资理财。投资理财是工商银行为满足企业追求资金效益最大化与进行科学的财务管理需求而设计和开发的，是为企业提供的集基金交易、国债交易、通知存款、协定存款等多种投资途径于一身的网上投资理财服务功能。

（8）贵宾室。贵宾室是专为工商银行贵宾客户提供的，为满足贵宾客户特殊财务需求而提供的自动收款、预约服务、余额提醒、企业财务室等一组特色服务功能，给予贵宾客户优质、高效、省心的银行服务，从而减轻客户财务工作量，降低资金运营成本，提高资金的使用效益，优化业务操作流程，协助客户形成良好的资金运作模式。贵宾室服务对象包括在企业客户中有一定经营规模、经营效益良好、合作关系密切的所有在网上银行注册的企业客户。一般客户如果没有申请贵宾室服务，就不能使用此功能。

（9）代理行业务。根据工商银行网点众多、资金汇划迅速、服务手段强大等优势，目前企业网上银行代理行业务为客户提供代签汇票与代理汇兑两种代理结算合作方式。代签汇票是指商业银行使用工商银行网上银行系统为其开户单位或个人代理签发工商银行银行汇票的一组功能。代理汇兑是代理行客户通过工商银行网上银行系统为工商银行客户办理对其他银行汇兑业务的一组功能。

（10）企业年金。企业年金是指企业及其员工在依法参加基本养老保险的基础上，自愿建立的补充养老保险制度。本功能是受年金计划受托管理人的委托，向企业提供各类年金信息查询的一组功能，可查询员工基本信息、员工个人年金账户明细、企业年金账户明细、企业年金计划信息表等。

（11）客户服务。客户服务是进行企业资料维护、数字证书管理、电子工资单上传、工行信使定制等交易的一组功能。其主要功能介绍如下：①首页定制。它是定制企业客户进入企业网上银行后最先显示出来的页面。②相关下载。客户可以用此功能下载企业网上银行工具软件和账户信息。③客户资料。它可提供对企业信息的查询或修改功能，如电子邮件、联系电话、传真等。④工行信使。工行信使（余额变动提醒）服务是为企业客户提供的一种有偿信息增值服务。企业定制工行信使服务后，其对公结算账户无论是通过联机交易、自助设备（ATM、POS、其他自助终端），还是通过网银和电话银行所发生的余额变动，都会通过短信方式进行实时通知。⑤证书管理。客户证书到期前1个月内，系统会自动提示客户证书快要到期，单击此功能可自动缴纳证书服务费，缴费成功后提示客户已经缴费完毕，即可单击“确定”按钮更新证书。⑥电子工资单上传。通过批量上传企业工资单，使企业员工可以登录个人网上银行查询各自的工资单。

微课

提升客户体验

任务实施

步骤1　了解单位结算卡。

单位结算卡面向银行的单位客户发行，客户凭卡及密码（或密码和附加支付密码）可在营业网点柜面及ATM、POS等自助渠道办理业务。单位结算卡具有身份识别、转账汇兑、现金存取、信息报告、投资理财等功能，客户可在不同的渠道（包括柜面、自助终端等）办理支付与结算业务。在柜面办理支付与结算业务时，单位结算卡以核验密码（或密码和附加支付密码）方式替代传统的印鉴核验，无须提交支付票据和加盖预留印鉴。

步骤2　单位结算卡业务办理流程（以交通银行为例）。

交通银行“单位结算卡”是目前单位账户结算功能的补充，具有身份识别、现金存取款、转账、信息查询、POS消费等功能。单位办理单位结算卡后，在交通银行柜面办理结算业务时免盖印章、免填单据，凭单位结算卡即可办理存取款等业务。每张单位结算卡签约时均可设定取款、转账、消费的权限或限额，确保单位结算安全、便捷。单位结算卡可一卡多户、一户多卡，不受时间和空间的限制，实现单位账户7×24小时交易，支付与结算效率大幅提升，更方便单位账户和资金的管理。

（1）签订协议。单位与交通银行签订单位结算卡服务协议。

（2）网点签约。到交通银行网点柜面办理单位结算卡开销卡、签约等业务。

（3）办理业务。持单位结算卡至交通银行网点柜面、ATM和交通银行自助通等自助设备或境内任意一台贴有银联标识的ATM与特约商户办理现金存入、支取和采购、查询等业务。

（4）开通单位结算卡电子支付。

① 通过银行柜面或企业网银，签署《交通银行单位结算卡电子支付业务开通协议》。

② 申请开通单位结算卡电子支付功能。

通过柜面申请开通的，还需同步提交加盖单位公章的《交通银行单位结算卡业务结算申请书》。

利用网上银行进行业务申请。填写单位银行结算账户在线申请的相关内容（如图6-44所示）。

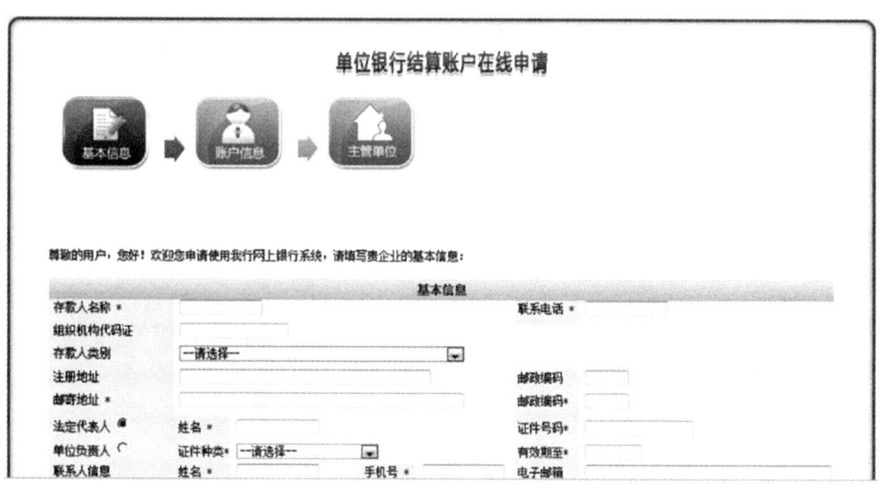

图6-44　单位银行结算账户在线申请页面

项目总结

网上银行是网络经济时代的一个新兴事物，是银行电子化的高级阶段，方便了银行借助网络提供多种服务。网上银行主要有企业网上银行和个人网上银行与纯网上银行和以传统银行拓展网上业务为基础的网上银行两种分类形式。网上银行与传统银行相比存在组织结构、业务组织形式、经营与管理模式的差异，网上银行有区别于传统银行的显著的特征。网上银行除了具有传统银行的风险外，还具有网上银行特有的风险，所以要加强网上银行的风险管理。

基本训练

一、核心概念

企业网上银行　个人网上银行

二、简答题

1. 网上银行产生的原因是什么？

2. 传统银行与网上银行的业务优劣势分别是什么？

3. 网上企业银行的优点是什么？

三、案例分析题

小王开通了招商银行的个人网上银行业务，准备进行网上购物，但是不清楚支付卡的电子支付和一卡通的电子支付究竟是什么关系。请根据本章所学过的知识，帮助小王理解两者的关系。

项目实训

熟悉网上银行“个人银行专业版”与“大众版”的区别。

项目七 电子支付的安全保证

随着电子支付的迅速发展，如今的电子支付早已跳出单纯的在线买卖支付，越来越广泛地渗透到航运、教育考试、水电气缴费等众多消费领域。而网络购物的兴起，又促使电子支付狂飙猛进，尽管电子支付安全形势越来越错综复杂，但电子支付的方便、快捷充分满足了金融消费者的需求，因而也成为未来金融支付的发展方向。近年来，电子支付呈普及化发展趋势，伴随线下支付场景的多元化，手机电子支付在一定程度上已经取代实物钱包，成为人们日常消费支付的常用方式。

智能手机在生活中的功能越来越多样，人们理财、购物、打车等都可以通过手机电子支付进行。手机电子支付已经成为现代人生活中不可或缺的部分，那么我们如何才能保障手机电子支付安全呢？电子商务电子支付活动中存在的信息安全隐患问题，是影响人们不能普遍使用电子支付方式的直接原因。只有实施保障网上交易信息安全的数据加密技术、身份验证技术、防火墙技术等技术性措施，完善电子商务发展的内外部环境，才能促进我国电子支付的快速发展。

学习目标

知识目标：

1.了解电子商务电子支付所面临的安全风险；

2.掌握电子交易的安全技术及SSL和SET协议的基本概念与原理；

3.掌握金融安全认证技术的组成与运作方法，能够对中国金融认证中心的功能有一定的了解。

能力目标：

1.掌握SSL和SET协议的区别，数字证书申请与使用的技能；

2.具有利用数字证书等相关技术保障电子支付安全的能力。

素养目标：

培养学生具有深厚的爱国情怀、国家认同感、中华民族自豪感，养成严谨、务实、求真、协作的职业操守，有较好的思辨和语言表达能力。

任务一 了解电子支付安全

任务描述

现在人们的生活越来越电子化，尤其是移动支付的渗透，让人们无须带钱包就能出门，但随之而来的就是安全问题。很多不法分子开始利用移动支付等的便利来骗取用户信息，通过电话、短信、微信、QQ、各种理财平台，或者利用钓鱼网站等来盗取用户账户里的存款等，这些“小偷们”无孔不入。那么，爱上移动支付的我们该如何预防并化解这些无处不在的危险呢？

知识准备

一、电子支付安全的要求

作为电子商务的关键环节，电子支付的安全十分重要，对其要求如下：

1.对计算机及网络系统安全性的要求

这表现为对系统硬件和软件运行安全性与可靠性的要求、系统抵御非法用户入侵的要求等。

2.对电子支付的安全性因素的要求

（1）信息的保密性（confidentiality）：能够保证信息不会泄露给非授权的主体，只有授权用户才能访问系统中的信息。保密性包括网络传输中的保密和信息存储保密等方面，保证支付信息与支付系统不被非授权者获取或利用。

（2）数据完整性（integrity）：保证支付信息与支付系统数据的一致性，防止信息被非法修改，包括身份真实、数据完整和系统完整等方面。

（3）身份的可识别性（validation）：能够鉴别通信主体身份的真实性，保证交易双方的身份可以被识别和确认，未授权的用户不能进行交易，并且不会拒绝合法主体对系统其他资源的正当使用。

（4）交易行为的不可抵赖性：在交易数据发送完成后，如果交易的一方发现交易行为对自己不利，可能会否认自己的电子交易行为，这就需要系统具备审查能力，预防抵赖行为的发生。如数字签名可以作为双方通信的凭证，以确认数据已经完成了传送，从而实现不可抵赖性。

从支付安全的发展现状来看，由技术系统导致的风险相对较少，更多的问题主要集中在相对缺乏防御技术保障的用户端层面。比如，被钓鱼网站欺骗、被木马程序窃取账号和密码、被虚假银行网站套取用户信息等，破坏了信息的保密性、数据的完整性和身份的可识别性，从而产生相应的安全问题。

二、电子支付所面临的安全风险

电子商务所面临的安全问题同样是电子支付所要面对的安全问题。基于互联网的电子商务交易活动使得交易双方的支付与结算面临安全问题。目前，电子支付面临着如下风险：

1.电子支付的安全风险

造成电子支付发展的安全风险主要有3个方面：一是银行网站本身的安全性；二是交易信息在商家与银行之间传递的安全性；三是交易信息在消费者与银行之间传递的安全性。无论何种风险，其产生的根源都在于登录密码或支付密码泄露。

（1）密码管理问题。大部分公司和个人受到网络攻击的主要原因是密码管理不善。大多数用户使用的密码都是在字典中可查到的普通单词、姓名或者其他简单的密码。有86%的用户在所有网站上使用的都是同一个密码或者有限的几个密码。许多攻击者还会直接使用软件强力破解一些安全性弱的密码。因此建议用户使用复杂的密码，降低被破译的可能性，提高安全性。需要注意：一是密码不要设置为姓名、普通单词、电话号码、生日等简单形式；二是结合大小写字母、数字等，共组密码；三是密码位数应尽量大于9位。

（2）网络病毒、木马问题。现今流行的很多木马病毒都是专门为窃取网上银行密码而编制的。木马会监视IE浏览器正在访问的网页，如果发现用户正在登录个人银行，直接通过键盘记录输入的账号、密码，或者弹出伪造的登录对话框，诱骗用户输入登录密码和支付密码，然后通过邮件将窃取的信息发送出去。

国家计算机病毒应急处理中心通过对互联网的监测发现，针对支付环节的计算机病毒有所增加。恶意攻击者首先会在网络购物网站注册空壳店铺伪装成卖家，接着利用即时聊天工具与买家联系，将计算机病毒文件伪装成名为“实物图.exe”“仓库清单.exe”等图片形式发送给买家。在买家进行付款的时候，根据不同的支付银行创建一个“弹出层”的钓鱼页面，要求买家输入银行的账号、密码、验证码，之后会弹出一个伪造的对话框欺骗买家“交易超限，请检查后再试”，最终将窃取到银行账号、密码等买家的个人信息。

（3）钓鱼平台。“网络钓鱼”攻击者利用欺骗性的电子邮件和伪造的Web站点来进行诈骗活动，如将自己伪装成知名银行、在线零售商和信用卡公司等可信的品牌。受骗者往往会泄露自己的个人信息，如信用卡卡号、账户名和口令等。

网络钓鱼由于其本质上采用的是社会工程学手段，利用的是网民对于网页视觉效果和内容信息的信任感，因此其攻击的目标（即伪装仿冒的对象）呈现出涉及范围广、分布较集中的特点。

2023年7月，根据12321网络不良与垃圾信息举报受理中心（以下简称12321举报中心，www.12321.cn）接到网民投诉的短信、邮件、网站等信息，被投诉最多的是假冒腾讯公司的钓鱼诈骗网站，投诉量达97件次。被投诉排名第二的是假冒苹果公司的钓鱼诈骗网站，假冒苹果公司官方网站一般通过邮件或短信的方式传播，并在邮件或短信中提供钓鱼网站地址链接。用户登录邮件、短信中的网址并按照要求填写ID密码，会造成ID密码和手机私密信息的泄露。不法分子炮制逼真的山寨网站对广大用户实施钓鱼诈骗，是一种常见诈骗伎俩。用户如果访问这些钓鱼网站，并按照网站提示填写真实信息，将导致个人信息或银行卡信息被盗，或被对方以所得税、保证金、手续费等借口让你转账汇款来骗取钱财，进而蒙受经济损失。

要提高防范意识，掌握钓鱼网站诈骗规律，学会辨识钓鱼网站。一般来说，钓鱼网站的主要类型有3种：

第一，低价诱惑——超低折扣，天降好事。不法分子会通过搜索引擎优化排名，打出超低优惠、独家抛售等噱头，围绕时下炙手可热的商品，诸如火车票、飞机票、演出票等，吸引买家进入钓鱼网站，进而达到骗取网民个人信息及钱财的目的。

第二，偷梁换柱——假冒官网，制作逼真。不法分子会仿冒正规网站制作假冒钓鱼网站，页面制作逼真，引诱网民上当受骗，卖出假冒伪劣商品或者干脆在网民付款以后就“失踪”。

第三，请君入瓮——虚假中奖，愿者上钩。广泛撒网、愿者上钩，不法分子会通过QQ、阿里旺旺、微博、邮箱、短信等渠道发送电视中奖、超低打折等信息，附上假冒网站链接，进而诱骗网民填写个人信息或者以交税的名义骗取钱财。

对于上述钓鱼网站，我们需要提高防范意识：首先，不要轻信陌生人发来的网站链接；其次，由于钓鱼网站普遍是仿冒知名正规网站，网民在网络上搜索相关信息时，一方面要尽量核对网站域名等信息，还要多点击一下页面上的各模块，看看能否正常打开；最后，一些以.pl、.tk、.com、.ms、.in结尾的域名更要留意，这类域名是钓鱼网站的“最爱”。尤其在网络付款时要提高警觉，尽量在官方指定页面下操作，谨防钓鱼网站侵害。

【小知识7-1】

根据12321举报中心接到的举报，2023年被举报的钓鱼网站排列前10名如下：①假冒腾讯公司；②假冒苹果公司；③假冒招商银行；④假冒高速ETC；⑤假冒银保监会；⑥假冒国家市场监督管理总局；⑦假冒中国银行；⑧假冒人社部；⑨假冒平安银行；⑩假冒公检法网站。

目前，随着公共Wi-Fi越来越常见，一些安全隐患也逐渐显露。比如，由于使用公共Wi-Fi而出现银行卡被盗刷，还有黑客自称用15分钟可以盗取公共Wi-Fi下使用人的银行账号和密码。可以说，在未加密的无线网络中，任何人都可以看到你浏览的信息，除非是HTTPS网站。无论你使用电脑、iPad还是手机，只要通过公共Wi-Fi上网，数据都有可能被黑客电脑截获。而钓鱼Wi-Fi是一个假的无线热点，它与别的无线热点名称一样，乍一看并没有不妥，但是当你的无线设备连接上去时，会被对方反扫描，如果这时你的手机、电脑正好连在邮箱、网银等地方，对方就会获得你的用户名和密码，严重的还可能被人挂上木马病毒。因此，在公共Wi-Fi下，我们更要注意安全问题，尤其是支付安全。

根据中研普华产业研究院发布的《2023—2028年中国浏览器行业竞争分析及发展前景预测报告》，随着智能手机的普及和移动互联网的发展，手机浏览器行业也呈现快速增长的态势。2022年，全球移动浏览器的使用率达到了55.88%，超过了桌面浏览器的使用率。而在中国，移动浏览器的使用率更是高达75.35%。手机浏览器注重用户隐私和数据安全，提供了防病毒、防欺诈、防追踪等功能，保护用户免受网络威胁。但由于移动设备上存储了大量用户个人信息和敏感数据，在网络环境中存在被窃取或泄露的风险隐患，包括通过高信誉域进行的网络钓鱼攻击、通过文件共享系统分发恶意软件、利用个人浏览器配置文件进行数据泄露、易受攻击的非托管设备、高风险扩展、影子IT，以及使用网络钓鱼凭证的账户接管等。在使用浏览器浏览网页时，一定要时刻警惕各种恶意攻击，采取相应防范措施，保障自身的隐私和安全。

2.电子支付的信用风险

信用风险是指交易双方在到期日不完全履行其义务所带来的风险。网上银行业务交易信息的传递、支付与结算等都是在由电子信息构成的虚拟世界中进行的，交易者的身份、交易的真实性验证的难度加大，交易者之间在身份确认、信用评价方面信息不够通畅，从而增大了信用风险。相比传统支付方式而言，基于网络而产生的电子支付更容易发生信用风险。在电子支付中，市场参与者的诚信度完全建立在虚拟网络信息的基础上，支付安全和诚信问题至关重要。我国目前约束个人和企业信用行为、促使其自觉履行承诺的信用机制还存在不足的地方，因而网上信用环境建设需要进一步加强。

3.电子支付的法律风险

目前制约电子支付发展的立法问题主要包括：谁来发行电子货币，如何进行网上银行的资格认定；怎样监管网上银行的业务等。目前我国在有关电子商务的政策方面还需明朗化，相应的法律法规、标准还在建立中，跨部门、跨地区的协调还存在问题。这具体表现在：

（1）电子支付手段的法律效力问题。

银行卡的支付在现实生活中已有比较普遍的应用，其效力已得到了充分认可。网上银行实质上是实体银行在网络上业务的拓展和延伸，随着网络技术的逐渐成熟，网上银行变得更快捷、方便、安全，广大零散个人客户更倾向采取这种方法。对于银行而言，随着个人收入的提高，个人客户与企业客户已经逐渐占到了同等重要的地位，面对如此巨大的个人金融市场，网上银行是最节约、最有效、最能接近小额零售业务客户的一种手段。由于客户与银行都会积极推进网上银行的建设，其效力一般不会出现问题，但对于电子现金等，因为其与传统法律有一定的抵触，其效力存在一定的争议。

（2）对电子支付洗钱犯罪等违法活动的法律责任分担问题。

伴随着电子商务的发展，尤其是逐渐开始采取互不见面的电子支付的形式后，违法或犯罪活动似乎更加猖獗。传统的方式，如洗钱，涉及违法交易的法律责任分担等问题；还有一些新的方式，如黑客攻击问题等，涉及违法活动的法律责任分担等问题。银行卡是目前消费者经常使用的支付工具，与其支付有关的法律已比较成熟，其核心问题主要是未经授权使用的银行卡支付所造成的损失是由商家承担还是由发卡银行承担，或是由消费者承担。网络上的银行卡支付也必须考虑这一问题。如果某一客户信息被其他人得到，并且诈骗得逞，那么损失由谁来承担，这一问题解决得好不好将直接影响客户对电子支付手段的支持或摒弃。在电子支付中，引进了认证中心和数字签名，其合法性在很多国家和地区都得到了认可，但认证商家和银行之间的关系仍需进一步规范。

（3）黑客攻击网络的安全问题。

黑客现在已经成为一个尽人皆知的名词，人们对黑客已经到了谈“黑”色变的程度。黑客对电子支付也构成了巨大的威胁，消费者的个人信息存储于银行，如果银行的网络遭到攻击，私人信息可能就会泄露，若补救不及时，很可能对消费者造成巨大损失。我国已先后出台一系列法律，约束和惩治黑客的行为，但法律的威慑力与巨大的利益诱惑相比显得微不足道。因此，从技术上进一步完善电子支付也是必不可少的。

4.电子商务认证授权机构（CA）相对滞后，问题亟待解决

在网络上，为了完成交易，交易双方的身份都必须通过第三方进行确认，电子商务认

证授权机构由此产生。电子商务认证授权机构的职责是核实使用者的身份，负责数字证书的发放管理，及时公布无效的证书。在我国，电子商务认证授权机构存在很多问题亟待解决。

（1）电子商务认证授权市场存在较严重的同质竞争。

目前我国电子商务认证授权机构规模普遍较小，竞争激烈。经营范围普遍存在集中于单一地域或单一领域的情况，但是行业内具备较强技术实力及领先服务理念的CA已经开始跨区域、跨领域开展业务。中金金融认证中心有限公司、北京天威诚信电子商务服务有限公司、北京国富安电子商务安全认证有限公司等实力较强的CA已在全国范围内开展竞争。未来随着电子商务认证服务全国市场的逐步形成，实力较强的CA在市场竞争中将具备更大的优势。

（2）信息安全成为国家战略，促进电子商务认证机构发展。

近年来，我国信息安全形势愈发严峻，具有重大影响的信息安全事件屡见不鲜，给政府以及各行各业带来了极大震撼，严重影响社会生活的正常运转，甚至有可能发生大型安全事故。在此基础之上，国家先后颁布了多项网络安全相关的法律与政策以促进信息安全产业发展。国家先后设立了中央国家安全委员会、中央网络安全和信息化领导小组（现中国共产党中央网络安全和信息化委员会），发布了《中华人民共和国国家安全法》、《网络安全审查办法》及《中华人民共和国数据安全法》等。《中华人民共和国数据安全法》形成了中国数据安全的顶层设计，为后续立法、执法、司法相关实践提供了重要法律依据，有助于进一步提升国家数据安全保障能力，进一步加强我国应对因数据引发的国家安全风险与挑战，对全面维护国家主权、安全和发展利益有着重要意义。不断加码的行业政策，为国内信息安全及电子商务认证产业提供了良好的生存和发展环境。

（3）移动互联网的迅猛发展，给电子商务认证服务带来了机遇与挑战。

近年来，人们开始认识到身份认证危机对全世界组织和个人的全面影响。网上身份盗用、交易诈骗、网络钓鱼等各种安全事件频发，与蓬勃发展的网络应用矛盾日益突出。网络空间数据信息的真实性、完整性以及对网络主体身份的准确辨识显得日益重要。电子商务认证是确认网络主体及行为、保障权益、认定法律责任的有效手段，对构建安全、可信的网络空间发挥着重要的作用，是保障信息安全的一个重要方面。目前，电子商务认证应用主要集中在电子政务、金融、网络商品交易、医疗卫生等信息化程度较高的领域。电子医保、电子病历、电子保单、在线招投标、电子合同签署与电子订购等更多业务的广泛开展，使得电子商务认证服务显得更加重要。

移动互联网的发展使得传统电子商务逐步向移动电子商务转变，手机支付的应用使得商务交易更加便捷，身份认证、授权管理和责任认定必将发挥更加重要的作用。云计算等新模式的产生使得云端数据的安全存储、访问授权、隐私保护问题逐渐凸显，为电子商务认证服务提供了更广阔的发展空间。物联网、三网融合等新技术新业务的出现势必为电子商务认证服务的应用和发展带来新的机遇与挑战。

5.信用卡的非法套现风险

信用卡非法套现的主要方式有：一是以他人名义非法骗领信用卡，一些不法机构以办理信用卡为名义，获取大量客户信息资料，然后以客户的名义向银行骗领大量信用卡，如信用卡套现公司。据了解，信用卡额度内套现手续费一般为1.2%～1.5%，分期套现手续费则高达10%～15%。由于银行向安装POS的商家收取的刷卡费率一般为0.8%～1%，因此套现公司通过持卡人的虚拟交易，可以获得高额利润。

二是通过“以卡养卡”的方式提高信用卡额度。如中介违法代办POS，每台收取手续费1.3万～1.8万元不等，利用POS反复进行虚假消费，套现后再还款，以此提高信用卡额度。

三是通过骗领信用卡、“以卡养卡”提高信用卡额度以及“循环套现”进行非法放贷活动，套取大量资金，分批用于非法放贷等活动牟取暴利。

信用卡套现的本质是持卡人恶意以消费名义从银行套取一定额度的贷款，这在某种程度上是涉嫌虚构事实的贷款诈骗行为。信用卡的非法套现让银行的利益受损，而且持卡人取现是要向银行支付不菲的手续费的，银行对信用卡的非法套现行为是严厉打击的。如果第三方支付机构不能有效地解决信用卡套现的问题，银行必将限制信用卡在电子支付中的使用，最终利益受到损害的将是用户，即信用卡持卡人。所以要想让用户有着良好的用户体验，就必须对电子支付环境进行改进，控制信用卡的非法套现风险，从而让用户能够方便地使用各种卡类工具进行电子支付。

【小资料7-1】

新华财经联合360手机卫士发布了《2022年度中国手机安全状况报告》（以下简称《报告》）。《报告》指出，当下电信网络诈骗犯罪已成为发案最多、上升最快、涉及面最广、群众反响最强烈的犯罪类型。在所有诈骗类型中，虚假兼职占比最高，达28.7%，受害者中男性占比较高，占66.3%；90后的手机诈骗受害者占所有受害者总数的37.8%，是不法分子网络诈骗的主要对象。2022年全年360反诈赔付宝共接到11类诈骗举报，涉案总金额高达2 665.0万元。其中利用在线兼职、居家办公等所发布的虚假兼职信息在所有类型中占比最高，高达28.7%。从涉案金额来看，利用当代人无法在现实中拓展交友圈、寻找情感认同所进行的交友类诈骗成为涉案金额最高的诈骗形式，高达908.1万元。当下，移动端已经成为牵涉用户信息、财产安全、家庭幸福等的重要工具，需要广大群众提高防范意识，远离网络诈骗。

资料来源　编者根据《2022年度中国手机安全状况报告》整理。

三、电子支付安全风险控制的主要措施

1.加快认证中心建设，统一数字证书

公众对网银信心不足的根源在于公众不了解网银的安全保障机制，以用户名和密码为主体的脆弱的防护体系无法抵御木马病毒的攻击，只有数字证书才是网银安全的核心。数字证书是确保交易双方的真实性、信息的完整性、私密性和交易的不可否认性的“网络身份证”。目前我国既有自己银行发放的数字证书，也有由第三方认证机构发放的数字证书。对此政府应该加以规范，统筹规划。中国金融认证中心（CFCA）作为我国唯一一家经中国人民银行和国家信息安全管理机构审批成立的法定第三方金融安全认证机构，是我国重要的金融信息安全基础设施之一。CFCA的“第三方”属性和法定地位，使得CFCA

数字证书在保障用户资金安全上具有法律效力，为用户提供客观公正的认证服务。尤其是当网上交易发生争议时，CFCA作为第三方，可以为交易双方提供具有公信力的证明文件，承担案件发生后的举证义务，充分保障用户的权益。所以要特别加强CFCA的建设，通过技术优势和政府引导相结合的方式，统一数字证书，改变全国商业银行各自为政的局面。

2.加强电子支付安全信用体系的建设

在第三方支付从单纯的支付工具向服务型的第三代电子支付和金融工具转型时期，信用体系的建设是第三方支付的生命线。信用是经济金融运行的平台，是现代经济发展的基础，是现代社会资源分配的基础制度，信用缺损将严重制约金融改革和网络经济发展，特别是电子支付体制建设。越来越多的中小企业投入到电子商务的大潮中，借助电子商务低成本、高效率、易管理、开放性等优势来推动企业转型，提高企业效益。从传统的线下交易，到电子商务时代，信用一直是企业的生命线，不讲诚信的企业是要被清除出局的。就电子商务、电子支付而言，因为进行的是大量的数字、虚拟交易，使用的是大量的数字、虚拟货币，信用就更加重要了。可以说，信用是交易和支付的前提。有些用户不敢使用电子支付工具的主要原因是缺乏信任。

电子商务和电子支付建立信用的途径有两条：其一，可靠的风险安全控制机制和反欺诈系统。基本上所有的第三方支付和网银都在强化这一点。比如支付宝、环迅支付都在建立风险控制系统，使用各种认证技术。其二，建立信用体系。支付宝曾经推出针对合作商家的互联网信任计划，推出信任商家。环迅支付针对消费者，尤其是信用卡用户更加重视信用的问题，推出了C.A.T.支付产品和国际信用卡支付产品，世界各地的用户都可以安全、快捷地通过环迅支付进行支付。个人信用作为信用基础在飞速发展的电子商务中扮演着不可或缺的角色。如何构建一个完善的个人信用体系来满足经济发展的要求需要有一个过程。对于个人信用体系的建设，不能仅仅从理论上进行研究与讨论，更应该从实践的角度去探求其建立和完善的途径与思路。以应用为先导，通过局部的、专用的信用数据的积累与评价，为全局体系的形成提供经验和数据基础。从可控的、企业内部的管理操作到推进不可控的社会环境制度的改善，使个人信用体系得以建立和逐步完善起来。这个过程的长短取决于务实的发展思路和全社会各方共同努力的结果。

3.完善电子支付相应的法规

电子支付涉及网络安全技术、数字签名技术、民事责任分担机制、第三方交易平台等相关问题，因此电子支付的安全性离不开众多配套法规的完善。我国陆续出台《电子签名法》《电子支付指引（第一号）》《电子商务法》等，分别从法律上确定了电子签名的合法地位，并对网上交易的安全性提出了指导性要求，为电子支付安全提供了基础保障。近年来主管部门通过加强对电子支付的管理，出台《非金融机构支付服务管理办法》及其实施细则、《支付机构反洗钱和反恐怖融资管理办法》、《支付机构预付卡业务管理办法》、《非银行支付机构网络支付业务管理办法》、《关于支付机构撤销人民币客户备付金账户有关工作的通知》等，对非金融机构开展支付业务实施了相应的金融管制要求。在规范经营方面，要求支付机构应按核准范围从事支付业务、报备与披露业务收费情况，制定并披露服务协议，核对客户身份信息，保守客户商业秘密等。电子支付安全保障的法规环境在不断优化。

针对打击治理电信网络新型违法犯罪面临的新形势、新要求和新情况，2019年3月，中国人民银行制定了《关于进一步加强支付结算管理 防范电信网络新型违法犯罪有关事项的通知》（银发〔2019〕85号，以下简称《通知》），从健全紧急止付和快速冻结机制、加强账户实名制管理、加强转账管理、强化特约商户与受理终端管理、广泛宣传教育、落实责任追究机制等方面提出21项措施，进一步筑牢金融业支付结算安全防线。

2022年12月1日《中华人民共和国反电信网络诈骗法》（以下简称《反电信网络诈骗法》正式实施，这是我国首部专门聚焦打击电信网络诈骗领域的法律。该法是从根本上、制度上预防、遏制和打击电信网络诈骗违法犯罪的新兴领域立法，全链条防范治理电信网络诈骗，为反电信网络诈骗工作提供有力的法律支撑。该法规定了在提供互联网服务时，要求用户提供真实身份信息；办理电话卡、银行卡不得超出限制数量；不得非法买卖、出租、出借电话卡、银行卡、支付账户和互联网账号等；电信业务经营者、银行业金融机构、非银行支付机构、互联网服务提供者承担风险防控责任，建立反电信网络诈骗内部控制机制和安全责任制度。该法明确了违反该法规定应负的法律责任。

（1）有效促进依法治国。《反电信网络诈骗法》中的法律条文其针对性、实用性、有效性较强，补齐了制度政策的短板，实现了针对电信网络诈骗防治的关口前移治理。

（2）保护人民群众财产安全。电信诈骗已成为当前发案最多、上升最快、涉及面最广、群众反响最强烈的突出犯罪行为。而《反电信网络诈骗法》的实施可以最大限度地保护人民群众的财产安全，维护人民群众的权益，进一步提升人民群众的获得感、幸福感、安全感。

（3）促进数字经济高质量发展。此项法律强化了相关主体的防范责任和信息保护义务，尤其对金融及互联网领域相关服务提供者提出了要求，设置了相应的法律义务和法律责任。《反电信网络诈骗法》不仅可以为数字经济高质量发展提供有力保障，也是加快建设市场化、法治化、国际化一流营商环境的必然要求。

4.明确监管制度，加强金融监管

首先，明确支付体系监督管理的重点。充分发挥中国人民银行维护支付清算系统正常运行的职能及相关金融行业监管部门在金融体系中的法定监管作用，加强对支撑金融市场运行的支付系统和证券结算系统等的监督管理。及时、完整地获取金融市场的交易和风险敞口信息，加强监控同一金融机构作为多个系统参与者时所承受的信用风险和流动性风险，尽早发现、预警和防范系统性风险，切实维护支付体系的安全、高效与稳定运行。

其次，强化支付体系监督管理措施。合理设计支付体系统计监测指标，进一步完善支付信息采集、汇总、分析手段。参照《重要支付系统核心原则》《证券结算系统建议》等国际标准，适时开展各类支付与结算基础设施的评估工作。

再次，完善支付体系监管机制。建立健全中国人民银行、金融行业监管部门的监管协调机制，有效形成监管合力。切实推动支付清算行业自律管理，维护支付服务市场的竞争秩序。加强人才队伍建设，提高监督管理水平。加强监管部门与社会公众的沟通，提高支付体系监管透明度。

最后，健全支付机构监管机制。落实《非金融机构支付服务管理办法》及配套措施、《非银行支付机构网络支付业务管理办法》等，明确支付机构从事电子支付、预付卡发行与受理、银行卡收单等支付服务的资质和要求，引导督促支付机构规范发展。建立健全

“政府监管、行业自律、公司治理、自我约束”的非金融机构支付业务监管体系，有效防范支付风险，切实保障消费者资金安全，维护支付服务市场的稳定运行。

（1）我国对第三方电子支付平台的监管原则。

① 市场导向性监管原则。这是为适应市场的需求而产生的，监管部门的监管措施也应立足于市场，使市场资源合理配置，避免以往脱离市场、一放就乱、一管就死的现象发生。

② 审慎有效性监管原则。由于信息的不对称性和外部性，市场存在着“失灵”，因此监管部门应以风险管理为基础，结合我国的现实国情、人文背景，在对第三方电子支付平台的监管中寻找安全与效率的最佳均衡点，在监管收益与成本的权衡中把握监管力度。

③ 鼓励创新监管原则。金融监管部门应当作为第三方电子支付平台发展的催化剂，避免不成熟的监管措施阻碍“有益的革新和实验”，因此相关监管政策不应规定过细，要为未来的发展留有解释的空间。

④ 动态监管原则。第三方电子支付平台未来的发展存在诸多不确定性，监管部门应进行动态的监管、有弹性的监管，分阶段制定监管政策，“在发展中规范，以规范促进发展”。

（2）我国金融监管的主要对策。

①建立市场准入和市场退出机制。现在国家正在研究制定相关法规，在注册资本、缴纳的保证金、风险化解能力上对公司实行监管，采取经营资格牌照的政策来提高门槛。这一措施有利于解决盲目扩张现象，整合优良资源。同时，实力较弱的公司将面临被收购和兼并的可能，建立完善的市场退出机制，有利于保护客户利益。

②规范第三方电子支付公司的业务范围。应规定第三方电子支付公司的自有账户与客户沉淀资金的账户相分离，禁止将客户沉淀资金进行贷款、投资或挪作他用，由银行对客户账户进行托管。比如，我们平时把钱转到余额宝以后实际上是存在支付宝背后的“托管银行”里面的，被称作“备付金”。当我们需要进行消费的时候，支付宝会通过网银接口将这笔钱从银行账户里面调取出来进行支付。

③规范电子货币和电子票据的使用。

④在引进外资的同时对外资投资比例进行适当控制。为了规避中国政府对第三方电子支付公司的监管可能，外资企业一般采取曲线进入中国市场的策略，借内资“壳”公司开展业务。近年来，证监会坚决贯彻落实党中央国务院决策部署，加快推进资本市场高水平对外开放。2018年中国宣布将合资证券、基金管理和期货公司的外资投资比例限制放宽至51%，3年后不再设限。2020年取消证券公司、证券投资基金管理公司、期货公司、寿险公司外资持股比例不超过51%的限制。2023年8月，国务院发布《关于进一步优化外商投资环境 加大吸引外商投资力度的意见》，有助于进一步优化外商投资环境，提高投资促进工作水平，加大吸引外商投资力度。对外开放是我国基本国策。外资在我国经济发展中发挥了独特而重要的作用，推动高质量发展、推进现代化建设必须始终高度重视利用外资。

⑤建立电子支付管理规范，并制定相应的管理办法。迅猛发展的电子支付日益得到有关部门的重视。自2010年9月1日起实施的《非金融机构支付服务管理办法》，正式划定了非金融机构从事支付业务的准入门槛。其中非金融机构支付服务主要包括网络支付、预

付卡的发行与受理、银行卡收单以及央行确定的其他支付服务。其中网络支付行为包括货币汇兑、互联网支付、移动电话支付、固定电话支付、数字电视支付等。

《非金融机构支付服务管理办法》明确规定，非金融机构提供支付服务，应当依据本办法规定取得“支付业务许可证”，成为支付机构。支付机构依法接受中国人民银行的监督管理。未经中国人民银行批准，任何非金融机构和个人不得从事或变相从事支付业务。

为规范非银行支付机构网络支付业务，防范支付风险，保护当事人合法权益，中国人民银行制定了《非银行支付机构网络支付业务管理办法》，于2015年12月28日发布，自2016年7月1日起施行，明确要求支付机构对客户实行实名制管理。

⑥将对网民的宣传教育作为监管的补充。应教育青少年不要随意透露个人隐私和关键信息，不要轻信网络上的各类“免费午餐”，不要理睬不良信息，不要随意打开奇怪的链接或陌生人发来的邮件，不要单独与陌生网友见面等。

任务实施

步骤1　不要轻信陌生人发来的二维码信息或抢红包链接，如果二次操作后要求安装应用程序，更不要轻易安装。网上购物时，遇到交易方有明显古怪行为的，应当提高警惕，不要轻易相信对方的说辞。

步骤2　保持设置手机开机密码的习惯，在手机中安装可以加密的软件，对移动支付软件增加一层密码，这样即使有人破解了开机密码，支付软件仍有密码保护，登录密码和支付密码也要分别设置不同的密码。如果各平台、应用登录名和支付账户一致，要保证密码不同。这是保护手机信息安全最有效的办法，可以有效防止手机丢失和被盗带来的安全隐患。

步骤3　出门不要将银行卡、身份证及手机放在同一个地方，如一同丢失，立即向公安机关报案或向银行等挂失，因为他人使用支付软件的密码找回功能更改密码，危险程度极高，万一发生被盗用账户资金的情况，立刻拨打110报警。

步骤4　使用数字证书、支付盾、手机动态口令等安全必备产品。

步骤5　“电子密码器失效”“U盾升级”等是不法分子常用的诈骗术语，如果收到类似短信，又无法判断真伪，可直接拨打银行官方客服电话联系银行工作人员进行咨询，或者是到银行网点柜面办理，绝对不能通过短信中的链接登录网银。

步骤6　由于伪基站可以将号码伪装成银行客服号码，因此收到带链接的短信不要轻信，也不要直接拨打短信留下的联系电话，可拨打银行官方客服进行确认。

步骤7　不要随便扫描生活中的二维码，小心危险就隐藏在其中。现在二维码已经成为恶意软件传播的新途径，手机扫描下载时很容易下载到恶意软件，陷入别人设计的陷阱中，危及自己手机支付的安全。

步骤8　不乱安装软件。安装软件到正规的手机商店下载，下载后及时进行病毒查杀，确保下载的软件安全无毒。不要随意下载安装来源不明的软件，防止部分诈骗软件伪装成其他软件装入手机，对部分来源不明的软件要及时进行举报，以防病毒蔓延。

任务二　了解电子支付安全技术

任务描述

支付宝数字证书是为支付宝用户使用支付宝数字证书产品而提供的必要软件，支持Windows下的主流浏览器，对密码输入进行保护，保护用户的账户安全，并对用户的密码进行加密，可以有效防止木马程序截取键盘记录。支付宝数字证书是由权威公正的第三方机构签发的证书。它的加密技术可以对网络上传输的信息进行加密和解密、数字签名和签名验证，确保网上传递信息的机密性、完整性。那么，如何安装支付宝数字证书呢？

知识准备

电子商务的一个重要组成部分是网上在线支付系统，为了保证在线支付的安全，需要采用数据加密和身份认证技术，以便营造一种可信赖的电子商务交易环境。为了保证基于网络的电子商务交易数据的保密性、真实性、完整性和不可抵赖性，防范交易及支付过程中的欺诈行为，必须建立一个完整的金融安全认证体系，形成一种信任和信任验证机制，使交易和支付各方能够确认其他各方的身份。

一、公钥基础设施体系

公钥基础设施（public key infrastructure，PKI）是一种遵循标准的利用公开密钥加密技术为网络交易的开展提供一套安全基础平台的技术和规范。用户可利用PKI平台提供的服务进行安全通信。

公钥密码体制采取的办法是，将公钥和公钥拥有者的名字联系在一起，再请一个大家都信任的有信誉的公正的权威机构来确认，并加上这个权威机构的签名，这就形成了证书（certificate），证书中包含公钥、公钥拥有者的信息和权威机构的签名。由于证书上有权威机构的签字，所以可以认为证书上的内容是可信的；又由于证书上有公钥拥有者的名字等个人信息，就可以知道公钥的主人是谁。这个权威机构就是认证中心（certificate authority，CA）。CA也拥有一个证书，也有自己的私钥，它具有签名的能力。网上的用户通过验证CA的签名从而信任CA签发的证书，任何用户都可以得到CA的证书（含公钥），用以验证它所签发的证书。如果用户想得到一个证书，首先要向CA提出申请。CA对申请者的身份进行认证后，由用户或CA生成一对密钥，私钥由用户妥善保存，CA将公钥与申请者的相关信息绑定，并签名，形成证书发给申请者。如果用户想验证CA签发的另一个证书，可以用CA的公钥对此证书上的签名进行验证，一旦验证通过，该证书就认为是有效的。CA除了签发证书，还负责证书和密钥的管理。那么如何保证组织、机构、组织机构间乃至整个互联网之间证书的正确发布，这就需要公开密钥基础设施。PKI就是利用公钥密码体制理论和技术建立的提供信息安全服务的基础设施。

PKI利用证书来管理公钥，由可信的第三方签发证书，由证书将用户的公钥与用户的相关信息（如名称、电子邮件等）绑定在一起，用以验证用户的身份，实现加密通信、访问授权等。PKI是管理密钥和证书，用以提供加密、数字签名等服务的系统或平台。一个机构通过采用PKI可以建立一个安全的网络环境，使用户可以在多种应用环境下方便地使用加密、数字签名等技术，从而保证数据的机密性、完整性、有效性等。

PKI的基础技术包括加密技术、数字签名技术、数字信封技术、双重数字签名技术、数字证书技术等。

【小思考7-1】

PKI与CA的关系是什么？

答：PKI指的是公钥基础设施，CA指的是认证中心。PKI从技术上解决了网络通信安全的种种障碍，CA从运营、管理、规范、法律、人员等多个角度解决了网络信任问题。由此，人们统称“PKI/CA”。

二、加密技术

加密技术是最常用的安全保密手段，利用技术手段把重要的数据变为乱码（加密）传送，到达目的地后再用相同或不同的手段还原（解密）。加密技术包括两个元素：算法和密钥。算法是将普通的信息或者可以理解的信息与一串数字（密钥）结合，产生不可理解的密文的步骤；密钥是用来对数据进行编码和解密的一种算法。在安全保密中，可通过适当的密钥加密技术和管理机制来保证网络的信息通信安全。密钥加密技术的密码体制分为对称密钥体制和非对称密钥体制两种。

1.对称密钥体制

（1）对称密钥体制的特点。对称密钥采用了对称密码编码技术，它的特点是文件加密和解密使用相同的密钥，即加密密钥也可以用作解密密钥。这种方法在密码学中叫作对称加密算法。对称加密算法使用起来简单快捷，密钥较短，且破译困难。除了数据加密标准（DES），另一个对称密钥加密系统是国际数据加密算法（IDEA），它比DNS的加密性好，而且对计算机性能要求没有那么高。所以对称密钥的优点是保密强度高，计算开销小，处理速度快。

（2）存在的不足。

① 要提供一条安全的渠道使通信双方在首次通信时协商一个共同的密钥。直接的面对面协商可能是不现实而且难于实施的，所以双方可能需要借助于邮件和电话等其他相对不够安全的手段来进行协商。

② 密钥的数目难于管理。因为对每一个合作者都需要使用不同的密钥，很难适应开放的社会中大量的信息交流。

③ 对称加密算法一般不能提供信息完整性的鉴别。它无法验证发送者和接收者的身份。

④ 对称密钥的管理和分发工作是一个具有潜在危险与烦琐的过程。对称加密是基于共同保守秘密来实现的，采用对称加密技术的交易双方必须保证采用的是相同的密钥，保证彼此密钥的交换是安全可靠的，还要设定防止密钥泄密和更改密钥的程序。

2.非对称密钥体制

（1）非对称密钥体制的特点。为了克服对称密钥加密技术存在的密钥管理和分发上的问题，1976年Diffie和Hellman以及Merkle分别提出了公开密钥密码体制的思想：要求密钥成对出现，一个为加密密钥，另一个为解密密钥，且不可能从其中一个推导出另一个，这就是“公开密钥系统”。相对于“对称加密算法”，这种方法也叫作“非对称加密算法”。与对称加密算法不同，非对称加密算法需要两个密钥：公开密钥（public key）和私有密钥（private key）。公开密钥与私有密钥是一对，如果用公开密钥对数据进行加密，只有用对应的私有密钥才能解密；如果用私有密钥对数据进行加密，那么只有用对应的公开密钥才能解密。因为加密和解密使用的是两个不同的密钥，所以这种算法叫作非对称加密算法。非对称加密算法的保密性比较好，便于密钥管理、分发，便于数字签名；但加密和解密花费时间长、计算开销大、处理速度慢，不适合对文件加密而只适合对少量数据进行加密。

（2）公开密钥方式的加密过程，如图7-1所示。

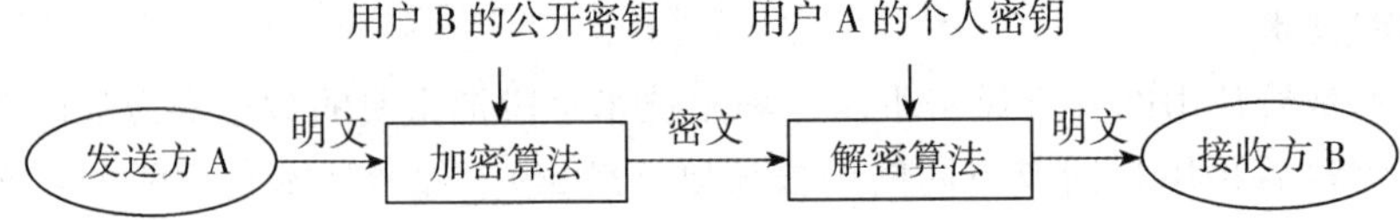

图7-1 公开密钥方式的加密过程

公开密钥的加密步骤如下：

① 发送方生成一个自己的私有密钥并用接收方的公开密钥对自己的私有密钥进行加密，然后通过网络传输到接收方；

② 发送方对需要传输的文件用自己的私有密钥进行加密，然后通过网络把加密后的文件传输到接收方；

③ 接收方用自己的公开密钥进行解密后得到发送方的私有密钥；

④ 接收方用发送方的私有密钥对文件进行解密得到文件的明文形式。

因为只有接收方才拥有自己的公开密钥，所以即使其他人得到了经过加密的发送方的私有密钥，也因为无法进行解密而保证了私有密钥的安全性，从而也保证了传输文件的安全性。实际上，上述在文件传输过程中实现了两个加密解密过程：文件本身的加密和解密与私有密钥的加密和解密，分别通过私有密钥和公开密钥来实现。若以公钥加密，用私钥解密，可实现多个用户加密的信息，只能由一个用户解读，用于保密通信；若以私钥加密，用公钥解密，能实现由一个用户加密的信息而由多个用户解密，用于数字签名。

证书和非对称密钥都属于非对称加密的使用方式。证书通常作为非对称密钥的容器，因为可以包含更多的信息，例如到期日期和颁发者。这两种机制的加密算法之间存在差异，但相同密钥长度的加密强度是相同的。通常，可以使用证书来加密数据库中其他类型的加密密钥，或者为代码模块签名。证书和非对称密钥可以解密其他人加密的数据。通常，可以使用非对称加密来加密存储在数据库中的对称密钥。

三、访问控制及安全认证技术

数据作为信息的重要载体，其安全问题在信息安全中占有非常重要的地位。为了能够安全可控地使用数据，需要采用多种技术手段作为保障，这些技术手段一般包括访问控制技术、加密技术、数据备份和恢复技术、系统还原技术等。数据的保密性、可用性、可控性和完整性是数据安全技术的主要研究内容。数据保密性的理论基础是密码学，而可用性、可控性和完整性是数据安全的重要保障，没有后者提供技术保障，再强的加密算法也难以保证数据的安全。访问控制是在保障授权用户能获取所需资源的同时拒绝非授权用户的安全机制。

《辞海》上说：“防火墙：用非燃烧材料砌筑的墙。设在建筑物的两端或在建筑物内将建筑物分割成区段，以防止火灾蔓延。”在互联网这个变革一切、改造一切的世界里，“防火墙是设置在被保护网络和外部网络之间的一道屏障，以防止发生不可预测的、潜在破坏性的侵入”。“防火墙”是一种形象的说法，其实它是一种计算机硬件和软件的组合，使互联网与内部网之间建立一个安全网关（security gateway），从而保护内部网免受非法用户的侵入。它其实就是一个把互联网与内部网（通常是局域网或城域网）隔开的屏障。

目前，防火墙采取的技术主要是包过滤、应用网关、子网屏蔽等。网络防火墙技术是一种隔离控制技术，用来加强网络之间的访问控制，防止外部网络用户以非法手段通过外部网络进入内部网络，访问内部网络资源，保护内部网络操作环境的特殊网络互联设备。它对两个或多个网络之间传输的数据包，以链接方式按照一定的安全策略来实施检查，以决定网络之间的通信是否被允许，并监视网络运行状态。

1.防火墙的功能

（1）防火墙是网络安全的屏障。防火墙（作为阻塞点、控制点）能极大地提高一个内部网络的安全性，并通过过滤不安全的服务而降低风险。由于只有经过精心选择的应用协议才能通过防火墙，所以网络环境变得更安全。如防火墙可以禁止诸如众所周知的不安全的NFS协议进出受保护网络，这样外部的攻击者就不可能利用这些脆弱的协议来攻击内部网络。防火墙同时可以保护网络免受基于路由的攻击，如IP选项中的源路由攻击和ICMP重定向中的重定向路径。防火墙应该可以拒绝所有以上类型攻击的报文并通知防火墙管理员。

（2）防火墙可以强化网络安全策略。通过以防火墙为中心的安全方案配置，能将所有安全软件（如口令、加密、身份认证、审计等）配置在防火墙上。与将网络安全问题分散到各个主机上相比，防火墙的集中安全管理更经济。例如在网络访问时，一次一密口令系统和其他的身份认证系统完全可以不必分散在各个主机上，而集中在防火墙身上。

（3）对网络存取和访问进行监控审计。如果所有的访问都经过防火墙，那么防火墙就能记录下这些访问并做出日志记录，同时能提供网络使用情况的统计数据。当发生可疑动作时，防火墙能进行适当的报警，并提供网络是否受到监测和攻击的详细信息。另外，收集一个网络的使用和误用情况也是非常重要的。首先的理由是可以清楚防火墙是否能够抵挡攻击者的探测和攻击，并且清楚防火墙的控制是否充足。另外，网络使用统计对网络需求分析和威胁分析等而言也是非常重要的。

（4）防止内部信息的外泄。通过利用防火墙对内部网络的划分，可实现内部网重点网段的隔离，从而限制了局部重点或敏感网络安全问题对全局网络造成的影响。再者，隐私是内部网络非常关心的问题，一个内部网络中不引人注意的细节可能包含了有关安全的线索而引起外部攻击者的兴趣，甚至因此而暴露了内部网络的某些安全漏洞。使用防火墙就可以隐蔽那些透漏内部细节如Finger、DNS等的服务。Finger显示了主机的所有用户的注册名、真名，最后登录时间和使用shell类型等。Finger显示的信息非常容易被攻击者所获悉。攻击者可以知道一个系统使用的频繁程度，这个系统是否有用户正在连线上网，这个系统是否在被攻击时引起注意等。防火墙可以同样阻塞有关内部网络中的DNS信息，这样一台主机的域名和IP地址就不会被外界所了解。

除了安全作用，防火墙还支持具有互联网服务特性的企业内部网络技术体系VPN。通过VPN，将企事业单位分布在全世界各地的LAN或专用子网有机地联成一个整体。这不仅省去了专用通信线路，而且为信息共享提供了技术保障。

2.防火墙的分类

国际计算机安全委员会将防火墙分成3大类：包过滤防火墙、应用级代理防火墙以及状态包检测防火墙。

（1）包过滤防火墙。顾名思义，包过滤防火墙就是把接收到的每个数据包同预先设定的过滤规则相比较，从而决定是否阻止或让包通过。过滤规则是基于网络层IP包包头信息的比较。包过滤防火墙工作在网络层，IP包的包头中包含源、目的IP地址，封装协议类型，TCP/UDP端口号，ICMP消息类型，TCP包头中的ACK等。假如接收的数据包与答应转发的规则相匹配，则数据包按正常情况处理；假如与拒绝转发的规则相匹配，则防火墙丢弃数据包；假如没有匹配规则，则按默认情况处理。

包过滤防火墙是速度最快的防火墙，这是因为它处于网络层，并且只是粗略地检查连接的正确性，所以在一般的传统路由器上就可以实现，对用户来说都是透明的。但是它的安全程度较低，很容易暴露内部网络，使之遭受攻击。例如，HTTP通常是使用80端口。假如公司的安全策略答应内部员工访问网站，包过滤防火墙可能设置答应所有80端口的连接通过，这时，意识到这一漏洞的外部人员可以在没有被认证的情况下进入私有网络。包过滤防火墙的维护比较困难，定义过滤规则也比较复杂，因为任何一条过滤规则的不完善都会给网络黑客造成可乘之机。同时，包过滤防火墙一般无法提供完善的日志。

（2）应用级代理防火墙。应用级代理技术通过在OSI的最高层检查每一个IP包，从而实现安全策略。代理技术与包过滤技术完全不同，包过滤技术在网络层控制所有的信息流，而代理技术一直处理到应用层，在应用层实现防火墙功能。它的代理功能，就是在防火墙处终止客户连接并初始化一个新的连接到受保护的内部网络。这一内建代理机制提供额外的安全，这是因为它将内部和外部网络隔离开来，使网络外部的黑客在防火墙内部网络上进行探测变得困难，更重要的是能够让网络管理员对网络服务进行全面的控制。但是，这将花费更多的处理时间，并且由于代理防火墙支持的应用有限，每一种应用都需要安装和配置不同的应用代理程序。比如访问Web站点的HTTP，用于文件传输的FTP，用于E-mail的SMTP/POP3等。假如某种应用没有安装代理程序，那么该项服务就不被支持并且不能通过防火墙进行转发；升级一种应用时，相应的代理程序必须同时升级。

（3）状态包检测防火墙。为了克服包过滤防火墙带来的安全问题，产生了状态包检测防火墙。状态包检测防火墙检查所有的OSI层，通过检查IP包的所有部分来判定答应还是拒绝连接请求，因此它提供的安全程度远高于包过滤防火墙。状态包检测防火墙在网络层拦截IP包，直到有足够的企图连接的“状态”信息来做出决策。例如，它截获来自一个接口的数据包TCP顺序号，从而确定连接的状态。假如截获的数据包匹配定义的规则，防火墙就将该数据包转发到目标端口。状态包检测防火墙跟踪所有来自内部网络的请求信息，并自动构建动态状态表，然后检测所有来自外部网络的数据包。假如该数据包是响应内部网络的请求，就答应通过；假如不是，就拒绝。状态检测技术的大部分检测发生在系统内核，因此它比包过滤防火墙更安全，比应用级代理防火墙更快，性能更高，并且容易配置和维护。计算机网络安全实际上是通过技术与治理相结合来实现的，良好的网络治理加上优秀的防火墙技术是提高网络安全性能的最好选择。为适应互联网的发展势头，其技术正向着高速度、分布式、多功能方向发展。

3.防火墙存在的不足

（1）由于互联网的开放性，有许多防范功能的防火墙也有一些防范不到的地方：防火墙不能防范不经由防火墙的攻击。例如，如果允许从受保护网内部不受限制地向外拨号，一些用户可以形成与互联网的直接的连接，从而绕过防火墙，造成一个潜在的后门攻击渠道。

（2）防火墙不能防止感染了病毒的软件或文件的传输，只能在每台主机上装反病毒软件。

（3）防火墙不能防止数据驱动式攻击。当有些表面上看来无害的数据被邮寄或复制到互联网主机上并被执行而发起攻击时，就会发生数据驱动式攻击。

目前防火墙已经在互联网上得到了广泛的应用，而且由于防火墙不限于TCP/IP协议的特点，使其逐步在互联网之外更具生命力。客观地讲，防火墙并不是解决网络安全问题的万能药方，而只是网络安全政策和策略中的一个组成部分，但了解防火墙技术并学会在实际操作中应用防火墙技术，相信会在网络生活中让每一位网友都受益匪浅。

【小资料7-2】

国务院2016年9月29日发布《国务院关于加快推进“互联网+政务服务”工作的指导意见》，要求加强对电子证照、统一身份认证、电子支付等重要系统和关键环节的安全监控，提高各平台、各系统的安全防护能力，查补安全漏洞，做好容灾备份，加大对涉及国家秘密、商业秘密、个人隐私等重要数据的保护力度。2019年1月1日起，《电子证照总体技术架构》《电子证照目录信息规范》《电子证照元数据规范》《电子证照标识规范》《电子证照文件技术要求》《电子证照共享服务接口规范》等电子证照6项国家标准实施。这一系列标准规定了电子证照应用的总体技术框架、统一的证照分类规则和证照基础信息，为每个电子证照赋予了“身份证号”，并保证其唯一性。电子证照6项国家标准的实施对于提升“互联网+政务服务”水平、优化营商环境具有重要的现实意义，让政务信息资源共享和服务更顺畅，让百姓办事更便捷，收获实实在在的获得感、幸福感。

“互联网+政务服务”是我国深化“放管服”改革的关键环节，电子证照作为具有法律效力和行政效力的专业性、凭证类电子文件，日益成为市场主体和公民活动办事的主要电子凭证，是支撑政务服务运行的重要基础数据。实施电子证照国家标准，将为国家电子证照库和基础平台建设，实现跨层级、跨部门、跨区域的电子证照互认共享，推动证照类政务信息资源整合共享等提供标准支撑，有助于推动实现全国“一网通办”，让政务信息资源共享和服务更顺畅，提高办事效率，降低百姓办事的时间成本和经济成本，从微观入手、从细节入手，建立亲清政商关系，让百姓切实感受办事更便捷，收获更多改革红利。

四、安全认证技术

信息的认证性是信息的安全性的另一个重要方面。认证的目的有两个：一是验证信息的发送者是真正的发送者，而不是假冒的；二是验证信息的完整性，即验证信息在传递或存储过程中未被篡改、重放或延迟等。

1.数字摘要技术

数字摘要技术是采用安全单向Hash编码法对明文中若干重要元素进行某种交换运算得到一串128bit的密文的技术，这串密文也称数字指纹（finger print），有固定的长度。所谓单向，是指不能被解密。哈希（Hash）运算：输入一个长度不固定的字符串，返回一串定长度的字符串，又称Hash值。单向Hash函数用于产生信息摘要。不同的消息其摘要不同，相同的消息其摘要相同，摘要成为消息“指纹”，以验证消息是否是“真身”。发送端将消息和摘要一同发送，接收端收到后，单向Hash函数对收到的消息产生一个摘要，与收到的摘要对比，若相同，则说明收到的消息是完整的，在传输过程中没有被篡改；否则，就是被篡改过，不是原消息。数字摘要方法解决了信息的完整性问题。

2.数字信封技术

数字信封技术是采用双重加密技术来保证只有规定的接收者才能阅读到信中的内容的技术。它实际上是先采用对称加密技术对信息加密，然后将对称加密密钥用接收者的公开密钥进行加密，并将这两者一起发送给接收者。接收者先用相应的私有密钥解密，即打开数字信封，得到对称加密密钥，然后用对称密钥解开收到的信息。

3.数字签名技术

数字签名技术是公开密钥加密技术和报文分解函数相结合的产物。与加密不同，数字签名的目的是保证信息的完整性和真实性。目前，数字签名技术已经用于商业、金融、军事等领域，特别是在电子邮件（E-mail）、电子资金转账（EFT）、电子数据交换（EDI）、软件分发数据存储和数据完整性检验中应用广泛。它能够实现身份的辨认和验证，在保证数据的完整性、私有性和不可抵赖性方面起着重要的作用。

【小思考7-2】

证书、私钥，到底保护哪一个？

答：我们常常听到有人说：“保管好你的软盘，保管好你的KEY，不要让别人盗用你的证书。”应该说，这句话是有毛病的。数字证书可以在网上公开，并不怕别人盗用和篡改。因为证书的盗用者在没有掌握相应的私钥的情况下，盗用别人的证书既不能完成加密通信，又不能实现数字签名，没有任何实际用处。另外，由于有CA对证书内容进行了数字签名，在网上公开的证书也不怕被黑客篡改。我们说，更应得到保护的是储存在介质中的私钥。如果黑客同时盗走了证书和私钥，危险就会降临。

传统的交易过程中，人们通常会通过签名来确保一份文档的真实有效性，并对交易双方进行约束，防止其对交易行为进行抵赖。在网络环境下，人们用数字签名技术作为模拟，从而为电子商务提供不可否认的服务。

数字签名必须保证以下3点：

（1）接收者能够核实发送者对消息的签名。

（2）发送者事后不能对消息的签名抵赖。

（3）接收者不能伪造对消息的签名。

数字签名的全过程分为签名与验证两个阶段，如图7-2所示。

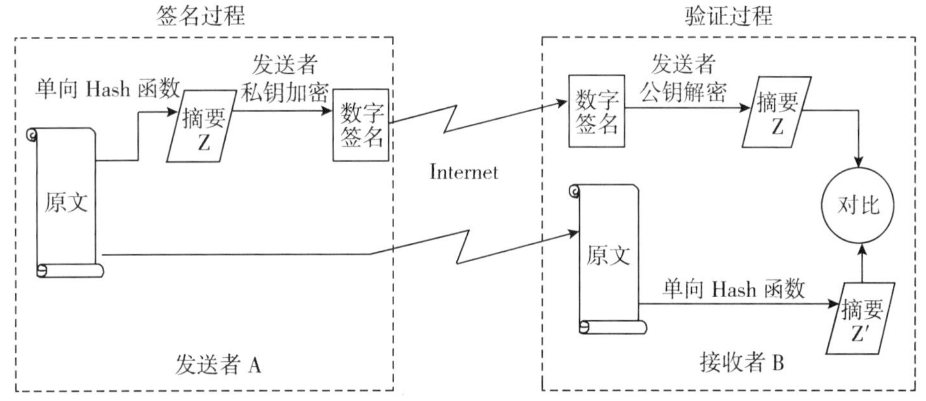

图7-2 数字签名过程

数字签名（digital signature）技术是将摘要用发送者的私钥加密，与原文一起传送给接收者。接收者只有用发送者的公钥才能解密被加密的摘要，然后用单向Hash函数对收到的原文产生一个摘要，与解密的摘要对比，若相同，则说明收到的信息是完整的，在传输过程中没有被修改；否则，其被修改过，不是原信息。同时，证明发送者不能否认自己发送了信息。数字签名保证了信息的完整性和不可否认性。由于发送者的私钥是自己严密管理的，他人无法仿冒，发送者也不能否认用自己的私钥加密发送信息，所以数字签名解决了信息的完整性和不可抵赖性的问题。随着电子商务的迅猛发展，基于互联网的开放性和共享性导致了网上交易安全性受到了严重的影响。如何保障网上传输数据的安全和交易对方的身份确认是电子商务能否得到推广的关键因素之一。数字签名作为解决电子商务安全问题的一部分，起到了非常重要的作用。

双重数字签名：有的场合需要寄出两个相关信息给接收者，接收者只能打开一个，而另一个只需转送，不能打开看其内容。比如：持卡人向特约商户提出订购信息的同时，给开户行付款信息，以便授权开户行付款，但持卡人不希望特约商户知道自己的账号的有关信息，也不希望开户行知道具体的消费内容，只需按金额贷记或借记即可。也就是说，要求一个人的双重签名可以分别传送信息给特约商户和开户行，特约商户只能解开与自己相关的信息却解不开给开户行的信息，开户行也类似。

4.数字时间戳技术

数字时间戳（digital time-stamp）的使用过程如图7-3所示。

在电子交易中，时间和签名一样是十分重要的证明文件有效性的内容。数字时间戳就是用来证明消息的收发时间的。用户首先将需要加时间戳的文件用单向Hash函数加密形成摘要，然后将摘要发送到专门提供数字时间戳服务的权威机构，该机构对原摘要加上时间后，签数字名（用私钥加密），并发送给用户。原用户可以把它再发送给接收者。

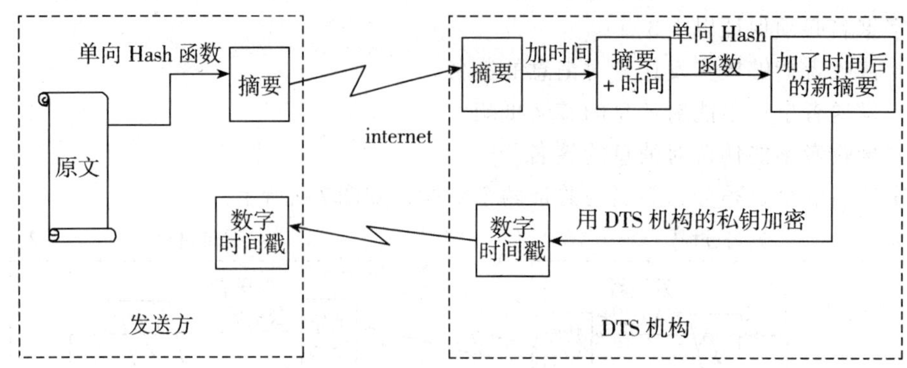

图7-3　数字时间戳的使用过程

数字时间戳服务（digital time-stamp service，DTS）是提供确认电子文件发表时间的安全保护服务。DTS必须由专门的服务机构来提供。时间戳是一个经加密后形成的凭证文档，由3部分组成：

（1）需加时间戳的文件摘要（digest）。

（2）DTS收到文件的日期和时间。

（3）DTS的数字签名。

5.数字证书技术

数字证书就是互联网通信中标志通信各方身份信息的一系列数据，提供了一种在互联网上验证身份的方式，其作用类似于司机的驾驶执照或日常生活中的身份证。它是由一个权威机构——CA发行的，人们可以在网上用它来识别对方的身份。数字证书是一个经CA数字签名的包含公开密钥拥有者信息以及公开密钥等的文件。

（1）认证中心。

怎样证明公钥的真实性？即一个公钥是属于信息发送者，而不是冒充信息发送者的另一个人冒用他的公钥，这就要靠第三方证实该公钥确属于真正的信息发送者。认证中心就是这样的第三方，它是一个权威机构，专门验证交易双方的身份。验证方法是接受个人、商家、银行等涉及交易的实体申请数字证书，核实情况，批准/拒绝申请，颁发数字证书。认证中心除了颁发数字证书外，还具有管理、搜索和验证证书的职能。通过证书管理，可以检查所申请证书的状态（等待、有效、过期等），并可以废除、更新证书；通过搜索证书，可以查找并下载某个持有人的证书；验证个人证书可帮助确定一张个人证书是否已经被其持有人废除。

目前世界上最著名的数字认证中心是美国的Verisign公司，该公司为全球50多个国家和地区提供数字认证服务。作为世界级的认证中心，它就像互联网世界里的“世界市场监管总局”一样，为全球无线网络上的付款业务等提供着严格的认证服务。

①认证中心作为电子商务交易中受信任的第三方，专门解决公钥体系中公钥的合法性问题。它是采用PKI公开密钥基础架构技术，专门提供网络身份认证服务，负责签发和管理数字证书，且具有权威性和公正性的第三方信任机构。它的作用就像我们现实生活中颁发证件的公司，如护照办理机构。目前国内的CA主要分为区域性CA和行业性CA，广东省电子商务认证有限公司是由广东省人民政府批准建立的国内较为著名的一家区域性认证机构。CA为每个使用公开密钥的用户发放一个数字证书，数字证书的作用是证明证书中列出

的用户名称与证书中列出的公开密钥相对应。CA的数字签名使得攻击者不能伪造和篡改数字证书。CA通过自身的注册审核体系，检查核实进行证书申请的用户的身份和各项相关信息，并将相关内容列入发放的证书域内，使用户属性的客观真实性与证书的真实性一致。

②CA树形验证结构，如图7-4所示。

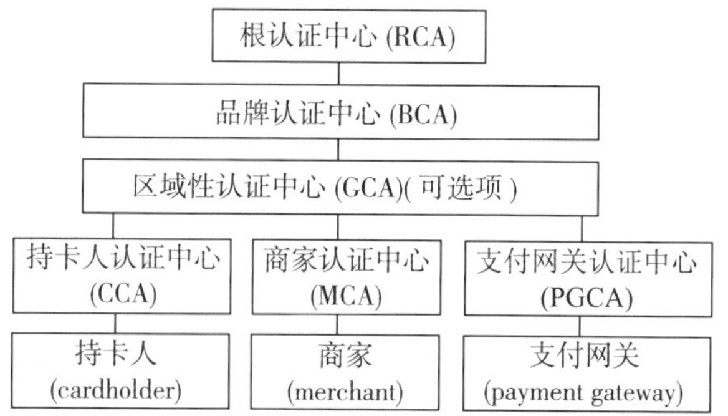

图7-4 CA树形验证结构

对于一个大型的应用环境，CA往往采用一种多层次的分级结构，各级的CA类似于各级行政机关，上级CA负责签发和管理下级CA的证书，最下一级的CA直接面向最终用户。在双方通信时，通过出示由某个CA签发的证书来证明自己的身份，如果对签发证书的CA本身不信任，则可验证CA的身份，逐级进行，一直到公认的权威CA处，就可确信证书的有效性。每一个证书与数字化签发证书的CA的签名证书都是关联的。沿着信任树一直到一个公认的信任组织，就可确认该证书是有效的。例如，C的证书是由名称为B的CA签发的，而B的证书是由名称为A的CA签发的，A是权威的机构，通常称为根（root）CA。验证到了根CA处，就可确信C的证书是合法的。

③CA核心职能是发放和管理数字证书。CA的具体职能主要是：

i. 证书发放职能。当收到用户的数字证书的申请后，CA将申请的内容进行备案，并根据申请的内容确定是否受理该数字证书的申请。如果决定接受该数字证书的申请，就用私钥对新颁发的数字证书进行签名，发送到证书库供用户下载和查询。

ii. 证书更新职能。为了增强数字证书的安全性，一般来说，CA都会定期更新所有用户的数字证书。如果用户原有的数字证书遗失或损坏，或者对其现有的数字证书的安全性有顾虑，也可以请求让CA更新其数字证书。

iii. 证书查询职能。对数字证书的查询可以分为两类：一类是查询数字证书申请情况，CA根据用户的查询请求返回当前用户证书申请的处理过程；另一类是用户数字证书（包括已经撤销的数字证书）状态及相关信息的查询。

iv 证书撤销职能。当用户的私钥由于泄密等造成用户数字证书需要申请撤销时，用户向CA提出撤销请求，CA根据用户的请求和其政策来确定是否将该证书撤销。另一种证书撤销的情况是数字证书已经过期，CA自动将该数字证书作废。

v. 归档职能。所有的数字证书都有有效期，当数字证书过了有效期之后，CA自动将该数字证书作废。但是，已经作废的数字证书不能被删除，因为如果需要验证以前的某个交易过程中产生的数字签名，就需要查询那些已经被撤销的作废证书，所以CA还应当具备作废证书存储与管理的功能。

【小知识7-2】

RA（registration authority）是数字证书注册审批机构。RA系统是CA的证书发放、管理的延伸。它负责证书申请者的信息录入、审核以及证书发放等工作；同时，对发放的证书完成相应的管理功能。发放的数字证书可以存放于IC卡、硬盘或软盘等介质中。它是整个CA得以正常运营的不可缺少的一部分。

（2）数字证书概述。

数字证书（digital certificate）又称公开密钥证书，也称数字标识（digital ID），是由权威的、可信赖的、公正的第三方机构——认证中心颁发给网上用户的一段包含用户身份信息、密钥信息以及认证中心数字签名等的数据文件。可以说，数字证书是互联网上的安全护照或身份证明，所以我们常把它比喻为电子身份证。

数字证书是消费者、商家、银行和政府部门等在网上进行信息交流及商务活动的电子身份证，主要用于网络身份验证，其作用类似于日常生活中的身份证或个人护照，代表了使用者的电子身份辨别证件。数字证书实际上是一段程序，因此它可以存储在软盘、硬盘、IC卡及USB等介质中。

① 数字证书包括以下的内容：数字证书的内部格式是由国际电信联盟X.509国际标准所规定的，它必须包含数字证书的版本号、数字证书的序列号、数字证书拥有者的姓名、数字证书拥有者的公开密钥、公开密钥的有效期、签名算法、办理数字证书的单位、办理数字证书的单位的数字签名等。

② 数字证书的分类。

i.按照协议划分：

SSL（安全套接层）协议证书：服务于银行对企业或企业对企业的电子商务活动；SSL协议证书的作用是通过公开密钥证明持证人的身份。

SET（安全电子交易）协议证书：服务于信用卡消费和网上购物；SET协议证书的作用是通过公开密钥证明持证人在指定银行确实拥有该信用卡账号，同时证明了持证人的身份。

ii.按照使用对象划分：

个人数字证书：证书中包含个人身份信息和个人的公钥，用于标识证书持证者身份。数字证书和对应的私钥存储于Key或IC卡中，用于个人在网上进行个人安全电子邮件发送、合同签订、订单确认、录入审核、操作权限确认、支付等活动中标明身份。

企业数字证书：证书中包含企业信息和企业的公钥，用于标识证书持有者的身份。数字证书和对应的私钥存储于Key或IC卡中，可以用于企业在电子商务方面的活动，如企业安全电子邮件发送、合同签订、网上证券交易、交易支付信息确认等。

服务器数字证书：证书中包含服务器信息和服务器的公钥，用于表明该服务器的身份，确保双方身份的真实性、安全性、可信任度，保证用户与服务器交互信息安全。

代码签名数字证书：使用该证书对软件代码数字签名，用于表示软件代码的开发者身份。

支付网关证书：是证书签发中心针对支付网关签发的数字证书，是支付网关实现数据加解密的主要工具，用于数字签名和信息加密。支付网关证书仅用于支付网关提供的服务

（互联网上各种安全协议与银行现有网络数据格式的转换）。支付网关证书只能在有效状态下使用。支付网关证书不可被申请者转让。

数字证书还有文档签名证书、场景证书等类型。

【小思考7-3】

普通证书和高级证书的区别是什么？

答：普通证书是基于CFCA的基本PKI体系，包含单密钥对和单证书，可以和主流浏览器无缝集成使用。

高级证书是基于CFCA特有的可管理的PKI体系，包含双密钥和双证书，支持加密和签名采用不同密钥对，适用于企业（个人）进行金额较大的网上交易，安全级别高、功能强。

任务实施

步骤1　如果支付宝账户申请了数字证书，在别的电脑上使用余额、已签约的快捷支付、余额宝等方式支付时就需要安装数字证书。可以按页面提示点击“安装数字证书”（如图7-5所示），完成安装。

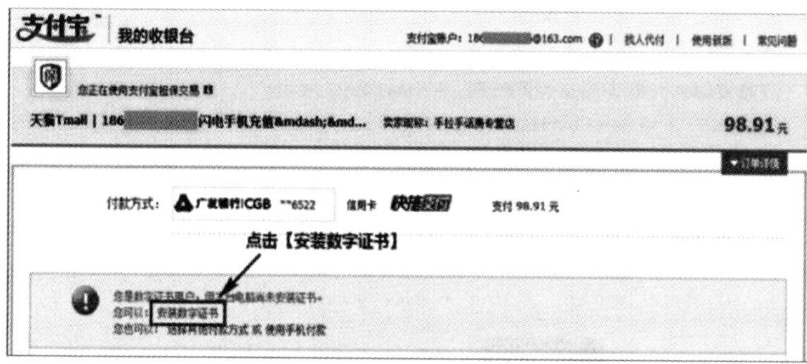

图7-5　点击“安装数字证书”页面

步骤2　如果支付宝账户没有申请数字证书，登录支付宝账户，在“安全中心”，数字证书“管理”页面，点击“安装数字证书”（如图7-6、图7-7所示）。

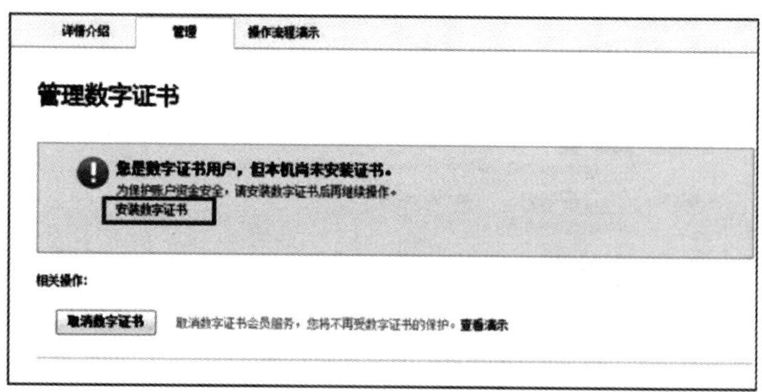

图7-6　安装数字证书页面

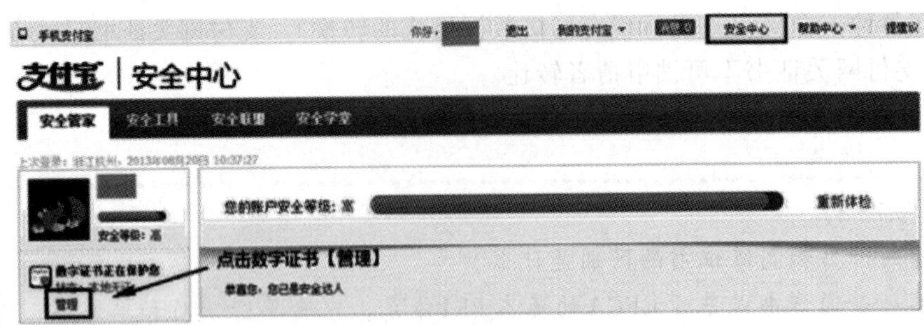

图7-7　数字证书管理页面

安装数字证书的方法有三种：通过手机短信、接收邮件并回答安全保护问题、提交客服申请单。

(1) 通过手机短信进行安装。

①（前提：支付宝账户绑定的手机号码正常并可收到短信）在安装证书入口，点击“安装数字证书”，选择“通过手机短信”后，点击“下一步”（收银台页面安装时默认通过手机短信）（如图7-8所示），进入安装证书页面。

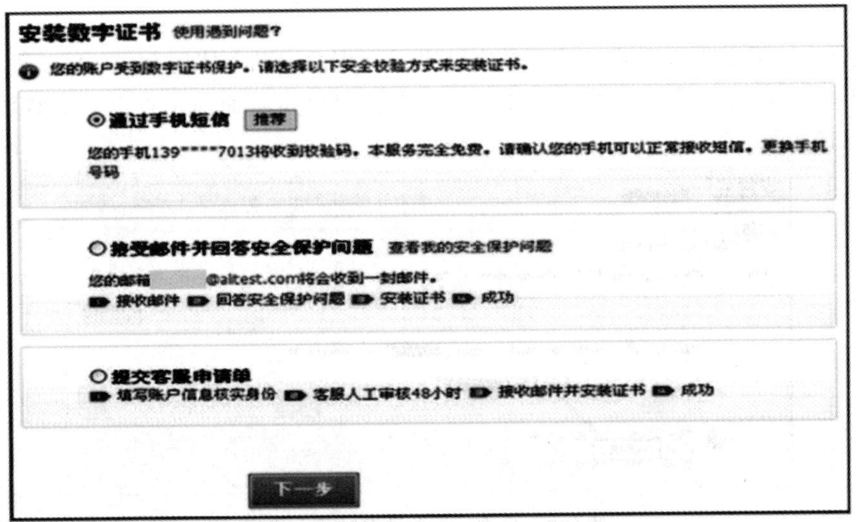

图7-8　选择安装方式页面

②选择证书使用地点，输入“验证码”后，点击“下一步”（如图7-9所示）。

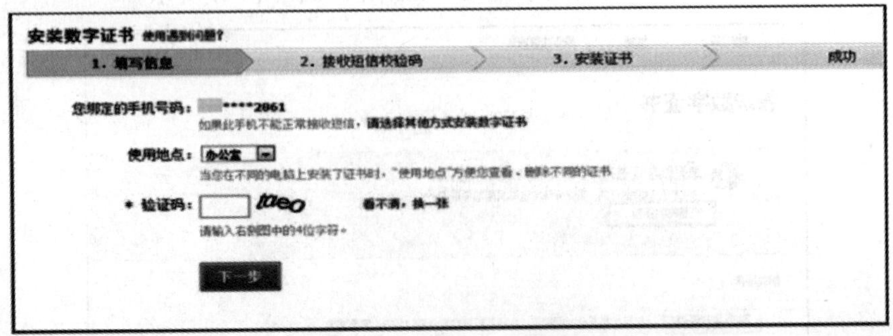

图7-9　填写信息页面

③输入手机上收到的校验码后，点击“确定”（如图7-10所示）。

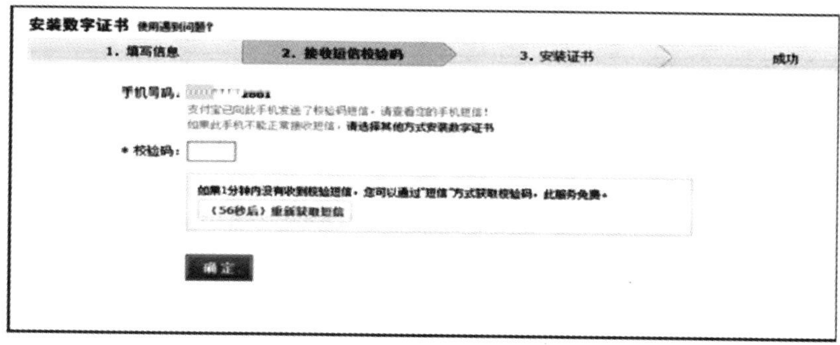

图7-10　填写短信校验码页面

（2）通过接收邮件并回答安全保护问题进行安装（若您未看到此邮件选项，请选择其他方式安装证书）。

①填写验证码后，点击“提交”（如图7-11所示）。

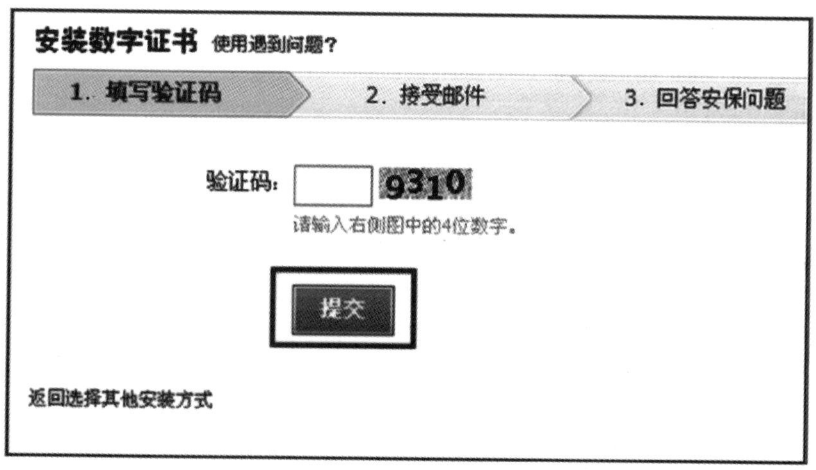

图7-11　填写验证码页面

②提示“支付宝已向您的邮箱×××，发送了一封验证邮件”，点击“点此进入邮箱查收”（如图7-12所示）。

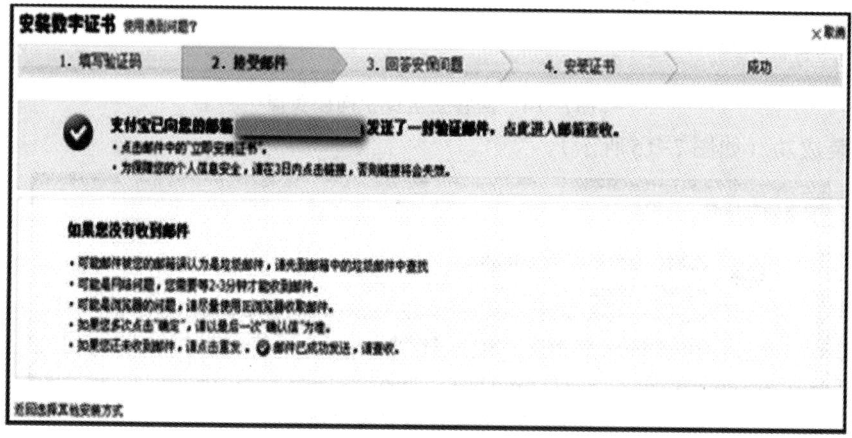

图7-12　接收邮件页面

③点击“点此安装证书”（如图 7–13 所示）。

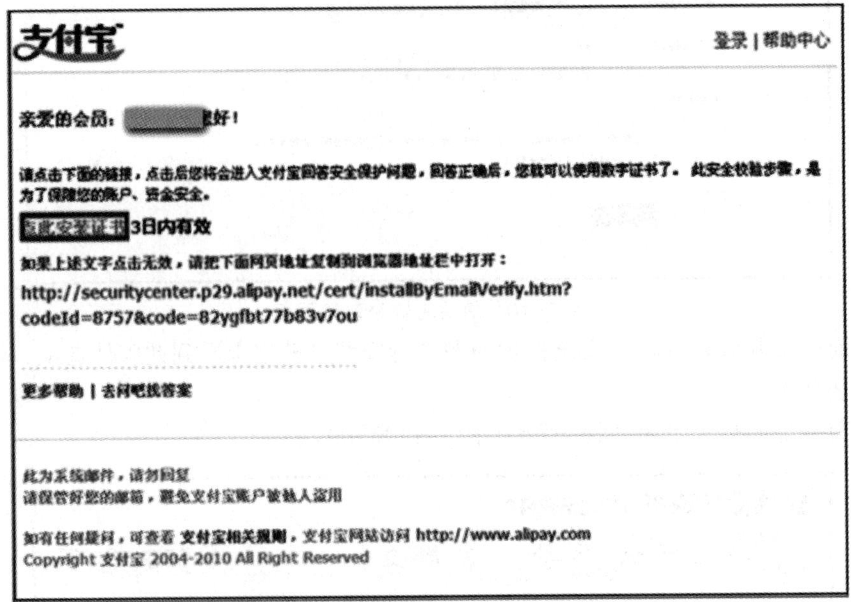

图7–13　点此安装证书页面

④回答安全保护问题后，点击“下一步”（如图 7–14 所示）。

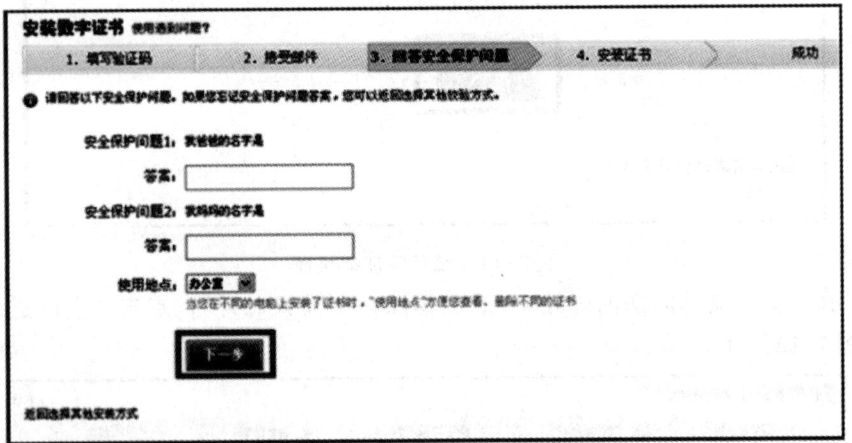

图7–14　回答安全保护问题页面

⑤安装成功（如图 7–15 所示）。

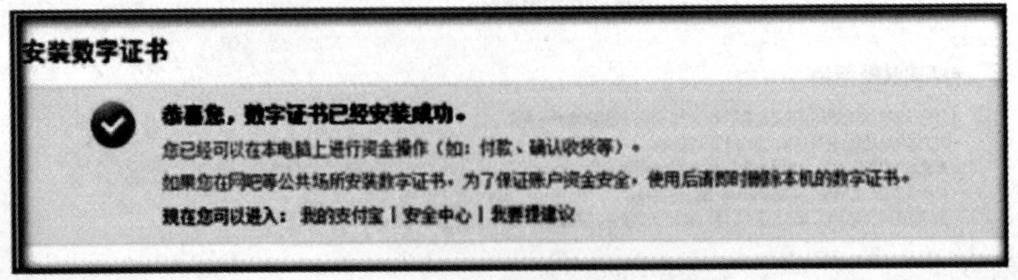

图7–15　数字证书安装成功页面

（3）通过提交客服申请单进行安装。

①在选择数字证书安装方式时，选择“提交客服申请单”（如图 7–16 所示）。

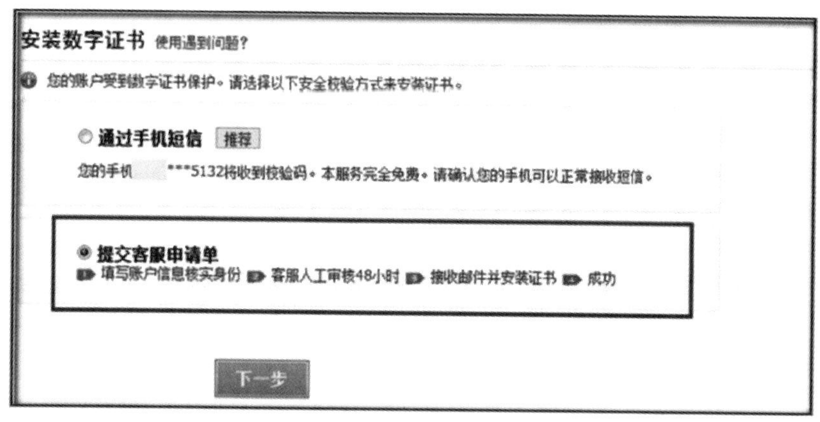

图7-16 选择提交客服申请单页面

②您可以按照页面的提示填写相关信息并上传证件后（如图7-17所示），支付宝客服会进行审核；处理结果会通过邮件告知您，如您在受理单中填写了手机号码，也会同步发送短信通知，请您耐心等待。

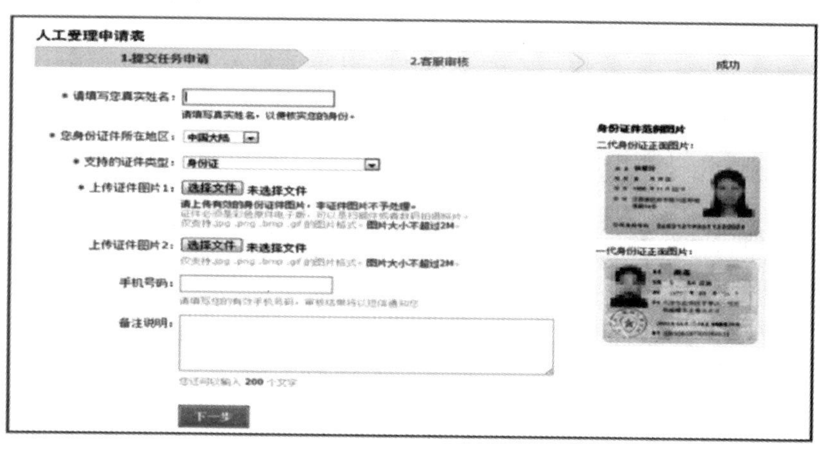

图7-17 人工受理申请表页面

任务三 认识中国金融认证中心

任务描述

数字证书具备网络身份识别和通信信息加密的功能，从用途来看，可分为签名证书和加密证书：签名证书主要用于对用户信息进行签名，以保证信息的不可否认性；加密证书主要用于对用户传送的信息进行加密，以保证信息的真实性和完整性。但对个人和企业来说，数字证书如何使用、应该用在哪里，仍是一个令其困惑的问题。我国规模最大的数字认证中心CFCA，每天都会接到大量关于数字证书的用户咨询。很多用户希望申请使用CFCA的数字证书，但数字证书对其来说只是一个笼统的概念，数字证书和使用范围是如何规定的呢？

知识准备

中国金融认证中心（China Financial Certification Authority，CFCA）作为一个权威的、可信赖的、公正的第三方信任机构，专门负责为金融业的各种认证需求提供证书服务，包括电子商务、网上银行、支付系统和管理信息系统等。目前，CFCA为了满足金融业在电子商务方面的多种需求，采用PKI技术，建立了SET和Non-SET两套系统，提供多种证书来支持各成员行有关电子商务的应用开发以及证书的使用，为参与网上交易的各方提供安全的基础，建立彼此信任的机制；在中国电子商务发展中，CFCA组织并参与有关网上交易规则的制定，以及确立相应的技术标准等。CFCA是按照现代企业制度建立起来的、采用国际标准管理体制的市场化运作企业，通过了ISO 9000质量管理体系认证，对我国广泛开展的电子商务活动特别是电子支付起着巨大的推动作用。

中国金融认证中心是由中国人民银行牵头，工商银行、中国银行、农业银行、建设银行、交通银行、招商银行、中信银行、华夏银行、广东发展银行（现更名为广发银行）、深圳发展银行（现平安银行）、光大银行、民生银行和兴业银行13家商业银行联合建设，由银行卡信息交换总中心承建的，专门负责为金融业的各种认证需求提供证书服务。CFCA于2000年6月29日正式挂牌成立，是经中国人民银行和国家信息安全管理机构批准成立的国家级的权威的安全认证机构，是重要的国家金融信息安全基础设施之一。CFCA的建立标志着我国电子商务已经逐渐走向成熟。CFCA网站首页如图7-18所示。

图7-18 CFCA网站首页

CFCA采用国际主流的PKI技术，提供适用于企业、个人、Web站点、VPN、安全E-mail、手机应用等在内的十多种证书和各种信息安全服务，确保网上银行、网上证券、网上保险、网上税务、电子商务、电子政务、企业集团等的信息安全。为确保业务的可持续性，满足国家法规、国际认证要求，CFCA建立了高水准的异地灾难备份系统。其国产化PKI/CA系统始建于2003年，被列入国家863计划，得到了中国人民银行、科技部、国家密码管理局和中国银联的高度重视与支持。2005年5月，该系统正式通过科技部863项目验收，并开始大规模应用。2005年8月，CFCA通过了国家信息产业部（现工信部）的审查，获得了“电子认证服务许可证”，成为《电子签名法》颁布之后首批获得电子认证服务提供者资格的CA之一。CFCA国产化PKI/CA系统，是我国银行业信息安全基础设施的一项重大技术成果，完全可以满足未来我国金融行业大容量用户和快速发展的业务需求，对于提升我国金融信息安全保障能力具有重要意义。CFCA体系结构示意图如图7-19所示。

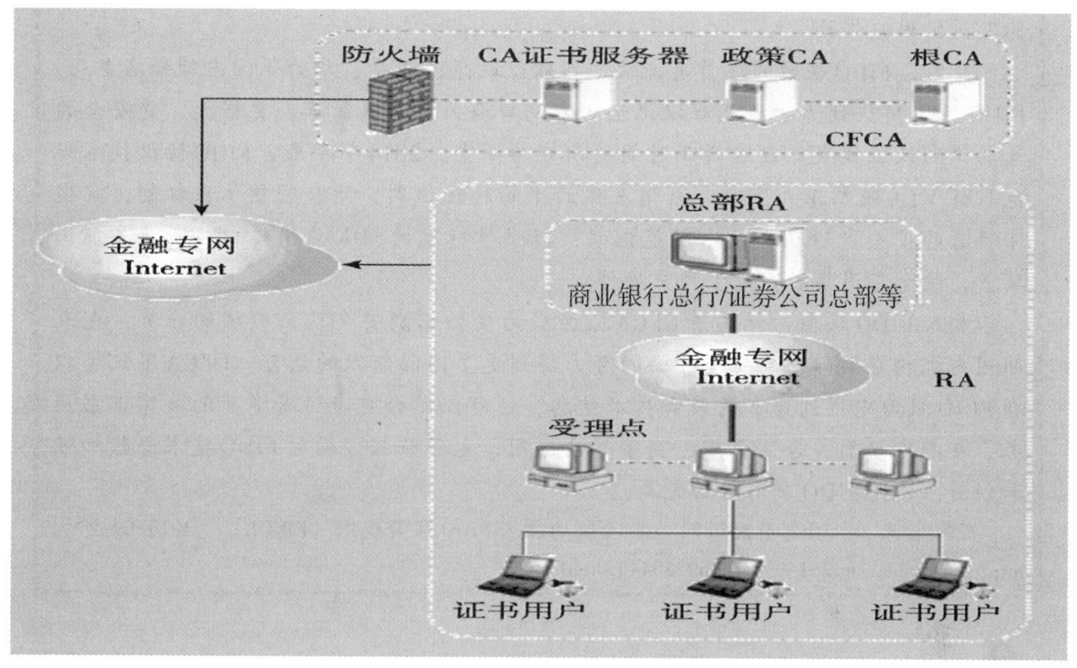

图7-19 CFCA体系结构示意图

CFCA认证系统采用国际领先的PKI技术，总体为三层CA结构：第一层为根CA；第二层为政策CA，可向不同行业、领域扩展信用范围；第三层为运营CA，根据证书运作规范（CPS）发放证书。运营CA由CA系统和RA系统两大部分组成：

（1）CA系统。CA系统承担证书签发、审批、废止、查询、数字签名、证书/黑名单发布、密钥恢复与管理、证书认定和政策制定，CA系统设在CFCA本部，不直接面对用户。

（2）RA系统。RA系统直接面向用户，负责用户身份申请审核，并向CA申请为用户转发证书；一般设置在商业银行的总行、证券公司总部、保险公司总部及其他应用证书的机构总部，受理点设置在商业银行的分/支行、证券营业部、保险营业部及其他应用证书机构的分支机构，RA系统可方便地集成到其业务应用系统。

CFCA认证系统在满足高安全性、开放性、实用性、高扩展性、交叉认证等需求的同时，从物理安全、环境安全、网络安全、CA产品安全以及密钥管理和操作运营管理等方面均按国际标准制定了相应的安全策略；专业化的技术队伍和完善的运营服务体系，确保系统7×24小时安全、高效、稳定运行。作为金融领域合法的第三方安全认证机构，国内绝大部分网上银行都已采用CFCA提供的信息安全服务，纳入统一的金融安全认证体系。

【小资料7-3】

2016年9月，经线上快速身份验证（FIDO）联盟组织委员会批准，中国金融认证中心（CFCA）成功加入该组织，成为该组织中的成员。

FIDO联盟为于2012年7月成立的行业协会，其宗旨为满足市场需求和应付网上验证要求。FIDO联盟的成员将协助界定市场需求，并为FIDO开放协议做出贡献。该协议为在线与数码验证方面的首个开放行业标准，可提高安全性、保护私隐及简化用户体验。

目前，FIDO联盟的成员有微软、谷歌、联想、三星、华为等国内外知名企业。FIDO UAF协议致力于消灭难以记忆的密码口令，打造更简单、更强大、更安全的生物识别认证模式。经过两年时间的研究与探索，2014年年底，FIDO协议技术规范UAF V1.0版本正式发布，采用人体的生物特征识别，结合密钥体系机制，实现了可靠的安全身份认证技术规范框架，提供了标准的SDK应用接口，支持多应用场景，便于应用集成，便于用户操作。

加入FIDO联盟，标志着CFCA已经成为生物识别安全认证领域的一员，也表明国内机构在国际信息安全方面的努力得到更多国际组织的认可。CFCA不仅可以在FIDO联盟中得到应有的最新技术信息，还可以结合自身运营多年的数字证书业务，在身份识别、合法合规、商密算法应用、电子证据方面对FIDO技术进行加强和创新，使得FIDO应用更加完美。

资料来源　中国电子银行网. CFCA成功加入FIDO联盟组织［EB/OL］.［2019-09-27］. http：//mt.sohu.com/20160927/n469280446.shtml.

任务实施

步骤1　认识个人证书。个人证书中包含个人身份信息和个人的公钥，用于标识证书持有人的个人身份，可以签名，也可以加密。个人证书用于个人在网上进行网银交易、个人安全电子邮件发送、合同签订、支付等活动中标明身份（如图7-20所示）。

步骤2　认识企业证书。企业证书中包含企业（单位）信息和企业（单位）的公钥，用于标识证书持有企业（单位）的身份。企业证书可以用于企业（单位）在网上银行系统、电子政务、电子商务等业务的办理过程中。

步骤3　认识服务器证书。服务器证书（亦称SSL证书）是安装在服务器端用以标明站点唯一身份的数字证书，可存放于服务器硬盘或加密硬件设备上，为用户端和Web服务器端之间建立一条HTTPS加密传输通道，保证用户和服务器之间信息交换的保密性、安全性。服务器证书分为OV、EV（如图7-21所示）及内网SSL证书。

服务器证书主要用于网上银行系统、电子商务网站、电子政务网站等各行业应用服务器。使用服务器证书可有效地识别钓鱼网站、防止信息泄露，保护网民的信息安全。

步骤4　认识设备证书。设备证书是提供给某些硬件设备（如服务器）的证书，按照硬件设备的特殊需求签发不同的数字证书。用户生产、发布特定的硬件设备产品，并希望

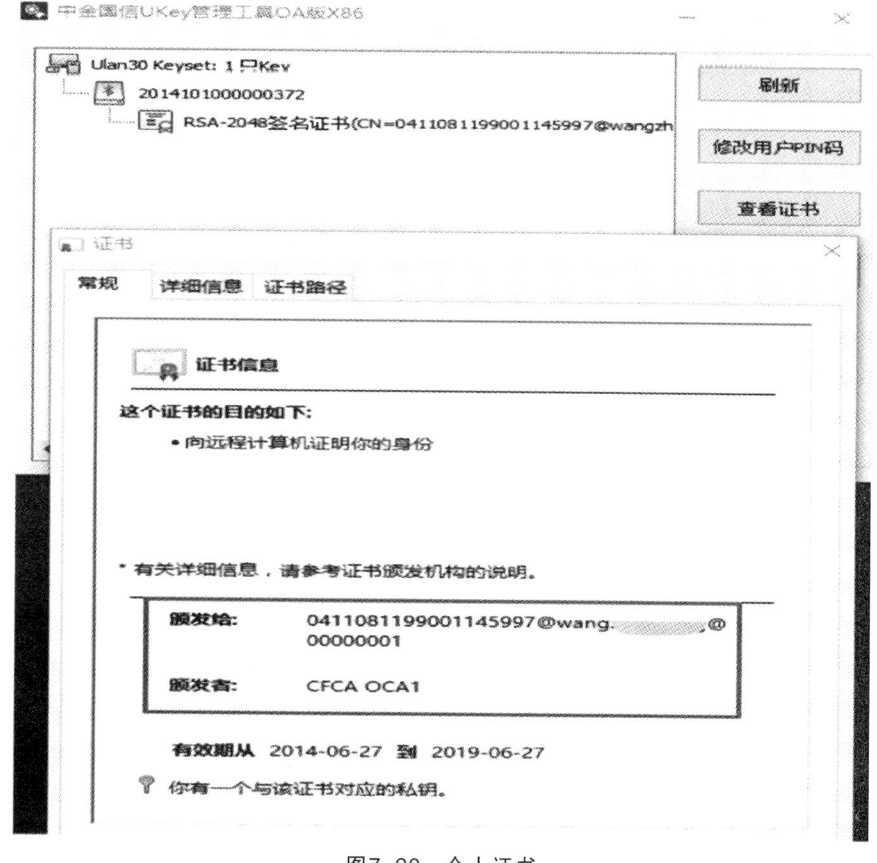

图7-20 个人证书

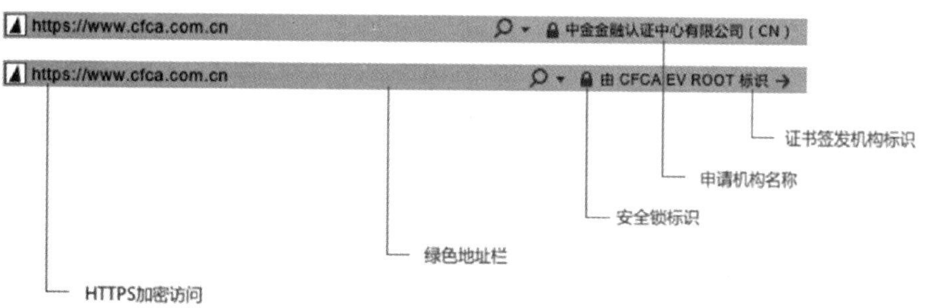

图7-21 EV服务器证书

使用证书对其进行标识，在与该设备的通信中可对该设备进行认证及信息加密。

步骤5 认识代码签名证书。代码签名证书（如图7-22所示）是针对网上发布的软件程序、控件、驱动程序、硬件固化程序等代码创建数字签名，以便在软件发行者和用户通过网络下载代码时对它们加以保护。代码签名证书可验证程序内容的来源及完整性，确保用户不会下载到被篡改或被植入恶意代码的程序。

步骤6 认识文档签名证书。企业或个人希望签署pdf或者office等电子文档（包括文件签名、电子签章等），并使其在各类操作系统和阅读器中被信任。文档签名证书可广泛用于文档签署、合同签署、票据签署等，使用文档签名证书签署的电子文件具有和纸质文件同等的法律效力（如图7-23所示）。

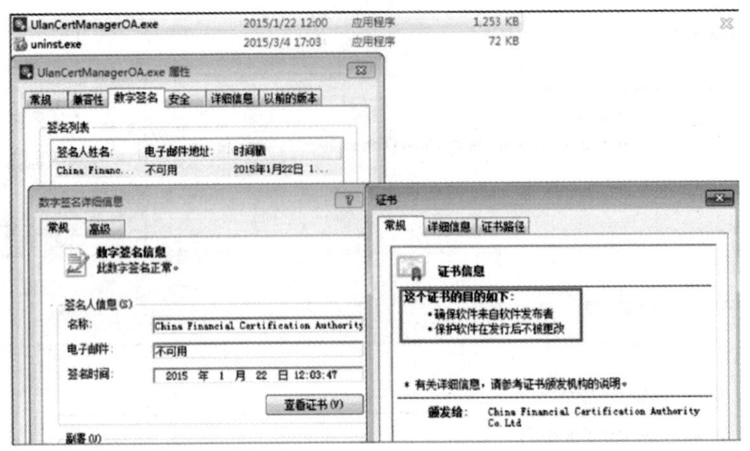

图7-22　代码签名证书

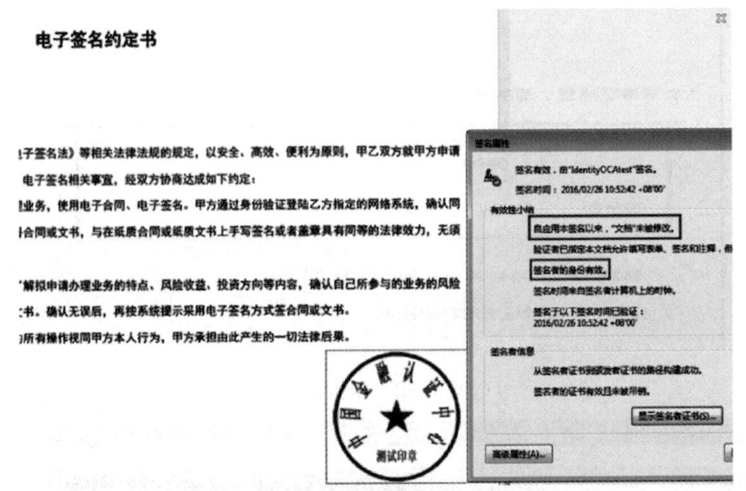

图7-23　文档签名证书

步骤7　认识场景证书。场景证书包含文档、签名、图片、音频、视频等哈希值信息，并证明其相互之间的紧密相关性，可用于司法取证和司法鉴定。当用户有对某特定场景进行取证的需求，例如：移动展业中，业务员会见客户及业务办理过程中的所有信息均需采集取证时，即可使用场景证书。

场景证书仅对特定场景有效，其包含了特定场景的信息，例如“张三在2019年7月1日3点22分15秒222毫秒，和××××公司，签署了理财协议××××元，并当场签名，录入身份证和记录了视频为证”这个场景，之后无论是张三还是他人再使用这张证书在其他场景签名，签名都非有效签名。

任务四　辨识电子支付安全协议

任务描述

传统HTTP协议中数据以明文进行传递，用户隐私存在被窃听、篡改、冒充的风险，而HTTPS协议在HTTP协议的基础上加入SSL协议，SSL协议验证服务器身份，并为浏览器和服务器之间的通信加密，使数据传输安全性得到质的提升。实现HTTPS协议首先需要向国际公认的证书认证机构申请SSL证书。正是由于其申请流程过于复杂，并且价格昂贵，基本上没有免费的SSL证书，因此SSL证书在很长一段时间内并没有被普及。那么，如何申请免费SSL证书？

知识准备

近年来，随着钓鱼网站的泛滥和信息泄露事件的频发，大批网站急需加强安全防护，而SSL证书恰好就是一种可以大大增强网站安全力度的产品。SSL证书是由权威、可信的第三方数字证书认证机构（CA）签发的、用来标记网站身份的数字证书。因其通常部署在网站服务器上，亦称服务器证书。SSL证书通过在客户端浏览器和网站服务器之间建立SSL对数据进行HTTPS加密，确保数据在传输过程中不被窃听、篡改和伪造，有效解决了网站身份的真实性和信息传输的保密性问题。

一、SSL协议

SSL是secure socket layer的英文缩写，SSL协议是安全套接层协议。SSL协议是由网景（Netscape）公司于1994年设计开发推出的一种基于公钥密码机制的安全通信协议。该安全协议主要提供对用户和服务器的认证；对传送的数据进行加密和隐藏；确保数据在传送中不被改变。它能使客户机-服务器应用之间的通信不被攻击者窃听。现在国内外一些对保密性要求较高的网上银行、电子商务和电子政务等系统大多数是以SSL协议为基础建立的，SSL协议已成为Web安全方面的工业标准。

SSL协议采用数字证书及数字签名进行双端实体认证，用非对称加密算法进行密钥协商，用对称加密算法将数据加密后进行传输以保证数据的保密性，并且通过计算数字摘要来验证数据在传输过程中是否被篡改和伪造，从而为敏感数据在互联网上的传输提供了一种安全保障手段。

SSL协议的优势在于它与应用层协议的确立无关。高层的应用协议如HTTP、FTP、Telnet等能透明地建立于SSL协议之上。它在应用层协议通信之前就已经完成加密算法、通信密钥的协商以及服务器认证工作。在此之后应用层协议所传送的数据都会被加密，从而保证通信的安全性。

1.SSL协议提供的基本服务

（1）认证用户和服务器，使其能够确信数据将被发送到正确的客户机和服务器。

（2）加密数据以隐藏被传送的数据。

（3）维护数据的完整性，确保数据在传输过程中不被改变。

【小思考7-4】

什么是SSL协议中的连接和会话？

答：连接是指两台主机之间提供特定类型服务的传输，是点对点的关系。一般来说，连接是短暂的，每一个连接都与一个会话相关联。会话是客户机和服务器之间的关联，是通过握手协议进行创建的。会话是加密安全参数的一个集合，包含加密算法、临时加密密钥和初始向量等。会话可以被多个连接所共享，这样可以避免为每个连接重新进行安全参数的协商而花费昂贵的时间代价。任何一对服务器和客户机之间都可以存在多个安全SSL连接，这些连接可以共享一个会话，也可以共享不同的会话。理论上说，一对服务器和客户机之间也可以存在多个会话，但是由于这样会付出相当高的代价，所以一般来说不支持这种做法。

2.SSL协议的构成

SSL协议位于TCP/IP协议模型的网络层和应用层之间，使用TCP来提供一种可靠的端到端的安全服务。SSL协议由两层组成，分别是握手协议层和记录协议层。握手协议建立在记录协议之上，此外，还有更改密码协议、警告协议等。

（1）握手协议。SSL握手协议可以使服务器和客户端能够相互鉴别对方，协商具体的加密算法和MAC算法以及保密密钥，用来保护在SSL记录中发送的数据。SSL握手协议允许通信实体在交换应用数据之前协商密钥的算法、加密密钥和对客户端进行认证（可选）的协议，为下一步记录协议要使用的密钥信息进行协商，使客户端和服务器建立并保持安全通信的状态。SSL握手协议在应用程序数据传输之前使用。SSL握手协议包括4个阶段：第一个阶段，建立安全能力；第二个阶段，服务器鉴别和密钥交换；第三个阶段，客户端鉴别和密钥交换；第四个阶段，完成握手协议。

（2）记录协议。这个协议用于交换应用层数据。应用程序消息被分割成可管理的数据块，还可以被压缩，并应用一个MAC（消息认证代码），然后结果被加密并传输。接收方接收数据并对它解密，校验MAC，解压缩并重新组合它，并把结果提交给应用程序协议。SSL记录协议为SSL连接提供了两种服务：一是确保机密性；二是确保消息完整性。

（3）更改密码协议。更改密码协议是使用SSL记录协议服务的SSL高层协议的3个特定协议之一，也是其中最简单的一个。协议由单个消息组成，该消息只包含一个值为“1”的单个字节。该消息的唯一作用就是使未决状态拷贝为当前状态，更新用于当前连接的密码组。为了保障SSL传输过程的安全性，双方应该每隔一段时间就改变加密规范。

（4）警告协议。用来为对等实体传递SSL的相关警告。如果在通信过程中某一方发现任何异常，就需要给对方发送一条警示消息通告。警示消息有两种：第一种是Fatal错误，如传递数据过程中，发现错误的MAC，双方就需要立即中断会话，同时消除自己缓冲区相应的会话记录；第二种是Warning消息，这种情况，通信双方通常都只是记录日志，而对通信过程不造成任何影响。

SSL协议同时使用对称密钥算法和公钥加密算法。前者在速度上比后者要快很多，但是后者可以实现更好的安全验证。一个SSL传输过程需要先握手：用公钥加密算法使服务器端在客户端得到验证，以后就可以使双方用商议成功的对称密钥来更快速地加密、解密数据。

SSL握手过程的步骤：

第一步，SSL客户机连接到SSL服务器，并要求服务器验证它自身的身份。

第二步，服务器通过发送它的数字证书证明其身份。这个交换还可以包括整个证书链，直到某个根证书权威机构（CA）。通过检查有效日期并确认证书包含可信任CA的数字签名，来验证证书。

第三步，服务器发出一个请求，对客户端的证书进行验证。但是，因为缺乏公钥体系结构，当今的大多数服务器不进行客户端认证。

第四步，协商用于加密的消息加密算法和用于完整性检查的哈希函数。通常由客户机提供它支持的所有算法列表，然后由服务器选择最强的加密算法。

第五步，客户机和服务器通过下列步骤生成会话密钥。

i. 客户机生成一个随机数，并使用服务器的公钥（从服务器的证书中获得）对它加密，发送到服务器上。

ii. 服务器用更加随机的数据（客户机的密钥可用时则使用客户机的密钥，否则以明文方式发送数据）响应。

iii. 使用哈希函数，从随机数据中生成密钥。

采用SSL技术，在用户使用浏览器访问Web服务器时，会在客户端和服务器之间建立安全的SSL通道。在SSL会话产生时：首先，服务器会传送它的服务器证书，客户端会自动分析服务器证书，来验证服务器的身份。其次，服务器会要求用户出示客户端证书（即用户证书），服务器完成客户端证书的验证，来对用户进行身份认证。对客户端证书的验证包括验证客户端证书是否由服务器信任的证书颁发机构颁发、客户端证书是否在有效期内、客户端证书是否有效（即是否被篡改等）和客户端证书是否被吊销等。验证通过后，服务器会解析客户端证书，获取用户信息，并根据用户信息查询访问控制列表来决定是否授权访问。所有的过程都会在几秒钟内自动完成，对用户是透明的。

3.SSL协议的工作流程

SSL协议是一个保证计算机通信安全的协议，对通信对话过程进行安全保护。例如，一台客户机与一台主机连接上，初始化握手协议，然后建立一个SSL。直到对话结束，SSL协议都会对整个通信过程加密，并且检查其完整性。这样一个对话时段算一次握手。而HTTP协议中的每一次连接就是一次握手，因此与HTTP协议相比，SSL协议的通信效率会高一些。

（1）接通阶段：客户机通过网络向服务器打招呼，服务器回应。

（2）密码交换阶段：客户机与服务器之间交换双方认可的密码，一般选用RSA密码算法，也有的选用Diffie-Hellman和Fortezza-KEA密码算法。

（3）会谈密码阶段：客户机与服务器间产生彼此交谈的会谈密码。

（4）检验阶段：检验服务器取得的密码。

（5）认证阶段：验证客户的可信度。

（6）结束阶段：客户机与服务器之间相互交换结束的信息。

当上述动作完成之后，两者间的资料传送就会加密，另外一方收到资料后，再将编码资料还原。即使盗窃者在网络上取得编码后的资料，如果没有原先编制的密码算法，也不能获得可读的有用资料。发送时信息用对称密钥加密，对称密钥用非对称算法加密，再把两个包绑在一起传送过去。接收的过程与发送正好相反，先打开有对称密钥的加密包，再用对称密钥解密。

在电子商务交易过程中，由于有银行参与，按照SSL协议，客户的购买信息首先发往商家，商家再将信息转发给银行，银行验证客户信息的合法性后，通知商家付款成功，商家再通知客户购买成功，并将商品寄送客户。

SSL协议是两层协议，建立在TCP传输控制协议之上、应用层之下，并且与上层应用协议无关，可为应用层协议如HTTP、FTP、SMTP等协议提供安全传输，通过将HTTP协议与SSL协议相结合，Web服务器就可实现客户浏览器与服务器间的安全通信。因此简便易行是SSL协议的最大优点，但与此同时其缺点是显而易见的。SSL的缺陷有：

首先，在交易过程中，SSL协议有利于商家而不利于客户。客户的信息首先传到商家，商家阅读后再传到银行。这样，客户资料的安全性便受到威胁。商家认证客户是必要的，但整个过程中缺少了客户对商家的认证。其次，SSL协议只能保证资料传递过程的安全性，而传递过程中是否有人截取则无法保证。再次，由于SSL协议的数据安全性建立在RSA等算法上，因此其系统安全性较差。最后，虽然SSL协议中也使用了数字签名来保证信息的安全，但是由于它不对应用层的消息进行数字签名，因此不能提供交易的不可否认性，这就造成了SSL协议在电子银行应用中的最大不足。在电子商务初级阶段，由于运作电子商务的企业大多是信誉较高的大公司，因此这个问题还没有充分暴露出来，但随着电子商务的发展，各中小型公司也参与了进来，这样在电子支付过程中的单一认证问题就越来越突出。虽然在SSL3.0中通过数字签名和数字证书可实现浏览器与Web服务器双方的身份验证，但是SSL协议仍存在一些问题，比如，只能提供交易中客户机与服务器间的双方认证，在涉及多方的电子交易中，SSL协议并不能协调各方的安全传输和信任关系。在这种情况下，VISA和Master Card两大信用卡组织制定了SET协议，为网上信用卡支付提供了全球性的标准。

二、SET协议

SET是secure electronic transaction的英文缩写，SET协议是安全电子交易协议。该协议是由世界上两大信用卡公司VISA Card和Master Card于1997年5月31日联合推出的网上信用卡交易的模型和规范。其实质是一种应用在互联网上的、以信用卡为基础的电子付款系统规范，目的是保证网络交易的安全。SET协议涵盖了信用卡在电子商务交易中的交易协议、信息保密、资料完整及数字认证、数字签名等。SET协议是在开放网络环境中的信用卡支付安全协议，采用公钥密码体制和X.509数字证书标准，通过相应软件、数字证书、数字签名和加密技术能在电子交易环节上提供更大的信任度、更完整的交易信息、更高的安全性和更少受欺诈的可能性。SET协议还妥善解决了信用卡在电子商务交易中的交易协议、信息保密、资料完整及数字认证、数字签名等问题。这一标准被公认为全球网际网络的标准，其交易形态将成为未来电子商务的典范。

1.SET协议运行的目标

SET协议是一个复杂的协议，详细而准确地反映了卡交易各方之间的各种关系。事实上，SET协议不只是一个技术方面的协议，还说明了每一方所持有的数字证书的合法含义，希望得到数字证书以及响应信息的各方的应有的动作，与一笔交易紧密相关的责任分担。SET协议是一个基于可信的第三方认证中心的方案，要实现的主要目标有以下几个方面：

（1）保证信息在互联网上安全传输，防止数据被黑客或被内部人员窃取。

（2）保证电子商务参与者信息的相互隔离。

（3）解决多方认证问题，不仅要对消费者的信用卡认证，而且要对在线商店的信誉程度认证，还有消费者、在线商店与银行间的认证。

（4）达到全球市场的接受性：在容易使用与对特约商店、持卡人影响最小的前提下，达到全球普遍性。允许在目前使用者的应用软件中，嵌入付款协定的执行，对收单银行与特约商店、持卡人与发卡银行间的关系，以及信用卡组织的基础构架改变最小。

（5）效仿EDI贸易的形式，规范协议和消息格式，促使不同厂家开发的软件具有兼容性和互操作功能，并且可以在不同的硬件和操作系统平台上运行。

2.SET协议的参与方

SET协议最主要使用在消费者与网上商店、网上商店与收单银行（付款银行）等之间。SET协议交易涉及的对象有：

（1）持卡客户。持卡客户包括个人消费者和团体消费者，按照网上商店的要求填写订货单，通过由发卡银行发行的信用卡进行付款。信用卡用户是经认可的由发行人发行的支付卡（如Master Card或VISA Card）的拥有者。

（2）网上商店。网上商店提供商品或服务，具备使用相应电子货币的条件。

（3）收单银行。收单银行通过支付网关处理持卡客户和网上商店之间的交易付款问题。

（4）支付网关。这是获得者或指派的第三方所操作的处理商业支付报文的功能。支付网关为了实现核准和支付功能，与SET和已经存在的银行卡支付网络相连接。

（5）发卡银行，即电子货币（如信用卡、电子现金、电子钱包）发行公司，以及某些兼有电子货币发行的银行，负责处理信用卡的审核和支付工作。

（6）认证中心（CA）。它是一个可信任的第三方，能够验证持卡客户、网上商店和收单银行的身份，负责确认交易对象的身份，对网上商店的信誉度和持卡客户的支付手段进行认证。SET协议工作原理如图7-24所示。

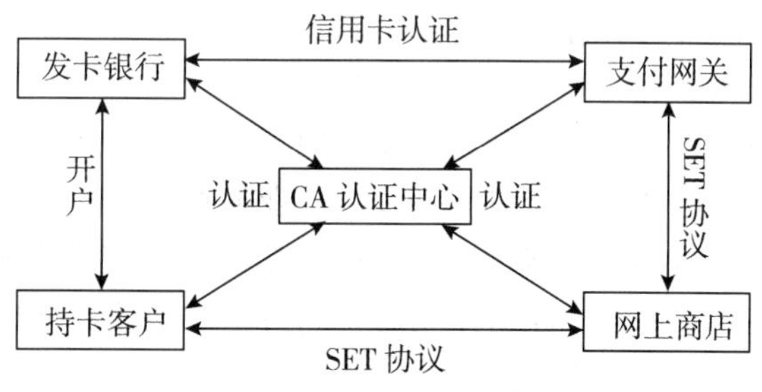

图7-24 SET协议工作原理

3.基于SET协议的交易购物流程

（1）持卡人注册。持卡人为了使用信用卡，必须向支持SET协议的发卡银行申请开户，从而获得一个可用于互联网支付的信用卡账号，同时向CA申请该信用卡的数字证书。此后，持卡人可以使用终端进行购物。

（2）商家注册。商家同样向CA申请用于电子商务支付的数字证书。此后，商家可以在网络上开设商城来销售货物。

（3）持卡人利用电子商务平台选定物品。持卡人填写订单，包括项目列表、价格、总价、运费、搬运费和税费等。订单可通过电子化方式从商家传过来，或由持卡人的电子购物软件建立。有些在线商店允许持卡人与商家协商物品的价格（例如出示老客户证明或给出竞争对手的价格等）。

（4）商家接收订单。生成初始应答消息，数字签名后与商家数字证书、支付网关数字证书一起发送给持卡人。

（5）持卡人对应答消息进行处理，选择支付方式，此时SET协议开始介入。确认订单，签发付款指令，将订单信息和支付信息进行双签名，对双签名后的信息和用支付网关公钥加密的支付信息签名后连同自己的数字证书发送给商家（商家看不到持卡人的账号信息）。

（6）商家认证持卡人数字证书和双签名后，生成支付认可请求，并连同加密的支付信息转发给支付网关。

（7）支付网关通过金融专网到发卡银行认证持卡人的账号信息，并生成支付认可消息，数字签名后发给商家。

（8）商家收到支付认可消息后，认证支付网关的数字签名生成购买订单确认信息发送给持卡人。至此交易过程结束。

商家发送货物或提供服务并请求支付网关将购物款从发卡银行持卡人的账号转账到收单银行商家账号，支付网关通过金融专网完成转账后，生成取款应答消息发送给商家。在以上的工作步骤当中，持卡人、商家和支付网关都通过CA来认证通信主体的身份，以确保通信对方不是冒名顶替。

4.SET协议安全技术分析

SET协议提供的安全服务有：

（1）确保在支付系统中支付信息和订购信息的安全性。

（2）确保数据在传输过程中的完整性。

（3）对持卡人身份合法性进行验证。

（4）对支付接收方的身份，即商家身份的合法性进行检查。

（5）提供最优的安全系统，以保护在电子贸易中的合法用户。

（6）确保该标准不依赖传输安全技术，也不限定任何安全技术的使用。

（7）使通过网络和相应的软件所进行的交互作业简便易行。

SET协议采用的核心技术包括X.509数字证书标准、数字签名技术、数字摘要技术、数字信封技术、双重签名技术等，结合了对称加密算法的快速、低成本特性和公钥密码算法的可靠性，有效地保证了在开放网络上传输的个人信息、交易信息的安全。数字证书的使用使得交易各方之间身份的合法性验证成为可能；使用数字签名技术确保数据完整性和不可否认性；使用双重签名技术对SET协议交易过程中用户的账户信息和订单信息分别签名，保证商家只能看到订单信息，而看不到持卡人的账户信息，并且银行只能看到持卡人的账户信息，而看不到订单信息，从而保证了用户账户信息和订单信息的安全性。

5.SET协议的不足

由于SET提供了消费者、商家和银行之间的双重身份认证，确保了交易数据的安全性、完整可靠性和交易的不可否认性，特别是保证不将消费者银行卡卡号暴露给商家等优点，因此它成为目前公认的信用卡网上交易的国际安全标准。但在实际应用中，SET协议依然存在以下不足：

（1）SET协议中仍存在一些漏洞。比如：SET协议中对交易过程没有做状态描述，使用户或商家对交易的状态难以把握。不可信的用户可能通过其他商家的帮助欺骗可信的商家在未支付的情况下得到商品；密钥存在被泄露的危险；存在冒充持卡人进行交易的隐患。

（2）SET协议的性能有待改进。比如：协议过于复杂，要求安装的软件包过多，处理速度慢，价格昂贵；由于该协议的每一个阶段都要进行多次数据加密解密、签名、证书验证等安全操作，因此协议的交易时间过长，不能满足实时交易要求。

三、SET协议与SSL协议的区别

（1）在认证要求方面。早期的SSL协议并没有提供商家身份认证机制，虽然在SSL3.0中可以通过数字签名和数字证书实现浏览器与Web服务器双方的身份验证，但仍不能实现多方认证；相比之下，SET协议的安全性要求较高，所有参与SET协议交易的成员（持卡人、商家、发卡行、收单行和支付网关等）都必须申请数字证书进行身份识别。

（2）在安全性方面。SET协议规范了整个商务活动的流程，从持卡人到商家，到支付网关，到认证中心以及信用卡结算中心之间的信息流走向和必须采用的加密、认证都制定了严密的标准，从而最大限度地保证了商务性、服务性、协调性和集成性。而SSL协议只对持卡人与商店端的信息交换进行加密保护，可以看作用于传输的那部分的技术规范。从电子商务特性来看，它并不具备商务性、服务性、协调性和集成性。因此SET协议的安全性比SSL协议高。

（3）在网络层协议位置方面。SSL协议是基于传输层的通用安全协议，而SET协议位于应用层，对网络上其他各层也有涉及。

（4）在应用领域方面。SSL协议主要是和Web应用一起工作，而SET协议是为信用卡交易提供安全保障，因此如果电子商务应用只是通过Web或是电子邮件，则可以不使用SET协议。但如果电子商务应用是一个涉及多方交易的过程，则使用SET协议更安全、更通用些。

SSL协议实现简单，独立于应用层协议，大部分内置于浏览器和Web服务器中，在电子交易中应用便利。但它是一个面向连接的协议，只能提供交易中用户与服务器间的双方认证，不能实现多方的电子交易。SET协议在保留对用户信用卡认证的前提下增加了对商家身份的认证，安全性进一步提高。由于两协议所处的网络层次不同，为电子商务提供的服务也不相同，因此在实践中应根据具体情况来选择独立使用或两者混合使用。

SET协议与SSL协议的主要区别见表7-1。

表7-1 SET协议与SSL协议的区别

比较项目	SET协议	SSL协议
基础	信用卡	传输通信协议
采用技术	私用密钥加密 公开密钥加密 RSA和DES算法	公开密钥加密
实质	安全电子付款协议	网络安全协议

续表

比较项目	SET协议	SSL协议
使用范围	广泛应用	难以大规模应用
安全性	很强的保护	较强的保护
局限性	复杂、速度较慢	简单、速度较快
实际应用	三方执行，认证程序较复杂，推广效果较SSL协议低	使用于浏览器界面，易于执行，较多经销商使用

【小资料7-4】

2016年10月25日凌晨，苹果公司对外发布了iOS10.1正式版，与旧版相比，新版iOS有了很多新变化。尤其值得关注的是，自该版本起，苹果系统根证书库接纳了CFCA（中国金融认证中心）全球信任体系SSL证书的根证书。这意味着iOS和Mac OS已开始信任由这家中国CA颁发的SSL证书，意味着我国也拥有了支持全浏览器平台的SSL证书产品，意味着信息安全产品国产化的又一重大突破。

作为已为国内98%的银行提供电子认证服务的CA，CFCA自2011年起在国内建设SSL根证书系统，并于2012年开始进行入根工作，其间入根工作也曾遭遇瓶颈。但不论是用户对使用国产SSL证书的迫切需求，还是做出优秀SSL产品的信念，抑或信息安全国产化战略不断深入的大环境，都在不断推动着CFCA入根工作的前行。在先后入根微软、Mozilla、安卓后，CFCA SSL根证书植入iOS 10.1版本，完成了国际4大证书库的入根，使我国的SSL证书产品首次获得所有浏览器平台的信任。自此，国内企事业机构的网站、服务器均可以选用CFCA的国产SSL证书，国外证书已不是唯一的选项。

国产SSL证书以前的发展速度未能跟上国内激增的需求。除了入根进展缓慢外，部分国内CA还因疏漏等违反了相关国际标准，并导致浏览器厂商的处罚，使SSL证书的国产化蒙上一层阴影。而此次CFCA成功入根iOS则一扫之前的阴霾，证明国产SSL证书在功能上已可比肩国外优秀产品，可以肩负起维护国内网络安全的重任。同时说明，国内安全厂商在植根本土、尊重国际标准的基础上，严守风险控制、积极听取用户心声、不断提高技术水准，完全可以开发出不逊于国外品牌的信息安全产品，进而推动我国信息安全国产化战略的早日实现。

资料来源　中国金融认证中心.CFCA入根苹果 国产SSL证书NO.1诞生［EB/OL］.［2022-10-25］. http://www.cfca.com.cn/20161025/100001449.html.

任务实施

完成此任务需要独立的IP服务器1台、已备案域名1个。

申请免费SSL证书的流程如下：

步骤1　登录腾讯云免费SSL网址（https：//console.qcloud.com/ssl），按照提示申请证书（如图7-25所示）。

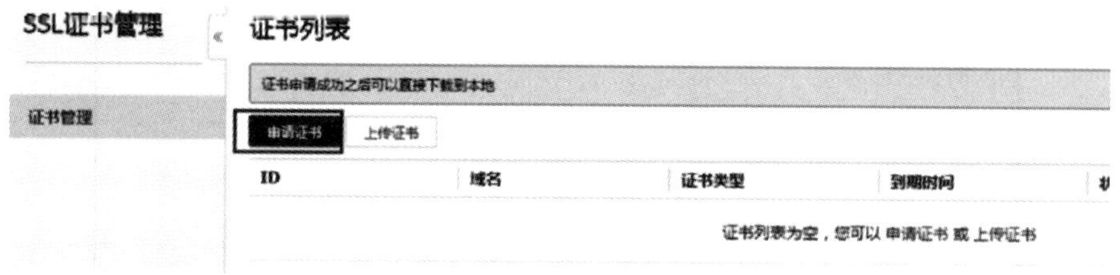

图7-25　申请证书

步骤2　确认证书类型。该证书是免费DV SSL（域名型）国际公认的证书认证机构（CA）- G3证书（如图7-26所示）。

图7-26　确认证书类型页面

拓展阅读

如何确保支付安全?

步骤3　填写信息。填写证书的绑定域名（必填）、证书备注名（选填）、私钥密码（必填）（如图7-27所示）。（注意：牢记私钥密码，安装证书与合成pfx证书时需要用到，如果忘记密码只能重新申请）

图7-27　证书申请填写信息页面

步骤4　验证身份。在域名解析中手动添加一条解析记录，或选择域名的注册邮箱，CA将向选定的邮箱发送确认邮件，以此验证该证书申请人为域名持有人（如图7-28

所示）。

图7-28　确认申请页面

步骤5　邮件验证。因使用的是邮箱验证，因此以邮箱为例说明，点击邮件中的链接即可完成验证（如图7-29所示）。

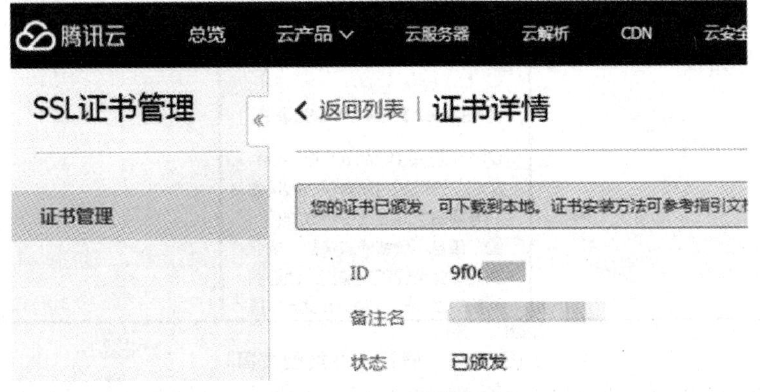

图7-29　证书详情页面

步骤6　证书申请通过（如图7-30所示）。

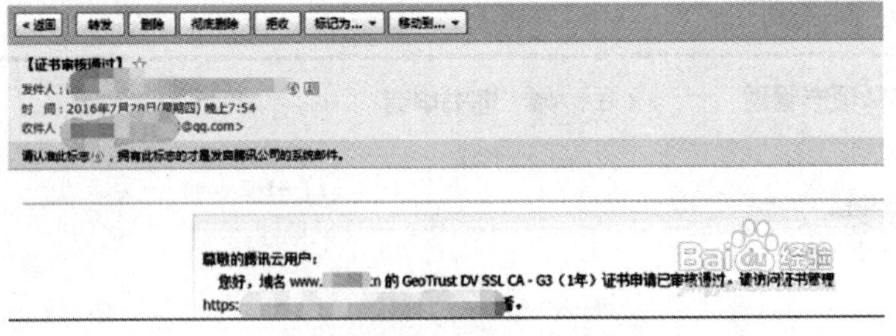

图7-30　证书申请通过页面

项目总结

电子支付的安全是当今电子商务交易过程中所面临的重大问题，也是电子商务可以顺利发展的必要保障。多年来，世界上许多组织与企业为实现电子支付安全进行了大量的研究与实践工作，取得了积极的成果。SSL协议与SET协议成为安全交易协议的两种重要形式，从不同的角度为网上交易提供了安全的保障。以加密技术、数字签名和数字证书等为主体的认证技术得到了广泛的应用，基本上解决了电子商务交易所必需的技术手段。认证中心（CA）承担了数字证书的发放与相关的管理工作。中国金融认证中心就是这样一个国内从事认证工作的企业化的认证中心，对推动中国网上交易安全发挥了重要的作用。尽管人们已经在电子支付安全方面进行了大量的工作，但我们还要认识到，随着电子商务发展程度的进一步加深，随之而来的安全问题还未彻底解决，我们还需要做更多的工作。

基本训练

一、核心概念

SSL协议　SET协议　CA　数字证书　数字签名技术　PKI

二、简答题

1.SSL协议与SET协议的主要区别在哪里？

2.我国目前都发放哪些类型的数字证书？它们在应用上有什么不同？

3.SSL协议的运行步骤分哪几步？

4.电子支付所面临的安全风险有哪些？

5.简要描述中国金融认证中心的认证体系结构。

三、案例分析题

随着微信的普及应用，办公用微信交流越来越多，方便快捷的微信给大家提供了多种方便。一部分有生意头脑的人把目光转向微信，做起了微商。然而社会上也有一些心术不正的人盯上了微信，利用它开展各种诈骗行为。例如，海外代购诈骗、交友诈骗、帮“砍价”诈骗等。

结合所学知识，分析应该如何增强自己电子支付的安全意识。

项目实训

登录互联网完成以下实训操作：

1.访问中国金融认证中心的网站（http：//www.cfca.com.cn），了解中国金融认证中心可以发放哪些数字证书。

2.试试从中国金融认证中心的网站上下载一份数字证书。

主要参考文献

[1] 李洪心. 网上支付与结算 [M]. 3版. 北京：北京师范大学出版社，2023.

[2] 尚芳，娄祥. 电子支付与结算 [M]. 北京：中国人民大学出版社，2018.

[3] 孟丛. 电子商务安全与支付 [M]. 北京：人民邮电出版社，2020.

[4] 周虹. 电子支付与网络银行 [M]. 4版. 北京：中国人民大学出版社，2019.

[5] 杨立钒，万以娴. 电子商务安全与电子支付 [M]. 4版. 北京：机械工业出版社，2020.

[6] 胡娟. 电子商务支付与安全 [M]. 北京：北京邮电大学出版社，2018.

[7] 汪蕾. 网上支付与结算 [M]. 杭州：浙江大学出版社，2007.

[8] 麻策. 网络法实务全书：合规提示与操作指引 [M]. 北京：法律出版社，2020.

[9] 贾晓丹. 电子商务安全实践教程 [M]. 2版. 北京：中国人民大学出版社，2019.

[10] 祝凌曦. 电子商务安全与支付 [M]. 2版. 北京：人民邮电出版社，2019.

[11] 劳帼龄. 电子商务安全与管理 [M]. 3版. 北京：高等教育出版社，2016.

[12] 郝莉萍，刘磊. 电子商务安全与支付 [M]. 北京：中国水利水电出版社，2022.

[13] 孟显勇. 电子商务安全管理与支付 [M]. 北京：清华大学出版社，2014.

[14] 芮廷先. 电子支付与信息安全 [M]. 上海：上海财经大学出版社，2022.

[15] 帅青红，苗苗. 电子支付与电子银行 [M]. 2版. 北京：机械工业出版社，2015.

[16] 纪琳. 电子支付与安全 [M]. 北京：机械工业出版社，2022.

[17] 崔爱国. 电子商务安全与支付 [M]. 3版. 北京：电子工业出版社，2020.

[18] 王军海. 跨境电子商务支付与结算 [M]. 北京：人民邮电出版社，2018.

[19] 臧良运. 电子商务支付与安全 [M]. 5版. 北京：电子工业出版社，2022.

[20] 马刚，姜明，杨兴凯. 电子商务支付与结算 [M]. 4版. 大连：东北财经大学出版社，2019.

[21] 中国人民银行. 中国人民银行年报2019 [R]. 北京：中国人民银行，2020.